普通高等教育"十一五"国家级规划教材

化学教学论立体化系列教材

化学实验教学论

（第二版）

马建峰　主编

科学出版社

北　京

内 容 简 介

本书为普通高等教育"十一五"国家级规划教材、化学教学论立体化系列教材之一。全书共五个部分,分别为绪论、中学化学实验教学基础理论素养、中学化学实验教学基本技能素养、中学化学实验教学的设计与实施、中学化学实验教学案例。在第一版的基础上,本书重点强化了对实验教学理论及技能的指导与分析训练,从实践的角度对实验设计及实验教学设计进行翔实的引导与铺陈,更有利于培养师范生的从教能力。

本书可作为高等师范院校相关专业本科、专科学生的教材,也可作为相关专业研究生及中学化学教师的参考用书。

图书在版编目(CIP)数据

化学实验教学论/马建峰主编. —2 版 —北京: 科学出版社,2014.6
普通高等教育"十一五"国家级规划教材·化学教学论立体化系列教材
ISBN 978-7-03-040983-6

Ⅰ.①化… Ⅱ.①马… Ⅲ.①中学化学课-化学实验-教学研究-师范大学-教材 Ⅳ.①G633.82

中国版本图书馆 CIP 数据核字(2014)第 123596 号

责任编辑:丁 里 郭慧玲 / 责任校对:张怡君
责任印制:赵 博 / 封面设计:迷底书装

科 学 出 版 社 出版
北京东黄城根北街 16 号
邮政编码:100717
http://www.sciencep.com

北京九州迅驰传媒文化有限公司印刷
科学出版社发行 各地新华书店经销

*

2006年12月第 一 版 开本:787×1092 1/16
2014年6月第 二 版 印张:16
2024年7月第八次印刷 字数:368 000

定价:59.00元
(如有印装质量问题,我社负责调换)

第二版前言

本书第一版于 2006 年出版。在使用过程中,我们不断收集使用院校师生的意见,其间进行了多次修订。尽管如此,我们仍有感于现行师范大学化学专业课程设置与中学化学教学实践的衔接存在着一些真空地带。随着课程改革的深入与教学理论的深化,师范生从教能力培养如何才会更具实效性?本书第二版作了一些尝试,从注重化学教学功能观和教学价值观培养着手,增设了相关内容(第 1、2、4 部分),摒弃了原来一些"中看不中用"(看起来头头是道,做起来摸不着门道)的内容。第 4 部分中学化学实验教学案例中的设计与评价是一个全新的内容,希望可以起到"抛砖引玉"的作用。本书第 1、2 部分,从理论和实践的角度揭示了从事中学化学实验教学应具备的基本素养,与第 3、4 部分相呼应,真正起到了"论"实验教学的功能,而不只是一本"实验"书。

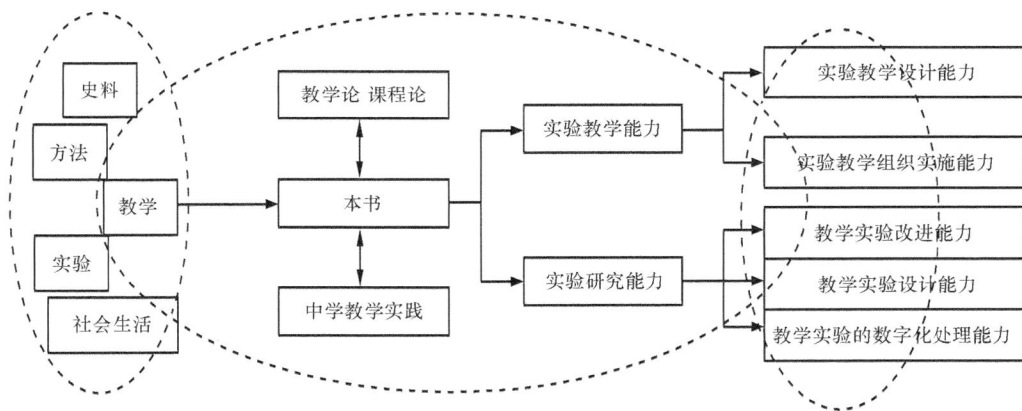

第二版重点作了以下修正:①增加了针对中学的教学分析版块,可以引导学生情境化地进行中学化学实验教学的分析与实践;②具体实验案例部分尽量减少了步骤性陈述,方便学生综合能力的训练与提升;③增加了图形元素的比例,增强教材可读性;④实验案例版块之后的"教学分析"栏目更是对现有基础的提升,学生可以在这里得到经验性知识的积累;⑤特别增设了"中学化学实验教学案例"部分。

为了增强实用性,特邀请了来自中学一线的教师及教研员参加本书的编写工作。

本书主编为马建峰,副主编为张翠华、曾涛、刘伟。参加本书编写及相关工作的人员有:张翠华(教授,沧州师范学院),曾涛(副教授,河北民族师范学院),刘伟(教授,沧州师范学院),卢玉妹(副教授,保定学院),王建芬(讲师,衡水学院),杨国萍(讲师,廊坊师范学院),李颖(特级教师,石家庄市第三中学),孟丽慧(一级教师,石家庄市教育科学研究所),高敬芝(讲师,石河子大学),郝振芳(高级实验师,河北师范大学),张景涛(高级教师,石家庄市第一中学),王昕(高级教师,河北师范大学附属实验中学),焦利燕(一级教师,石家庄市第一中学),马子阳(高级教师,邢台市第五中学)。全书由马建峰统稿。

由于编者学识和时间有限,书中难免存在瑕疵,敬请读者批评指正。

编　者

2014 年 1 月于石家庄

第一版前言

当今世界,科学技术日新月异,社会发展突飞猛进,人们对教育重要性的认识前所未有地提高了。师范教育是教育的重要组成部分,更是教育乃至社会发展的根本所在。

目前我国正处在师范教育转型和教师教育内涵提升的时期,如何提高基础教育师资的培养质量,是一项带有战略意义的工作,将关系到我国的人才培养和社会发展。"学科教学论"作为教师教育中的一门必修专业课,其设课目的和课程内容能否适应新时期的要求,尤其是新一轮基础教育课程改革,向教师教育提出了新的挑战。为此,我们在参考兄弟院校不同版本教材的基础上,结合我们的多年教学实践和积累,编写了一套化学教学论立体化系列教材,具体包括《化学教学论》、《化学实验教学论》、《化学教学论:网络课程与资源》。

系列教材之一的《化学实验教学论》为普通高等教育"十一五"国家级规划教材。它是在化学实验教学多年实践的基础上编写完成的。从内容体系上,秉承化学教学论理论与实践的系统要求,力求针对性强,结构完整;从呈现方式上,注重情景导入和方法指导,以板块和栏目串联,方便阅读与使用。本书增加了信息技术与能力训练的内容;加强了实验教学设计与组织的指导,有利于师范生从教能力的培养;内容选取贴近中学化学教学实际,注重实验的探究性,并增加了综合设计训练,有利于能力培养;通过资源平台板块,可以拓宽视野,有助于学生科学思维与方法的培养;按照化学新课程标准的要求,增加了对有关大型测试仪器的使用介绍,有助于学生对于大型测试手段的了解与应用。对于化学科学发展前沿领域的一些课题,也进行了综合设计与应用的尝试。全书以增强学生的实验教学能力和实验研究能力为主线,有别于学科专业的相关实验用书,将基础教育课程改革、教师的专业化发展融入教材之中,增强了课程内容的时代感。

基于上述认识,本书的基本思路与设计框架如下图所示:

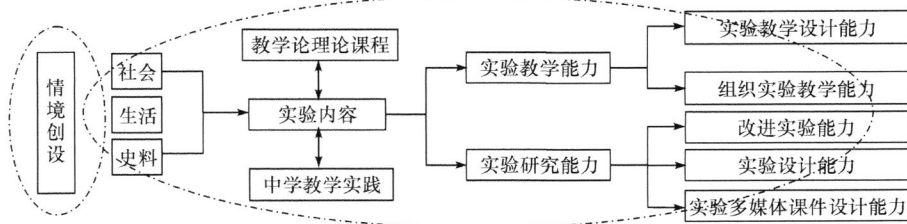

本书分为六部分。第1部分为中学化学实验教学研究,从理论层面介绍了中学化学实验教学的功能、作用、教学组织等,同时对中学实验教学改革进行了剖析。第2部分为中学化学实验的设计与实施,配合中学化学课程的教学内容,分六个单元介绍了中学化学

实验中的基本操作实验、气体制备实验、定量测量实验、模拟工业生产实验、电化学实验以及有机化学实验。第3部分为综合实践活动研究,实验选取了紧密联系生活实际的内容,以学生自主设计与体验为核心,培养学生综合分析问题、解决问题的能力。第4部分为信息技术与化学实验教学,介绍了信息技术在中学化学实验教学中的作用及应用模式。第5部分为中学化学实验室建设与管理。最后一部分为附录。

本书主编为马建峰,副主编为陈金风、刘敬华、王克勤。全书由马建峰统稿。王克勤同志为本书提供了多项参考及建设性意见。本书编写分工为:盖立春(河北师范大学)完成第1部分及实验5,陈金风(廊坊师范学院)完成第2部分的第1单元及实验6,陈彦芬(衡水学院)完成第2部分的第3单元及实验7,刘敬华(河北师范大学)完成第2部分的第4、第5单元及实验8,霍爱新(唐山师范学院)完成第2部分的第6单元,刘伟(沧州师范专科学校)完成第3部分及实验4和第2单元的综合设计,何志民(河北师范大学)完成第5部分及实验11,其余由马建峰(河北师范大学)完成。

本书在成稿过程中,参阅了学科领域的大量专著、教材及文章,吸收了诸多专家及同行的有益之处,如果本书能为从事化学教育的同行所认同,理当感谢所有给予帮助的人们,这也是编写人员所欣慰之事。

鉴于作者水平和时间有限,书中疏漏之处在所难免,恳请读者批评指正。

编　者

2006 年于石家庄

目　　录

第 3 部分 中学化学实验及教学的设计与实施

第 4 部分　中学化学实验教学案例

第0部分

绪　论

　　化学是一门以实验为基础的科学。化学实验是化学科学赖以形成和发展的基础,也是化学教学的基础,是培养学生科学素养的重要内容和途径。化学实验教学就是以实验作为教学的支点,充分挖掘化学实验的教育功能,使学生对化学学习的认知更加完整。这是化学教师的职能所在。因此,研究化学实验教学的规律及方法是化学教师的一项重要任务。

0.1　化学实验是科学发展的重要方法

在人类社会进化的历程中,始终伴随着科学的进步与发展。科学的催生与进阶与人们的需求紧密相关。其中,化学与人们的联系最为广泛和密切。它是介入和形成较早的科学学科之一。早在距今 6000～5000 年的远古时期,人们便开始利用化学方法来认识和改造天然物质,解决生活及生产上的问题——从酿酒、制陶、冶炼到合成药物等。

在近代化学科学确立之前,"化学实验"主要体现为人们的经验性实践活动。经历了18～19 世纪欧洲工业革命以及受到当时天文学、物理学等学科进展的影响,化学实验逐渐走上了系统、规范的科学轨道,加速了化学科学的发展。在长期的实践(实验)基础上,化学逐渐成熟并成为一门与人们生产生活联系非常密切的中心科学[①]。化学科学发展至今,其每一次进步与突破都建立在广泛的"化学实验"基础之上。

化学实验是从事化学科学研究的重要实践环节,也是重要的科学方法。为了寻求对一个未知物的探寻结果,我们要设计一个详细的方案,通过一定的手段,一步一步地去解决问题。这就是科学实验的方法。化学实验侧重于在原子、分子水平上对物质的组成、结构、性能及物质间相互转化规律的探究。其视角是探寻物质世界微观态的奥秘;其方法包含科学探究的一般方法。通过化学实验,可以探求未知,也可以使实践者得到知识、技能的训练及价值观的陶冶。

纵观化学发展史,从原始的主要依赖猜想与偶然的经验所得状态,到波义耳(Boyle)将实验方法引入化学(18 世纪初);到拉瓦锡(Lavoisier)确立"燃烧学说"(1777 年),否定了统治科学界 100 多年的"燃素说"(图 0-1);再到 19 世纪初,道尔顿(Dalton)提出原子论,开辟了化学的新时代,被恩格斯(Engels)称为"近代化学之父"。化学发展过程的特征表现为由"笼统"向"细化"、由"思辨"到"以实验为基础";强调理论与实践的统一。这已形成了近代化学的具体形式和内容。实验水平的提升,加快了对化学现象的认识,促进了化学理论的发展;同时,也加强了对实验过程的指导性和预见性。化学发展到今天,一个不争的事实是——化学离不开实验。

图 0-1　公元 18 世纪后叶,拉瓦锡通过实验证实了空气中氧气的存在并由此提出了"燃烧学说"

化学是一门实验科学。化学实验是化学科学发展的基础平台。化学实验蕴涵着科学探究的一般方法,是我们进入科学殿堂探秘的途径之一。

0.2　化学实验是化学学习的重要方法

与其他自然学科相比,化学更具实验性。化学实验是化学知识的开端,是化学的直接

---

① 美国化学会于 21 世纪初出版了由时任会长布里斯罗编著的《化学的今天和明天——化学是一门中心的、实用的和创造性的科学》一书。书中介绍了化学家对现代文明生活所做的巨大贡献,以及当前面临的挑战和机遇。

知识。作为培养学生基础科学素养的中学化学,化学实验构成了中学化学教育的主要活动。实验教学是强化科学方法教育的必由途径。因此,化学实验不仅是科学发展的重要方法,也是化学学习的基本方式。

图 0-2　李比希的教学实验室

将化学实验渗透于化学学习过程,由著名化学科学家和化学教育家李比希(Liebig)首创,即让学生在学习化学的同时进行实验(图 0-2)。这在化学教育史上是一个里程碑,形成了沿用至今的化学教学方法。

李比希的教学方法证明,化学学习仅有思辨是不够的。化学教学中,化学实验不仅是重要的学习内容,也是学生学习化学的重要方法和手段。当学生能从科学方法角度去体会某些化学实验的设计思想时,对相关的化学知识的认识水平就可能达到更深的层次,就为培养多种能力打开了通道。对于学习和训练科学方法的基本过程,习得科学素养的基本内涵,化学实验是一个重要的载体。我国著名化学家戴安邦也曾指出,实验室是培养全面化学人才的最好场所,化学实验教学是全面实施化学教育的一种有效形式。因此,化学实验不仅是化学学科的基础,也是化学教学的基础,是不可替代的学习方法。

中学化学实验是一种典型的综合实践性活动,通过化学实验提供的真实情境,可以激发学生学习化学的兴趣,获取探索及解决问题的直接经验,是培养科学态度的有效途径,也是化学学科课程学习的有效补充。基于化学实验情境的学习,可以使学生的认识过程、情感过程和意志过程得到协同发展。当今,尤其是在信息技术的参与下,这种学习模式将发挥越来越突出的作用。

0.3　中学化学实验及其教育功能

中学化学教学中的实验,虽然在实验环境及实验目的等方面与化学科学研究的实验有所不同,但其认识过程是相同的。通过在实验室中再现自然界中的化学变化,学生可以经历从发现问题到解决问题的全过程,体验科学研究的一般方法,并在其中受到情感及意志的锤炼与发展。

中学化学实验内容的选择,其主要依据是国家制定的课程标准,涵盖基本操作、概念形成、元素化合物性质、物质制备等。不同类型的实验有不同的教学组织形式和要求,发挥的作用也不同。

中学化学教育中,配合理论教学的实施,辅以化学实验的教学,可以使中学生对化学学习的认知更为完整,对于知识的建立及巩固、实验技能的掌握、逻辑思维的培养、科学方法的建立、优良情感的塑造等有其独特的教育功能,是中学化学教育的基础。

(1)促进思维的辩证与完善。化学理论知识的学习主要还是一个思辨过程,其知识建构的效果与学生自身的前期经验有关。通过化学实验的"真实"体验,可以强化学生学习的思维"景象",深化知识建构过程,最后达成对知识的融会贯通。同时,也可对学生的科学态度、情感与价值观的培养起到重要的作用。

案例 0-1

形成"催化剂"概念的实验

(1)单独加热氯酸钾,在较高温度才有氧气放出,且速率较慢。

(2)单独加热二氧化锰,没有氧气放出。

(3)加热二者的混合物,在较低温度就有大量氧气放出。

请你分析、比较这 3 个实验,你能说出二氧化锰在氯酸钾分解中的作用吗?

(2)有利于知识的内化。我们知道,学校学习主要是以间接的方式对人类的经验知识加以传承,在传统的授课方式中,很大程度上取决于人的抽象思维及逻辑思维,对知识的理解比较"具体"。在中学化学教学中,增加化学实验的教学与实践环节,增加了学生直观思维的训练,有利于对知识整体性的认识与理解。这也是李比希实验教学模式的内涵所在。

案例 0-2

对钠与水反应现象的思考

(1)钠能浮在水面上,说明钠的密度比水小。

(2)钠熔化成一个小球,说明反应放热,同时说明钠的熔点低。

(3)溶液变红,说明有碱生成。

(4)有气泡产生,说明反应产生气体。

(5)发出嘶嘶的响声,说明反应非常剧烈。

(3)有利于激发学习兴趣。现代学习理论指出,认知兴趣是学习动机中最现实、最活跃的成分。化学实验之所以能够激发学生的学习兴趣,其主要原因是化学实验能给学生展现如颜色变化、放出气体、发生燃烧、爆鸣等生动、新奇、鲜明的化学现象,可以引起学生的直接兴趣。学生自己动手进行实验操作,使化学变化呈现出来,实验的成功会进一步激发他们的求知欲。学生还可以根据自己掌握的化学知识和实验技能,通过化学实验去探讨新知识、解决新问题,使学习兴趣上升到更高层次,从而成为推动学生有效学习的强大动力。

(4)有利于综合能力提高。实践证明,人的能力是在学习与实践中逐渐得到提高的。就中学化学教学内容而言,物质与物质之间、物质与现象之间、物质变化与外界条件之间的相互联系,以及物质变化与能量之间的关系等,几乎都要通过化学变化而显现出来。化学实验在为学生提供丰富的感性认识的同时,学生的认知得到了提升,动手能力得到了训练,对化学问题的理解就会更加立体化。此外,实验教学还有利于培养学生团结协作、勤俭节约、爱护环境等科学态度和科学品质;有利于形成理论联系实际、知行统一的学风。

(5)培养学生的科学态度和对学生进行科学方法训练。培养学生严谨的科学态度,主要体现在以下三个方面：一是在化学实验中，培养学生重视化学理论知识对实验的指导作用；二是在化学实验中做到一丝不苟、精益求精，对实验现象和结果进行科学的分析和解释；三是要有实事求是的科学态度，不能随意臆造事实和修改数据。学生的每一次化学实验，都是根据实验目的来设计实验方案，然后通过对条件的控制进行实验操作。在实验过程中，学生要对发生的现象或要测量的数据进行认真、客观的观察和记录，然后对实验现象或测量数据进行分析和处理，最终得出结论或规律性认识。显然，化学实验本身渗透着对学生进行科学方法的训练，这不仅是提高化学实验教学质量的要求，也是增强学生的科学素质、培养创造性人才的需要。

0.4 化学实验教学论课程的任务与内涵

化学实验教学论是高等师范院校化学专业学生的必修课程，也是修完了化学类基础课程之后的师范类专业课程。一般在第六学期与化学教学论课程同时开设。其主要任务是对师范生进行中学化学实验教学能力的训练与培养。

本课程在过去曾被称为"教法实验"或"教学论实验"等，从课程定位上与其他专业基础课的实验课程没有太大的区别，这就容易使学生不能从理论认识的高度去对待这门课程，从而造成在从教能力训练方面的缺失。将本课程名称界定为"化学实验教学论"[①]，即明确地表达了本课程的主旨是与主干课程"化学教学论"相呼应，以实验为载体，对学生进行"实验教学"能力的培养；同时，对中学化学实验研究能力的训练也给予同等的重视。由于有具体实验环境的支撑，经过精心的教学设计，可以达到较为理想的效果。

实际上，实验教学是化学教学研究的永恒课题。化学实验是化学教学的重要组成部分，也是教学的基础。要想成为一名合格的中学化学教师，化学实验教学能力是一个重要的指标，其过程可以体现施教者的整体素质，如对知识理解的深度；实验操作技能的熟练程度；教学设计能力以及课堂应变能力等。一直以来，有一句话我们耳熟能详"化学是一门以实验为基础的科学"，但是在化学教学中能够真正体现这一特色的状况还有待提高。通过本课程的学习，学生可以在以实验实体为基础的教学方面能力有所提升；同时，也可间接地在化学课堂教学（含隐性或显性实验内容）能力方面得到有效的训练。

0.5 关于本课程的实施

本课程的实施理念是要充分发挥学生的主观能动性。与过去教材相比，在实验内容的呈现上删减了不必要的细节陈述，旨在强化学生自主设计与实施实验教学和技能训练的能力。教师需在课前做好预习指导；课中加强跟踪；课后做好分析评价。

具体做法可参考以下模式。

在进实验室之前，应对全体学生进行一次通识讲座，旨在对"化学实验教学论"的学科

---

① 本书 2006 年第一版时即以此冠名。

定位及本学期的上课形式与内容进行详尽的讲解。对学生做适当分组,对第一周上课的同学,时间较紧,要备好课,做好课堂讲述及实验操作的准备工作。

上课形式一般为:学生讲述—讨论—教师评述—学生实验—上交教学设计。

五大环节中,第一个环节对学生来说是一个新的体验。这也是有别于其他专业实验课的体现。讲述者应站在中学化学教学的角度对实验案例进行讲述—评析—设计—实施等环节的讲解。需注意的是,要增加与中学化学关联内容的讲解,减弱就实验本体的陈述,应对能从其中提炼出规律性、示范性的内容进行强化,逐步训练学生达成完整实施中学化学实验教学的能力。

主讲完成后,应形成交互讨论的局面,这时,教师应适时进行指导,以保证课程的顺利完成。一般两三次课之后,学生便可走入正轨。

第 1 部分

中学化学实验教学基础理论素养

化学实验既是化学教学内容的重要组成部分,也是化学教学的基础;实验教学在中学化学教学中占有重要的地位;对于实现化学课程目标具有不可替代的作用。作为一名中学化学教师,应了解中学化学课程中的化学实验内容体系,明了中学化学实验教学的目标、任务、方法,具备从事中学化学实验及实验教学的设计与实施能力,以便在教学中充分体现实验的教育教学功能,使化学实验与教学有机融合,更好地落实化学教学的三维目标。

1.1　中学化学实验教学的目标、任务、方法

化学是一门实验科学。化学实验是化学的第一手知识，是化学教学的基础。对中学生而言，化学实验是不可替代的学习方法，是创新的基础。培养学生创新精神和创新能力是中学化学实验教学的目标所在。

中学化学实验教学，就是以实验作为教学的支点，从培养学生的观察能力、动手操作能力着眼，激发学生思考。通过数据处理、讨论分析，抽象出系统的化学知识，预测未知的实验现象。通过设计实验、探究未知，得出新的结论，这是化学教学的真实目的，也是化学实验教学的核心。

中学化学实验教学的基本任务可以归纳为：①教会学生正确掌握实验的基本方法和基本技能；②培养学生观察能力、分析和解决问题的能力以及思维能力；③进一步强化学生的化学计算能力；④训练学生图表的绘制与处理能力；⑤使学生体验科学方法论的基本过程。

中学化学实验教学的实施场所主要有化学实验室和化学课堂。从形式上讲有以实验为主的，如学生实验；也有以讲授为主的，如演示实验等。但是有一条宗旨，即无论什么形式的教学，"以实验为基础"是化学教学的中心，不可或缺。当然，其表现形式有时是显性的，有时则是隐性的。

中学化学实验教学极具吸引力和创造力，它赋予了化学教学极高的艺术价值和魅力。中学化学教师应当尽可能加强实验教学，真正从深层次体现实验教学的教学功能。常规的化学实验教学方法，本书有专门内容论述。这里要说的是，没有亘古不变的定式。作为一名中学教师，要善于总结和发挥特长，因时、因地、因对象的不同进行教学设计。从发展来看，应注重学生参与性和主动性的发挥，实验形式要灵活多样；实验教学不仅要做到传授知识与技能，更要训练科学方法，培养科学精神。

1.2　中学化学课程中的化学实验内容体系

中华人民共和国成立以后，我国的中学化学教育历经了 60 多年的变迁。2001 年以前，中学化学课程中的化学教学及实验内容是由教育部制定的《中学化学教学大纲》来规定的。化学课程为少数精英学生升入大学打基础、做准备，化学教学内容以学科为中心，关注课程内容的系统性和学术化，科学知识居于化学课程内容的中心地位。对于化学实验课程，大纲强调化学实验操作技能的掌握，在实验教学中教师要严格要求学生，并对实验的全过程进行指导。要注意对学生进行团结、合作、安全、爱护仪器、节约药品等教育，大纲对化学实验其他方面的作用挖掘得还不够。

2001 年教育部颁布《基础教育课程改革纲要（试行）》，决定大力推进基础教育课程改革，调整和改革基础教育的课程体系、结构、内容，构建符合素质教育要求的新的基础教育课程体系。基础教育的价值取向发生了根本性变化，由过去的精英教育转向面向大众的素质教育。同年，教育部颁布了《全日制义务教育化学课程标准（实验稿）》，2011 年修订为《义务教育化学课程标准（2011 年版）》。2003 年教育部颁布了《普通高中化学课程标准

（实验）》，力求构建新的中学化学课程体系。

　　义务教育阶段的化学课程以提高学生的科学素养为主旨，激发学生学习化学的兴趣，帮助学生了解科学探究的基本过程和方法，培养学生的科学探究能力，获得进一步学习和发展所需要的化学基础知识和基本技能。高中化学课程立足于学生适应现代生活和未来发展的需要，着眼于提高 21 世纪公民的科学素养，构建"知识与技能"、"过程与方法"、"情感态度与价值观"相融合的化学课程目标体系。课程标准明确指出以实验为基础是化学学科的重要特征之一，化学实验对全面提高学生的科学素养有着极为重要的作用。化学实验在中学化学新课程中的地位变化，必然导致其教育教学功能的新发展。

资料卡片

我国颁布的中学化学课程标准或大纲

年份	化学课程标准或大纲
1952	中学化学教学大纲（草案）
1978	全日制十年制学校中学化学教学大纲（试行草案）
1987	全日制中学化学教学大纲
1992	九年义务教育全日制初级中学化学教学大纲（试行）
1996	全日制普通高级中学化学教学大纲（供试验用）
2000	全日制普通高级中学化学教学大纲（试验修订版） 九年义务教育全日制初级中学化学教学大纲（试用修订版）
2001	全日制义务教育化学课程标准（实验稿）
2003	普通高中化学课程标准（实验）
2011	义务教育化学课程标准（2011 年版）

1.2.1　初中化学课程实验内容及教学

　　实验是学生学习化学的重要手段。初中生应"能积极参与化学实验；能顺利地完成实验操作；能在实验操作中注意观察和思考相结合。初步形成基本的化学实验技能，能设计和完成一些简单的化学实验"。课程标准对其实验技能要求如下：

　　(1)能进行药品的取用、简单仪器的使用和连接、加热等基本的实验操作。

　　(2)能在教师指导下根据实验需要选择实验药品和仪器，并能安全操作。

　　(3)初步学会配制一定溶质质量分数的溶液。

　　(4)初步学会用酸碱指示剂、pH 试纸检验溶液的酸碱性。

　　(5)初步学会根据某些性质检验和区分一些常见的物质。

　　(6)初步学习使用过滤、蒸发的方法对混合物进行分离。

　　(7)初步学习运用简单的装置和方法制取某些气体。

　　目前不同版本的初中化学教材对实验内容都进行了精心选择与设计，实验的探究性、开放性、趣味性、综合性明显增强。例如，"呼出气体中二氧化碳的相对含量与空气中二氧化碳的相对含量的差异"、"水的净化"等实验，使学生真切感受到化学就在我们身边，化学与我们的生活与社会发展密切相关。从实验类型来看，实验呈现多种形式，包括演示实验,为学生设计的"活动与探究"、"家庭小实验"以及要求学生必做的实验等。

教师在教学中应高度重视和加强实验教学,充分发挥实验的教育教学功能。应根据实际情况合理选择实验形式,有条件的学校可较多地采取学生动手实验的形式,增加学生进行实验操作和实验探究的机会。目前条件有限的学校,可采取教师演示实验或利用替代品进行实验,鼓励开展微型实验、家庭小实验等。在实验教学中,应重视培养学生的实验安全意识,形成良好的实验习惯。重视培养环境保护意识,树立绿色化学思想。

鉴于初中生的实验技能、动手能力较差,教师在初中化学实验教学中应从以教师演示为主,逐步向学生在教师指导下进行实验探究活动的方式转变。

1.2.2　高中化学课程实验内容及教学

普通高中化学课程是与九年义务教育阶段化学相衔接的基础教育课程。高中化学课程以进一步提高学生科学素养为宗旨,着眼于学生未来的发展,体现时代性、基础性和选择性,兼顾不同志趣和发展潜能学生的需要。

现行普通高中化学课程为了保证基础性,设置了两个必修课程模块。必修课程是在义务教育化学课程基础上为全体高中生开设的课程。同时,考虑到学生个性发展的多样化需要,更好地体现课程的选择性,设置了具有不同特点的选修模块。必修课程模块对学生实验技能要求如下:

(1)理解科学探究的一般过程,学习运用以实验为基础的实证研究方法。

(2)初步学会物质的检验、分离、提纯和溶液配制等实验操作技能。

(3)能根据实验目的选择实验仪器和药品,进行实验操作。

(4)树立安全意识,初步形成良好的实验工作习惯。

(5)能够独立或与同学合作完成实验,记录实验现象和数据,完成实验报告,并能主动进行交流。

(6)初步认识实验条件控制、数据的定量处理、模型和假说等科学方法在化学科学研究中的应用。

高中化学课程还专门设置了"实验化学"课程模块。在该课程模块中增加了定量实验和化学实验设计的内容,介绍了现代化学实验技术、绿色化学的基本思想,并十分注意培养学生的环境保护意识。

通过"实验化学"课程模块的学习,学生应主要在以下几个方面得到发展:

(1)认识化学实验是学习化学知识、解决生产和生活中的实际问题的重要途径和方法。

(2)掌握基本的化学实验方法和技能,了解现代仪器在物质的组成、结构和性质研究中的应用。

(3)了解化学实验研究的一般过程,初步形成运用化学实验解决问题的能力。

(4)形成实事求是、严谨细致的科学态度,具有批判精神和创新意识。

(5)形成绿色化学的观念,强化实验安全意识。

化学实验是高中化学课程的重要组成部分,化学实验内容以集中和分散两种方式加以组织。第一种是将实验穿插在"化学 1"、"化学 2"、"化学与生活"、"化学与技术"、"物质结构与原理"、"化学反应原理"、"有机化学基础"等相应模块中,分别以"实验"、"科学探究"、"实践活动"等各种形式呈现;第二种是"实验化学"作为一门独立的课程,首次把实验作为一个独立的部分列出来。化学实验的教学设计内容由分散到系统、由基础到综合,由观察、简单操作到实验探究的设计与实施,遵循了学生认知能力的发展规律。

教师在各课程模块的教学中,都应结合模块的特点强化实验教学,从以下几个方面发挥实验的教学功能:

(1)引导学生通过实验探究活动来学习化学,如可通过"催化剂对过氧化氢分解反应的影响"的实验探究活动,帮助学生了解催化剂是影响化学反应快慢的一个重要因素。

(2)重视通过典型的化学实验事实帮助学生认识物质及其变化的本质和规律,如可通过具体实验数据引导学生讨论第三周期元素及其化合物的性质变化规律。

(3)利用化学实验史实帮助学生了解化学概念、化学原理的形成和发展,认识实验在化学学科发展中的重要作用。

(4)引导学生综合运用所学的化学知识和技能,进行实验设计和实验操作,分析和解决与化学有关的实际问题。

高中学段化学实验教学可分三个阶段:第一阶段是必修"化学1"和"化学2"中实验内容的教学,应立足基础;第二阶段是文理分科后的"有机化学基础"、"物质结构与性质"、"化学反应原理"中化学实验的教学,这部分实验的教学要求是在第一阶段教学的基础上逐步向综合性实验、探究性实验发展;第三阶段是"实验化学"的教学,这一阶段的教学目的是让学生系统掌握实验的基本操作方法,进一步体验实验探究的基本过程,认识实验在化学科学研究和化学学习中的重要作用,提高化学实验能力。三个阶段的实验教学是相辅相成、逐级递进的,教师只有对每个阶段的实验教学内容进行认真分析梳理,明确每个实验的教学目标与教学任务,制订切实可行的实验教学计划,才能有效地落实课程标准的要求。

1.3　中学化学实验课程与教学目标

1.3.1　化学实验课程

化学实验课程是指学生通过与化学实验教学有关的、有目的的活动所主动获得的全部经验。从形态上来看,中学化学实验课程主要有独立形态的化学实验课程和非独立形态的化学实验课程两种。

独立形态的化学实验课程指化学实验课程是独立的一门课程,如高中化学新课程中的"实验化学"课程模块。独立形态的化学实验课程的"独立"性表现在多方面,如有独立的授课时间、独立的课程目标、独立的课程内容、独立的学习评价等。

非独立形态的化学实验课程也称为分散形态化学实验课程,它是指将化学实验课程内容分散在相应的其他化学课程之中。义务教育化学课程、高中"化学1"、"化学2"、"化学与生活"、"化学与技术"、"物质结构与性质"、"有机化学基础"和"化学反应原理"中的化学实验课程内容采取的就是这种形态。

1. 化学教学实验

化学教学实验是指在化学教学中教师或学生根据一定的化学实验目的,运用一定的化学实验仪器、设备和装置等物质手段,在人为的实验条件下,改变实验对象的状态和性质,从而获得各种化学实验事实,达到化学教学目的的一种教学实践活动。化学教学实验通常简称为"化学实验",它是化学教学中经常进行的一种教学实践活动。

根据不同的标准可以将中学化学实验分成不同的类型。例如,根据化学实验在教材中的内容和作用可将其分为以下几种:

(1)化学实验基本操作。化学实验基本操作是进行各类化学实验的基础,不同学段有不同要求(表 1-1,表 1-2)。

表 1-1　初中化学实验要求学生熟练掌握的主要仪器和基本操作

要求学生熟练掌握的主要仪器	要求学生熟练掌握的基本操作
试管、烧杯、酒精灯、漏斗、胶头滴管(滴瓶)、量筒、玻璃棒、铁架台、燃烧匙、集气瓶、锥形瓶和天平	药品的取用、物质的加热、溶液配制、溶解、过滤、蒸发、称量、量液、集气、验满、简单仪器的连接、洗涤(振荡)

表 1-2　高中化学实验要求学生熟练掌握的主要仪器和基本操作

要求学生熟练掌握的主要仪器	要求学生熟练掌握的基本操作
试管、烧杯、酒精灯、漏斗、滴管、容量瓶、铁架台、干燥器、燃烧匙、集气瓶、蒸发皿、研钵、温度计、天平、量筒、烧瓶、启普发生器、移液管、滴定管和锥形瓶	加热、集气、验纯、溶液配制、过滤、蒸发、溶解、药品取用、称量、量液、简单仪器的连接、洗涤、振荡、移液、定容、中和滴定

(2)物质性质和制备实验。

(3)揭示基本概念和化学基础理论的实验。

(4)联系生活、生产实际的实验。

(5)综合设计实验(探究实验)。

再如,根据实验结果的性质可分为定性实验和定量实验。一般情况下,定性实验是用来判定实验对象的某种属性、特征关系是否存在的实验。定性实验主要解决"有没有"或"是不是"的问题,一般不需要得到量化的数据。中学化学实验以定性实验为主,如判别物质的性质、鉴别物质组成种类、探究影响实验的因素及因素间相互关系等内容都属于定性实验。定量实验是为了深入研究物质和自然现象中量的关系,揭示各因素之间量的关系,确定某些因素数值等而进行的实验。定量实验主要解决"有多少"或"数量关系"的问题。中学化学中的定量实验有空气中氧气含量的测定、硝酸钾溶解度的测定、中和滴定等。

2. 化学实验教学

化学实验教学是教师将化学实验置于一定的化学教学情景下,为实现一定的化学教学目的而开展的一系列教学活动。

┌───┐
案例 1-1

有关 CO_2 化学性质的实验教学

教师:在讲授二氧化碳的化学性质时,运用以下三个实验进行对比:①在乙酸溶液中滴入几滴紫色石蕊溶液,溶液变红;②向紫色石蕊溶液中通入二氧化碳,溶液也变红;③取少量固体石蕊于试管中,通入二氧化碳,石蕊不变色。

提问:实验②中变色的根本原因是什么呢?

学生:讨论,通过分析、比较,得出结论,写出化学方程式:

$$CO_2 + H_2O === H_2CO_3$$
└───┘

此案例中的一系列教学活动,都是为了让学生理解"二氧化碳可以和水发生化学反应"这一目的,通过实验帮助学生将感知的直观信息进行加工处理,得出结论,避免学生对所学知识机械记忆,也有利于培养学生的实验思维能力,这也正体现了实验的教学功能。

3. 中学化学实验教学的类型和教学要求

根据实验主体和教学实践形式的差异,中学化学实验教学方式可分为演示实验教学和学生实验教学两大类。学生实验又可分为随堂实验(边讲边实验)、分组实验(实验课)、研究性学习实验、家庭小实验等。不同类型的化学实验由于实验主体和实施形式的区别,在化学教学中具有不同的作用,对它们的教学也有不同的要求。

(1)演示实验或实验演示。

演示实验是教师在课堂上进行示范操作和讲解,并指导学生进行观察和思考的实验。这是化学实验教学中较为常见的一种形式。演示实验要求教师做到:目的要明确,实验安全可靠、保证成功,操作要规范,现象要清晰可见,同时要引导学生主动参与并指引学生观察与思考,经师生共同推理判断,得出结论。

┌───┐
案例 1-2

演示实验——氧气的制法

教师示范:装配氧气发生装置。

教师讲解(在示范过程中穿插进行):请注意老师的装配顺序,由低到高,从一边到另一边,装配时要有条不紊。注意老师把试管夹夹在试管的哪一部位? 这样做有道理吗?
└───┘

(2)边讲边实验。

边讲边实验也称为随堂实验、并进实验,是一种在课堂教学中教师讲解与学生动手实验相结合的教学模式。边讲边实验以知识获取和实验能力培养为双重目标,学生亲自动手做实验,零距离观察,有利于增强学生对实验现象的感受,对学生观察能力和实验操作能力的培养比演示实验更为有效;另外边讲边实验更为关注实验的方法与过程,有利于三维目标的落实。

边讲边实验的关键是实验教学的组织与调控,确保实验教学成功的关键是教师课前的精心准备。教师要对原有实验进行再思考和再创造,要善于换位思考,从学生的角度对实验内容、仪器、试剂用量及操作步骤重新选择和设计,前瞻性地分析实验过程中可能出现的问题,特别是实验能力差的学生可能出现的操作障碍,在此基础上制订出相应的解决方法。要求教师一方面精选实验内容;另一方面课前做好实验准备工作。对拟做的实验应预试,对药品的用量、实验时间的长短、实验成败的关键要做到心中有数。

案例 1-3

边讲边实验——酸的性质

教师讲解:我们知道酸是由酸根和氢组成的,组成上的共性预示不同的酸可能会有类似的性质。现在请大家拿起三支试管,分别加 1mL 盐酸、稀硫酸和乙酸。然后分别加 2 滴紫色石蕊溶液。请注意所发生的变化。

学生实验

教师提问:请汇报观察到的现象。想一想,从这些现象中可以得出什么结论呢?

教师讲解:再在三支试管中分别加 1mL 盐酸、稀硫酸和乙酸,各放一小粒金属锌。请注意变化。

学生实验

教师提问:请汇报观察到的现象。再想一想,从这些现象中可以得出什么结论呢?

---

(3)分组实验。

分组实验也称实验课,一般是在教师组织和指导下,学生专门到实验室进行的实验。分组实验是培养学生实验技能、观察能力、实验能力、分析和解决问题的能力,训练科学方法,养成科学习惯和科学态度的重要教学形式。

上好分组实验课,提高学生实验的效果,应遵循以下基本要求:

(i)教师做好实验课前的准备工作。做好课前预试,估计可能产生的问题,做好解决备案。

(ii)要求学生做好预习。

(iii)做好实验的组织、指导工作。学生进入实验室后,教师首先要了解预习的情况,强调实验成败的关键和注意事项;实验过程中,教师要把重点放在对学生的巡回指导上。

(iv)做好实验总结。学生实验要素的多维性、操作的复杂性,决定了实验结果的多变性,因此需要通过小结来统一认识,建构实验全面的意义,并指导学生认真写出实验报告。

案例 1-4

学生实验——乙醇的化学性质

教师提问:

(1)今天实验课的任务是什么呢?

(2)哪位同学能比较完整地回忆乙醇的化学性质?

(3)请估计一下,哪些实验现象可以印证乙醇具有还原性?

(4)今天的实验有没有危险?有哪些操作是今天实验成功的关键?

(4)研究性学习实验(实验探究)与家庭小实验。

研究性学习实验和家庭小实验都是类似科学研究的探索性实验,在教科书中研究性学习实验常以"实验探究"的形式出现。

研究性学习实验主要分为四个阶段:一是明确想知道什么或证明什么,也就是要提出欲探究的问题,即实验目的;二是要选择合适的方法,包括合适的反应、仪器、条件等,设计出实验探究的具体步骤;三是要认真细致地进行实验,如实记录数据、现象;四是要对实验结果进行认真的整理、讨论、分析,得出结论。

按照实验在认知过程中的作用,可将化学实验教学分为验证性实验教学和探究性实验教学两种类型。验证性实验教学与探究性实验教学的方式均可以是演示实验、学生实验或边讲边实验。

(1)验证性实验教学。

验证实验是指对研究对象有了一定的了解并形成了一定的认识或提出了某种假说,为验证这种认识或假说而进行的实验。

验证性实验教学一般是在化学知识的讲授之后,为加深学生对相关知识的理解和记忆而做的实验。验证性实验的教学目标是:验证、巩固习得知识,培养观察和操作能力及科学思维能力。其教学的程序是:①展示实验目标,提出验证课题;②阐述原理要领;③示范操作;④对实验现象或结果进行思维加工;⑤验证知识或假说。

> **案例 1-5**
>
> **验证实验——二氧化碳的性质**
>
> 教师提问(设问):我们知道二氧化碳不助燃,但金属镁却可在纯二氧化碳中点燃。大家是否相信?
>
> 教师讲解:科学的任何结论都要通过实践检验,今天,我们也要这样做,验证刚才老师介绍的知识是否正确。
>
> 教师演示:×××同学,你能来协助老师做这个实验吗?
>
> 教师提问:能否说一说你观察到的现象?有谁能写出这个反应的化学方程式?现在我们可以确认,镁确实能在二氧化碳中被点燃。

(2)探究性实验教学。

探究性实验教学指师生为探索未知知识,结合已有的知识结构通过设计实验方案,进行观察、实验、讨论,总结出新观点、新规律的实验教学方式。例如,初中化学教材中关于"电解水研究水的组成"、"质量守恒定律"和"燃烧的条件"的探究就是典型范例。

探究性实验教学的目标是:探究学习新知识,培养独立探求、观察和操作能力以及科学思维能力。其教学程序一般为:①提出探究问题,激起学生疑惑;②做出假设;③设计实验方案;④进行探究、获取信息;⑤对实验现象或结果的思维加工;⑥交流实验探究结果、概括归纳得出结论。这类实验对培养学生的科学素养,尤其是感受科学过程和学习科学方法有着重要作用,是课程改革大力提倡的一种教学方式。

案 例 1-6

探究实验——三价铁的化学性质

教师指导：三价铁的化合物很多，其中有不少跟我们的生活关系紧密。那么三价铁有哪些化学性质呢？大家可以通过实验来探索。

学生实验：三价铁盐溶液分别与①铁钉；②碘化钾溶液；③氢氧化钠溶液反应。

教师提问：大家能不能对现象做出分析呢？请大家用简单语句归纳一下三价铁的化学性质。

4. 化学实验教学与化学教学

化学实验教学是化学教学的重要组成部分，化学实验教学的设计要服从和服务于化学教学的总体安排。

1.3.2　化学实验课程目标及类型

1. 化学实验课程目标

化学实验课程目标是指学生通过化学实验课程学习所预期达到的质量标准，它体现了国家对基础教育阶段学生在化学实验课程方面的最基本要求。这些基本要求在化学课程标准中都有较为具体的规定，涉及化学实验知识与技能、化学实验探究能力和化学实验情感态度与价值观等三个维度（图 1-1）。学生达到了上述目标，也就形成和发展了化学实验素养。

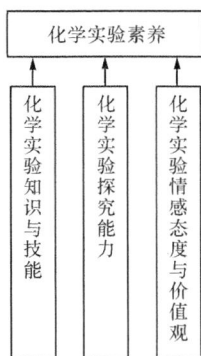

图 1-1　实验素养构成

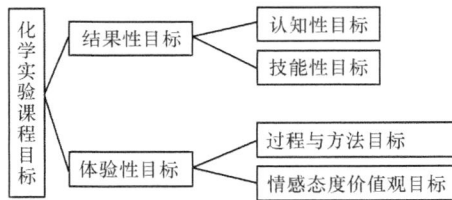

图 1-2　按照目标陈述方式划分的课程目标

2. 化学实验课程目标的类型与水平

根据目标陈述的内容和方式，化学实验课程目标可分成若干类型（图 1-2）。

1）结果性目标

结果性目标是指用学习结果来表述的目标，这类目标明确规定了学生的学习结果是什么，所采用的行为动词要求确定、可测量、可评价，主要用于"化学实验知识与技能"目标的陈述。例如,"能说出常见化学实验仪器的名称、知道其构造,了解其规格和主要用途;理解常见实验仪器的操作原理和连接方法"、"初步学会移液管、容量瓶、滴定管、酸度计的使用"等。认知性目标主要用于化学实验知识目标的陈述,技能性目标主要用于化学实验技能目标的陈述。

(1)认知性目标的水平。

认知性化学实验课程目标主要分为以下四级水平:

知道水平。对化学实验知识在头脑中有印象,并能给予识别和描述。常用的行为动词有:知道、说出、识别、描述、举例和列举等。例如,"知道物质分离和提纯的常用方法"。

了解水平。能够再认或回忆化学实验知识,准确描述实验对象的基本特征。常用的行为动词有:了解、认识、能表示、辨认、区分和比较等。例如,"了解吸附、沉淀、过滤和蒸馏等净化水的常用方法"。

理解水平。能够把握化学实验知识的内在联系,并能对化学实验对象的特征进行解释、推断。常用的行为动词有:理解、解释、说明、判断、预期、分类、归纳和概述等。例如,"通过实验探究温度、浓度和压强对化学平衡的影响,并能用相关理论加以解释"。

应用水平。能在新情景下,运用化学实验知识与技能解决化学实验问题。常用的行为动词有:应用、设计、评价、优选、使用、解决、检验和证明等。例如,"设计实验推断孔雀石分解的产物"。

(2)技能性目标的水平。

技能性化学实验课程目标主要分为以下三级水平:

模仿水平。能在教师示范或具体指导下,对化学实验对象进行模拟。常用的行为动词有:初步学习和模仿等。例如,"初步学习在实验室制取氧气和二氧化碳"。

独立操作水平。能独立完成相对完整的化学实验,实验操作规范,实验过程合理、有序。常用的行为动词有:初步学会、独立操作、完成和测量等。例如,"能够独立或与同学合作完成实验,记录实验现象和数据,完成实验报告,并能主动进行交流"。

迁移水平。能在新情景下,运用化学实验知识和实验技能,独立或与同学合作实际解决具体化学实验问题。常用的行为动词有:学会、掌握、迁移和灵活运用等。例如,"收集不同的水样,测定其 pH,并用图表或数据等表示实验结果"。

2)体验性目标

体验性目标也称为表现性目标、过程性目标,它是指用学生的心理感悟、活动感受来陈述的目标。这类目标所采用的行为动词往往是体验性、过程性、表现性的,主要用于"过程与方法"、"情感态度与价值观"目标的陈述。例如,"体会定量研究的方法对研究和学习化学的重要作用"、"经历比较完整的实验探究过程,增强对科学探究的理解;体会小组合作的意义和快乐"等。体验性化学实验课程目标主要分为以下三级水平:

感受水平。能亲身参与化学实验活动,经历化学实验过程,形成对化学实验的感性认识。常用的行为动词有:感受、经历、尝试、体验、参与、交流、讨论、合作、参观等。例如,"体验科学探究的过程,学习运用以实验为基础的实证研究方法"。

认同水平。在亲身参与化学实验活动的基础上,能对化学实验过程和方法持有较为合理、正确的实验态度与实验价值判断。常用的行为动词有:认同、体会、认识、关注、遵守、赞赏、重视和珍惜等。例如,"认识定量分析在化学研究中的重要性"。

领悟水平。在亲身参与化学实验活动的基础上,能对化学实验过程和方法有较为深刻的感悟,并能在具体的化学实验活动中表现出较为稳定的态度与行为倾向。常用的行为动词有:形成、具有、树立、建立、保持、发展和增强等。例如,"树立安全意识,能认识化学品安全使用标志,初步形成良好的实验工作习惯"。

1.3.3　化学实验教学目标

化学实验教学目标是指学生通过与化学实验相关的各种活动所预期应该主动获得的全部经验。

1. 化学实验教学目标的内容构成

化学实验课程目标是化学实验教学目标制订的主要依据,它规定了化学实验教学目标的基本内容;化学实验教学目标是化学实验课程目标的具体化,它是教师在按照化学实验课程目标的前提下,根据所教学生的实验素养基础、认识发展水平和所在学校实验教学资源实际而加以确定的。

中学化学实验教学的总目标,具体体现在化学实验知识与技能、化学实验探究能力和化学实验情感态度与价值观等三个维度(图 1-1,目标即素养达成)。

(1)化学实验知识与技能目标。

化学实验知识包括化学实验事实知识、化学实验仪器和药品知识、化学实验安全知识;化学实验技能包括基本操作技能、仪器和药品的选择技能、综合运用技能。

(2)化学实验探究能力目标。

化学实验探究能力是指学生在化学教学中运用实验来探究物质及其变化的本质和规律的一种能力。它是科学探究能力在化学实验教学中的具体化,是化学教学中学生科学素养发展程度的重要体现和标志。

(3)化学实验情感态度与价值观目标。

化学实验情感是学生在化学实验教学中所形成的一种对实验活动的感情指向或情绪体验。化学实验态度是指学生在化学实验教学中对实验活动的一种内在反应倾向,它是通过学生的外显行为表现出来的。根据学生在实验活动中的行为表现,可将实验态度划分为自觉型实验态度、兴趣型实验态度和被动型实验态度。实验价值观是学生在化学实验教学活动中所形成的对实验价值最基本的看法。

2. 化学实验教学目标的水平

高中化学实验教学目标分类、分层次的要求如下:

(1)知识与技能实验教学目标。

有关化学实验的原理和方法、实验仪器设备的使用方法、实验现象与结论、实验设计、实验评价等方面的理论知识都属于认知领域的实验教学目标。这一维度可以分为四个层次:知道、理解、掌握、评价。有关实验仪器的使用、实验过程中的观察与操作都属于技能领域,这一维度又可以分为三个层次:模仿、操作、迁移。其内容见表 1-3。

表 1-3　知识与技能实验教学目标

目标	层次	含义	内容
认知领域	知道	对实验内容、实验过程的回忆和识别,即能记住学习过的内容	知道基本仪器的名称、形状、用途和操作原理; 记住实验中的现象、事实和结论; 能识别典型的实验仪器装置图
	理解	在知道的基础上能初步理解实验的原理、方法、步骤及操作要领和注意事项等	懂得常用仪器的构造原理和使用方法; 领会实验的步骤、操作规程、注意事项; 理解实验原理,明确实验项目中所运用的化学实验知识和实验方法,以及所要观察到的化学实验现象
	掌握	能运用所学的化学基础知识(包括实验知识)和化学实验方法去解决一些简单的化学实验问题	能根据实验现象及实验数据分析得出正确结论,并正确书写实验报告; 能够根据要求绘制实验装置图; 能根据实验课题或实验目的设计恰当的实验方案
	评价	能根据已掌握的化学基础知识(包括实验知识)、实验技能和实验方法去判断自己或他人的实验行为、结果是否正确,有无价值,并能改进实验或设计新实验	能够对观察到的实验现象、事实和测定的数据,运用所学的化学基础知识、技能和科学方法进行正确的分析、判断和解释; 能判断一个实验系统的局限性,找出实验错误的原因,提出改进实验的方法; 能根据对实验结果的分析判断,提出新的假设,改进实验装置和实验手段,设计出新的实验方案,并能在操作过程中对原实验方案的合理性、科学性进行检验和评价
技能领域	模仿	在教师指导下(讲解或示范操作)进行实验操作,进行实验现象的观察	知道实验仪器的名称、用途和使用方法,知道实验基本操作方法; 能模仿教师的示范操作进行实验,偶有违反操作规程,但经教师指出后能改正; 能够明确观察对象的主要特征及其变化条件; 能用适当的语言对观察到的现象进行描述
	操作	在模仿的基础上,能够连贯地、一体化地完成操作,基本符合要求	基本能按照实验目的和要求,正确地选择和使用仪器; 基本能按照实验内容和步骤比较正确、规范地操作,基本做到"会拿"、"会放"、"会接"、"会调"、"会测"; 能遵守实验室规则,注意安全操作,基本能恰当地预防和处理实验室的一般事故
	迁移	对实验仪器和重要的实验,通过多次练习,达到比较熟练化的操作程度	能在较短的时间内较熟练地安装好实验仪器装置,仪器的使用和实验基本操作正确、规范; 能正确地选择观察目标,同时准确地观察实验现象和读取实验数据并如实记录; 能独立完成实验和进行实验设计; 能按照自己设计的实验方案进行实验操作和小结

(2)过程与方法实验教学目标。

对于化学实验教学来说,过程与方法目标主要是在具体的探究性实验中体现出来的。学生的学习过程既是接受知识的过程,也是发现问题、提出问题、分析问题、解决问题的过程。过程与方法实验教学目标可以分为三个层次：经历、感知、探究。其内容见表1-4。

表 1-4　过程与方法实验教学目标

层次	含义	内容
经历	参与、从事实验活动，具有真实的体验	观察化学现象的过程，感受和体验实验中的科学思想和方法的形成过程； 对实验中的重要思想方法有明确的意识
感知	能说明实验操作的程序、方法和规则	知道实验中所用的重要的思想方法的一般程序和方式； 认识和理解科学实验过程； 在观察和操作中发现并提出问题
探究	会用实验中学到的方法、操作程序、方式、规则等解决新的实际问题	能根据问题提出猜想或假设，拟订方案； 能熟练地运用基本仪器和最基本的实验思想与方法； 能运用实验思想方法，通过完善、探究、发现、组合、优化等方式解决新情景中的有关实验的问题； 能通过不同渠道收集和处理有关信息

(3)情感态度与价值观实验教学目标。

情感态度与价值观实验教学目标分为三个层次：体验、反应、领悟。其内容见表1-5。

表 1-5　情感态度与价值观实验教学目标

层次	含义	内容
体验	观察、注意实验的科学过程	具有乐于从事实验活动的表现，对实验探究活动持赞同的态度，情绪上顺从实验常规，具有自我实验探究问题的愉悦感和成功感； 积极参与实验操作活动，善于与小组成员交流、合作探究
反应	在体验基础上，表达对实验的感受、积极态度和价值观，并做出相应的反应	愿意注意实验现象的刺激和情景，没有回避、反感的情绪和态度； 对实验操作具有主动性、自觉性、积极性，充满对实验的浓厚兴趣和好奇心； 有较强的实验探索欲望
领悟	具有稳定、一致化的行为和个性化的价值观	对实验活动具有持久的、专注的态度，不仅关心实验本身的学科价值，而且对实验的社会价值、实验对学科发展及人类社会进步的关系具有稳定的认同态度

　　上述提出的化学实验教学目标的分类、分层次的要求是对实验教学的总体要求。具体到教科书的实验项目之中，其教学目标要求层次是不同的。在操作和实施过程中，教师应根据化学实验项目的具体内容和学生的学习水平，提出适当的、明确的、具体的实验教学目标。

3. 化学实验教学目标的表述

　　一个规范的教学目标应包含四个基本要素：行为主体、行为动词、行为条件和表现程度(标准)。有时为了陈述简便，可以省略行为主体或(和)行为条件，但前提是以不会引起误解或多种解释为标准。

案例 1-7

化学实验教学目标的陈述方式

方式1："初步学习观察……"、"能解释……"、"能设计……"、"能体验到……"。

方式2："培养学生的科学态度"、"激发学生的实验兴趣"。

方式1的陈述主体是学生,方式2的陈述主体是教师。

学生是实验教学的主体,化学实验教学目标陈述的主体应该是学生而不是教师。目标所表述的是预期在学生身上发生的变化、所要达到的学习结果。

案例 1-8

"燃烧的条件"实验教学目标

实验1:用镊子分别夹取蘸有酒精、水的小棉球,放在酒精灯火焰上片刻,观察实验现象。

实验2:分别点燃2支小蜡烛,将其中的一支蜡烛用透明的玻璃杯罩住,尽可能使玻璃杯口与桌面间不留有空隙,观察实验现象。

实验3:用镊子分别夹取一根小木条和一小块煤,在酒精灯上点燃,比较点燃的难易程度。

"燃烧的条件"的实验教学目标

目标类型	具体目标
实验知识	知道发生燃烧的物质要具有可燃性; 知道燃烧离不开氧气; 知道燃烧达到燃烧的最低温度时,才能燃烧
实验探究能力	在教师指导下能够完成上述3个实验; 认识上述3个实验所用的"实验条件的控制"方法; 思考各组实验中产生不同实验现象的原因
实验态度 情感与价值观	体会运用"实验条件的控制"方法进行实验探究的过程; 说出完成上述实验、得出结论后的感受

1.4 中学化学实验教学的设计与实施

广义的化学实验教学设计是指教师根据化学教学目标、化学教学内容以及学生的实际,运用教学设计的理论和方法,对化学实验教学方案做出的一种规划。

狭义的化学实验教学设计是指化学教师在教学前对当次教学内容的实验进行全盘、整体的构思和设想,把学与教的原理转化到化学实验教学材料和实验教学过程中,利用实验使化学教与学达到最优化。

优化实验教学设计将使教师教学工作建立在科学化、程序化、合理化、技术化之上,能更好地落实课程标准目标对化学实验课教学的要求。

1.4.1　化学实验教学设计的理论基础

(1)按照系统论的观点,化学教学是一个由学生、教师、教学内容、教学媒体共同组成的多要素复杂系统,化学实验既是教学内容又是教学媒体。

现代教学设计坚持以学生为中心的教学设计观,强调学生是教学活动的中心,是教学设计的出发点和归宿。学生是信息加工的主体,是意义的主动建构者;教师是意义建构的帮助者、促进者,而不是知识的传授者与灌输者。

(2)化学教学设计分四个基本层次。

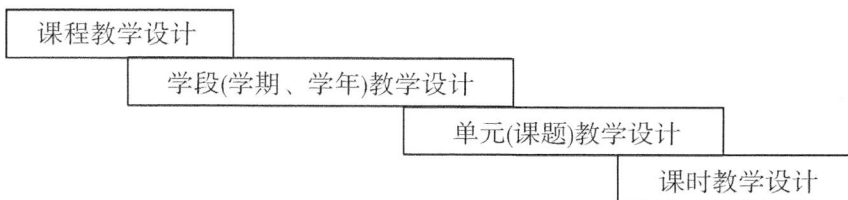

```
┌──────────────┐
│  课程教学设计  │
└──────────────┘
    ┌────────────────────────┐
    │ 学段(学期、学年)教学设计 │
    └────────────────────────┘
        ┌──────────────────────┐
        │  单元(课题)教学设计   │
        └──────────────────────┘
            ┌────────────────┐
            │   课时教学设计   │
            └────────────────┘
```

中学化学实验教学是化学教学的重要组成部分,化学实验教学的设计与实施要服从和服务于化学教学的总体安排。

1.4.2　化学实验教学设计的分类

(1)按教学时间安排,分为学段(学期、学年)实验教学设计、单元(课题)实验教学设计、课时实验教学设计。

学段(学期、学年)实验教学设计应与学段教学计划相结合,列出实验内容、类型及实施的时间及考核方法等内容。

单元(课题)实验教学设计和课时实验教学设计是具体教学活动计划。主要包括教学目标、教学内容、教学媒体、教学模式的设计,教学过程及教学评价等内容。

(2)按中学化学实验课程分类,应分为独立形态的化学实验课程教学设计和非独立形态的化学实验课程教学设计。针对不同形态的化学实验课程教学,其教学设计的侧重点是不同的。

独立形态的化学实验课程其内容比较系统、完整,以学生实验活动为主,应让学生理解实验对于自身的价值,明确实验目的,体验科学研究的过程。其教学设计应以培养和发展学生的实验素养为主,而非独立形态的化学实验课程其实验内容镶嵌在教学内容之中,教学设计要更多地考虑其教学功能及与课堂教学内容的融合,将方法的获得、能力的提高融入知识获取的过程中。

1.4.3　化学实验教学设计的内容

中学化学实验教学设计主要包括化学实验教学目标的设计、化学实验教学内容的设计、化学实验教学方式的设计等。

1. 化学实验教学目标的设计

化学实验教学目标是化学实验教学的出发点和最终归宿。因此,化学教师在实施教学之前必须深刻理解实验教学的各级目标,设计明确、具体、规范,可测量、可评价的实验教学目标,指导学生学习,这是教学设计的关键环节。

化学实验教学目标的设计,首先要明确化学实验教学目标的内容构成;其次要明确化学实验教学目标的类型与水平;最后要做好化学实验教学目标的表述。

2. 化学实验教学内容的设计

化学实验教学内容的设计,应着重从三个方面考虑,一是要明确化学实验教学内容的选择依据;二是要设计教学实验;三是要设计化学实验教学内容的呈现方式。

(1)化学实验教学内容的选择依据。

中学化学实验教学内容的选取一般遵循以下基本原则:①体现以实验为基础的化学教学观;②选择贴近生活、贴近社会的课题;③体现绿色化学思想;④注重实验的趣味性;⑤体现实验手段的现代化。

(2)设计化学教学实验。

化学教学实验应符合教学性、科学性、可行性、简约性和安全性的原则。

化学教学实验要能有效实现化学教学的目的。

化学教学实验要在知识认识阶段的背景下体现知识的准确性。

设计化学实验时所运用的实验原理在实施时切实可行,所选用的化学实验药品、仪器、设备和方法在中学的条件下能够得到满足。

要尽可能采用简单的实验装置,用较少的实验步骤和实验药品,在较短的时间内来完成实验。

化学教学实验要避免使用有毒有害物质和危险操作。

(3)化学实验教学内容的呈现方式。

化学实验教学内容的呈现方式,应从以下几个方面加以考虑:① 观察与思考相结合;②掌握知识技能与实验探究活动相结合;③采取人性化的实验内容陈述方式;④加强课程资源建设。

案例 1-9

探究实验室制取 CO_2 气体的反应原理与反应装置

教师:根据学生已有的基础知识进行引导,哪些物质之间的反应能产生 CO_2 气体?请写出这些反应的化学方程式;根据 CO_2 气体的性质,选择收集 CO_2 气体的方法;从化学反应到收集气体,选择需要的实验器材。

学生:写出产生 CO_2 气体反应的化学方程式,讨论制取 CO_2 气体的可行性。根据产生 CO_2 气体的化学反应,分成若干个小组进行探索,筛选出最合理的可作为实验室制取 CO_2 气体的化学反应。

实验现象:碳酸钙与稀硫酸,反应一会儿停止了;碳酸钠与稀硫酸或者稀盐酸反应速率太快,无法收集 CO_2 等。

　　师生讨论：最终确定实验室制取 CO_2 的反应物为碳酸钙（大理石、石灰石）与稀盐酸。

　　在实验教学的处理上，不是简单让学生自主探究，而是让学生真正地经历了收集信息、处理信息、实验对比、设计实验、选择仪器、探究实验、归纳总结的合作探究学习的过程，体验像科学家那样合作研究科学的基本过程以及研究科学的一般性思路。

3. 化学实验教学方式的设计

　　化学实验教学方式是指教师为促进学生顺利而有效地开展化学实验学习活动、完成化学实验学习任务而采取的各种教学行为。行为不同，学生主体性发挥程度的不同，学生的感受、体验和所获取的知识也不相同。教师在教学中不能一味地参照教科书中实验教学的处理方式，要掌握学生的基础、深入钻研教学内容；为达到教学目标，合理地选择实验教学类型、确定教学组织形式和程序，形成行之有效的教学方案。

1.4.4　化学实验教学设计的基本原则

　　化学实验教学设计体现在操作层面上，重在对学生进行思维训练、方法训练和实验操作技能的培养。在教学中，应突出学生的主体地位，倡导以自主学习、合作学习、探究学习为主的多元化学习方式。因此，化学实验教学设计应遵循以下基本原则：

　　(1)要注重学生是实验教学的主体。

　　(2)要注意实验问题设置的合理性和科学性。

　　(3)要处理好学生主体地位和教师引导地位的关系。

　　(4)在化学实验教学中应积极倡导学生独立或小组合作进行实验设计。

　　(5)实验过程中，要注重学生基本实验技能的指导和训练。

　　(6)要注重学生对实验结果的分析和处理。

1.4.5　化学实验教学的实施

　　如何开展与实施化学实验教学，以更好地发挥实验的教育教学功能？中学化学教学的实施应根据教学内容与学生的已有知识与实验素养水平重点考虑以下几点：一是选择合适的实验教学类型；二是把握好不同的实验教学模式；三是组织有效的教学活动；四是进行科学的评价。

1. 选择合适的实验教学类型

　　不同类型的化学实验由于实验主体和实施形式的区别，在化学教学中具有不同的作用。教师应根据具体教学内容与学生的知识与实验技能水平以及教学目标来选择与确定。

2. 把握好不同的实验教学模式

根据实验教学的目标和教学策略,化学实验教学模式分为演示讲授模式、实验归纳模式、实验演绎模式和实验探究模式。

1)演示讲授模式

演示讲授模式是将演示实验与教师的启发讲授融合而形成的一种教学范型,是中学化学最常用的实验教学模式。演示讲授模式的教学过程一般为:教师根据教学目的确定教学内容;教师示范操作;用简洁的提示引导学生观察实验过程中所发生的各种实验现象,引导学生思考问题;教师结合实验现象进行讲解,启发学生提出问题、回答问题;教师在总结的基础上得出科学结论;教师提供新事实、新情境让学生练习,运用获得的结论。这种教学模式的教学程序大体如下:

演示主题 → 实验事实和现象 → 实验结论 → 迁移应用

演示讲授模式既可以进行验证性实验,也可以进行探究性实验。在演示讲授模式的教学中,学生的观察和思维受教师的演示和讲解的影响较大,在教学过程中教师要更加注意学生积极性、主动性的发挥。对于新课教学,教师可通过创设实验情境,有效地提高学生学习化学的兴趣。

2)实验归纳模式

实验归纳模式是将学生随堂实验活动与教师的引导提示相结合,通过归纳整理的方法,使学生认识化学概念和化学理论的一种实验教学模式。

实验归纳模式的教学过程一般是:教师根据教学目的选择合适的教学内容;由教师演示或学生进行实验操作,通过观察实验现象,获取实验信息,在师生互动中共同归纳总结出相关的化学概念和化学理论;学生结合教学要求进行练习运用。它的教学程序大体如下:

实验主题 → 实验事实和现象 → 结论 → 应用

3)实验演绎模式

实验演绎模式基于学生习得的理性认识,让学生通过实验演绎、印证有关结论,达到深入理解掌握有关结论的一种教学范型。实验演绎模式的教学过程一般是:在学生已有知识的基础上,设立实验主题;通过实验,学生获得新的化学实验现象,观察识记;经过演绎推理,得出新结论,使学生的认知结构得到不断发展。它的教学程序大致如下:

实验主题 → 新的实验事实和现象 → 新的结论 → 应用

实验演绎模式不仅对学生巩固、深化、拓展所学知识有很大作用,而且有利于学生思维能力的发展。

4)实验探究模式

实验探究模式是让学生进行实验探究,开发学生的创造能力的一种教学范型。按学生主体活动程度可分为开放式实验探究和指导式实验探究两种模式。

开放式实验探究模式一般是由教师或学生提出问题,学生设计实验程序并实施实验方案,收集处理和分析数据、得出结论,并将其应用于新的情境加以检验。这种模式强调探索和创造,学生以一种近似科学家如何实验的方式学习化学,不再强调获得正确的结论,而是重视对过程和对结论的解释。该模式耗时较多,需要充足的经费支持,学生要经过试误、矫正,且获得的知识往往不够系统;宜采用指导式探究,以提高教学效率。

指导式实验探究模式是由教师提出问题,学生提出假说,引导学生朝着教师预先设计的方向提出实验程序,预测可能的结果。指导式实验探究模式的教学过程一般是:创设问题情境→提出猜想与假设→设计实验方案→实施实验方案→得出实验结论→讨论与交流。它的教学程序大致如下:

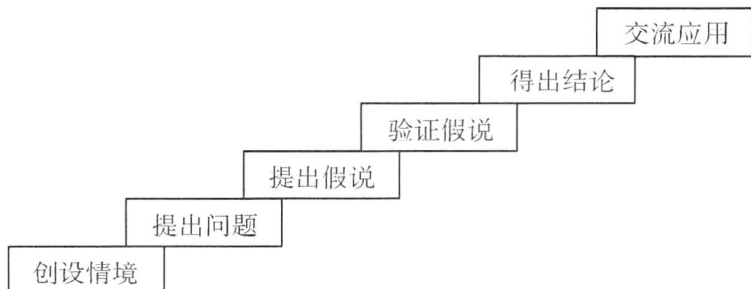

这种模式通常是已被教师构建好的,但允许学生在假说和数据解释的范围内去创造。教师的引导并不是刻意地引导出一个唯一的结果,而是让学生在探究过程中理解科学、获得知识。

案例 1-10

质量守恒定律

教师提问:物质发生化学变化的前后,总质量是否发生改变? 是增加、减少还是不变? 现在就让我们一起按下面的步骤对这一问题进行探究。

学生提出假设:物质发生化学变化后,其总质量_____,假设的根据是_____。

学生设计实验方案验证假设:(在所给实验方案中选择你所需要的方案,你也可以自己设计新的实验)_____。

学生进行实验探究活动。

得出结论。

实验探究模式更加强调知识与技能的掌握、过程与方法的学习、情感态度与价值观的形成在实验过程中的统一,与其他教学模式相比,更能发挥学生学习的能动性,对培养学生的科学探究能力有非常重要的作用。

上述四种教学模式就其自身而言没有明显的优劣之分,关键是运用得是否恰当。因此,教师在教学过程中,一定要根据教学内容和学生的实际情况,灵活运用不同的教学模式,充分发挥其互补性,以达到教学最优化的目的。

3. 组织有效的教学活动

有效教学的"有效"是指通过教师在一段时间的教学之后,学生所获得的具体的进步或发展。教学是否有效,并不是指我们有没有完成教学内容,而是指学生有没有学到什么或学生学得好不好。教师要处理好知识与技能、过程和方法、情感态度与价值观三者的关系,优化实验教学过程,实现三维目标的和谐统一,即真正落实三维教学目标。

4. 进行科学的评价

科学的评价具有诊断、反馈、调节等功能,以谋求最佳的教学效果。对实验教学的评价包括教学实验设计的评价以及教学三维目标达成的评价。中学化学实验教学评价是目前正在研究的课题之一。借鉴发展性评价的最新研究成果,促进学生科学素养全面发展的化学实验教学评价,应以质性评价作为主要的方法论基础,本次课改中所提倡的"档案袋评价"和"活动表现评价",都是质性评价的具体评价方式;同时,还应注意将质性评价与量化评价有机结合起来。

1.5 中学化学实验教学研究

中学化学实验教学研究就是以中学化学实验为研究对象,研究其在中学化学教学中的具体运用。纵观世界化学教育的发展,中学化学实验教学正在发生着深刻的变化。主要表现为:一方面关于实验在化学教学中的地位和教学功能的理论逐步得到深化;另一方面学生的实验主体性逐步受到重视和发挥。

为了使化学实验教学更有利于学生的学习和发展,目前有许多教育科研工作者和一线教师开展了化学实验教学的研究工作,并取得了较好的效果,主要集中在以下几个方面:

(1)化学实验的改革与创新。

化学实验改革与创新的方向主要表现在化学实验的生活化、趣味化,绿色化、微型化等方面。本书第3部分第8单元有详细介绍。

(2)化学实验探究教学。

20世纪90年代以来,西方教育界开始流行建构主义这一新的教育模式。建构主义理论的核心可概括为:以学生为中心,强调的是"学",即学生对知识的主动探索、主动发现和对所学知识意义的主动建构。在整个教学过程中教师起组织者、指导者、帮助者和促进者的作用。充分发挥学生的主动性、积极性和首创精神,最终使学生有效地实现对当前所学知识的建构。

化学实验探究教学是在建构主义学习理论指导下开展的一系列教与学的活动。化学实验探究教学,一是要以实验为基础,把实验作为提出问题、探究问题的重要途径和手段,要求课堂教学尽可能用实验来展开,引导学生根据实验事实或实验史实,运用实验方法论来探究物质的本质及其变化规律;二是强调学生的主体性,教师要为学生提供更多的机会,如变演示实验为边讲边实验,增加探索性实验等,让学生亲自动手进行探究;要通过问题启发、讨论启发等方式,引导学生积极思维、大胆想象,使学生始终处于积极的探索状态;三是强调教学的探究性,教师要引导学生亲历探究过程,让学生的耳、口、眼、手和脑等多感官共同参与,既提高学生的综合能力和学习效率,又提高学生对物质世界的认识和提升学生的实验素质;四是强调知识技能的掌握、能力和态度的培养在探究过程中的统一,充分体现实验的"认识论"和"方法论"功能。

(3)计算机模拟化学实验教学。

计算机模拟有毒、有危险或化工生产过程等实验,具有形象、生动、直观、经济及交互能力和使用方便等优点。但在模拟实验中,一些感觉特别是嗅觉、味觉和触觉,学生是无法体验的,加上模拟实验的不"真实"性,学生也就不能形成对整个化学实验的正确感知,长此以往,这种计算机模拟实验势必造成学生对化学实验的感知缺陷。多媒体手段与常规教学媒体应该是相辅相成的关系。应用多媒体手段辅助教学要明确其地位是"辅助"而不是"代替"。在使用多媒体技术时应该把重点放在解决那些运用常规教学媒体不便解决或无力解决的教与学的问题上,凡是用常规教学媒体能解决的,不一定非要用多媒体课件模拟或展示,以免顾此失彼,造成负面影响。

(4)数字化实验教学。

数字化实验是信息化与实验相互融合的产物,它利用数字化信息系统实时传输实验中的各种变量的关系,获得实验数据并由计算机中的相应软件来处理获得实验结论。数字化实验系统是在传统实验的基础上,改变实验观察的手段,不再由我们的五官来观察实验现象,记录实验数据;而是通过相应的电五官——传感器来观察和记录数据。由于传感器的感量十分微小、灵敏度极高,因此擅长测量及其微小的变化,并可以将得到的数据交由计算机记录和处理,这就使得我们对实验记录得更全面,分析得更透彻,结论更有信度。

计算机模拟实验、数字化实验都属于信息技术与化学实验教学整合的研究范畴。这是化学实验教学的一个重要发展趋势。就目前讲,如何将现代的信息技术与传统的实验手段有效地结合在一起,起到优势互补的"整合"效应,是实验教学研究的新课题。

作为一名化学教师,要充分认识化学实验教学的重要作用,密切关注化学实验教学改革的新理念和新做法,做好化学实验的教学和研究工作。

第 2 部分

中学化学实验教学基本技能素养

从事中学化学实验教学,除扎实的理论基础外,还需要具备良好的技能素养。中学化学实验包含的实践技能范围很广,需要我们引领学生从一开始就养成良好的习惯,并逐渐使之成为学生科学素养的一部分。

培养学生实验操作基本技能是教师义不容辞的责任,是规范科学行为的基础。当然,任何一项技能的获得都不是一蹴而就的,教师应该遵循心理学技能获得的规律,有计划、有步骤地培养和规范。对于每项实验操作,第一次进行时,教师应该将复杂的操作分解,示范讲解,明确要求。第二、第三次出现时,教师要重点指导,及时纠正错误操作。每一项实验技能均需要学生反复练习,才能做到规范和自动化。

按照课程标准要求,中学化学实验技能主要包括:认识和使用仪器技能;实验操作的技能;实验设计的技能;绘制实验装置图的技能;记录和分析现象、数据和书写实验报告的技能。

2.1　中学化学实验基本技能与方法

2.1.1　测量·量器

测量是科学家通用的语言。200 多年以前,大多数国家都各自采用自己的计量系统。到了 18 世纪 90 年代,在法国逐渐形成了一套米制的通用系统,这一系统是以十进制为基础进行计量的,称为国际计量单位系统,简称 SI 制计量系统。现在全世界所有的科学家都采用 SI 制(图 2-1)来测量长度、质量、体积、密度、时间以及温度等。

图 2-1　1983 年,在法国的国际重量和测量局确定了一套标准单位制,图为存放在真空罩内的 1kg 标准原器

中学化学实验常用的量器有托盘天平、量筒、容量瓶、移液管、滴定管、温度计等。它们多是较为精确的液体量器,需定期校正。

1. 托盘天平

图 2-2　托盘天平(左上为古埃及人公元前 1400 年发明的简易天平秤)

托盘天平或台秤(图 2-2)是中学化学实验中使用最多的称量仪器,主要用于精度不高的称量,一般能精确到 0.1g。称量前,首先要调节托盘下面的螺旋,使托盘天平的指针指在刻度盘的零点。称量时,左盘放称量物,右盘放砝码。调节游码并添加砝码到托盘天平两边平衡,此时指针的位置称为停点。停点和零点之间允许偏差 1 小格之内。此时,砝码和游码加和的质量就是称量物的质量。托盘天平不能称量热的物体,称量物不能直接放在托盘上,使用结束后,应使砝码及托盘天平各部分恢复原状,保持托盘天平整洁。

实验室常用的玻璃量器有量筒、容量瓶、移液管和滴定管等。

2. 量筒

量筒是用来量取液体的一种玻璃仪器,一般有 10mL、25mL、50mL、100mL、200mL、1000mL 等规格。量筒不能加热,不能用作化学反应的容器,也不可用于配制或稀释溶液。读数时,要将量筒放在平稳的桌子上,或用左手的拇指、食指和中指捏在量筒上半部无刻度处,使量筒自然下垂。有些烧杯的外壁上也有刻度,可以粗略地估计液体的体积。

> 　　烧杯可以量取液体吗?请取一个 100mL 的烧杯,加水至 100mL 刻度线,然后把水全部倒入量筒中,读数。

3. 移液管

准确移取一定体积的液体时,需使用移液管(图 2-3)。使用移液管时,应先用待移取

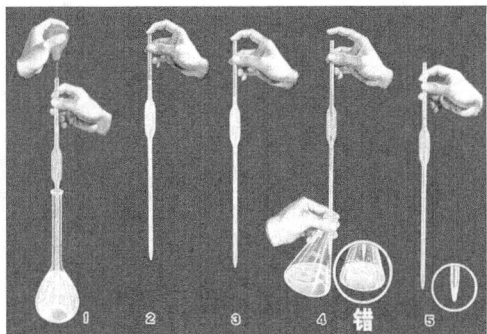

图 2-3　移液管使用

1.吸溶液：右手握住移液管，左手捏洗耳球多次；2.把溶液吸到管颈标线以上，不时放松食指，使管内液面缓慢下降；3.把液面调节到标线；4.放出溶液：移液管下端紧贴锥形瓶内壁，放开食指，溶液沿瓶壁自由流出；5.残留在移液管尖的最后一滴溶液，一般不要吹掉（如果管上有"吹"字，就要吹掉）

的液体润洗两次。移液管使用后，应洗净放在移液管架上晾干。

4. 温度计

化学实验中测量温度经常用到普通水银温度计，量程有 100℃、200℃、300℃等。测量液体温度时，温度计的水银球应全部浸没在液体的中心位置，不能与器壁底部接触；测量正在加热的液体温度时，水银球应该距离容器底部 1cm 以上；蒸馏时测量气体温度时，水银球的上限要跟蒸馏烧瓶支管的下限处于同一水平线上，保证水银球处于蒸气的包围中；而测量沙浴的温度时，温度计的水银球插入沙中深度应与容器底部相平，并紧靠容器壁，才能保证测得的温度有代表性。

2.1.2　观察·记录

人的感觉系统有视觉、听觉、触觉、味觉和嗅觉等。当我们用一种或多种感官收集有关这个世界的信息时，这就是观察。例如，在金属钠与水的反应中，通过视觉观察到钠的形状发生改变，溶液由无色变为粉色，耳朵能够听到"嘶嘶"的声音，手触摸烧杯壁能够感受到溶液温度升高，这些都是人们利用感觉系统观察的结果。为了提高感官的灵敏度，有时还需要使用一些辅助工具，如显微镜、望远镜等，使观察更为详尽。

实验中得到的观察和测量结果称为数据。在实验中，要详细记录观察所获得的各种实验数据及反应现象。保留所有的原始记录于实验记录本上，不随意涂改结果，这是科学精神的重要体现。实验结束时，要对数据进行分析，看看存在什么规律或趋势。实验报告是常用的记录和总结形式，通常包括实验题目、实验时间、实验目的、实验原理、实验用品、实验过程和讨论等项目。其中实验过程常用表格形式呈现（表 2-1）。

表 2-1　粗食盐提纯的部分实验过程

实验步骤	实验现象	解释或结论
用量筒量取约 12mL 水倒入烧杯中。用托盘天平称取约 6.0g 粗食盐。将称取的粗食盐分次逐渐加入烧杯里的水中，并用玻璃棒不断搅拌，当加入的粗食盐达到称取量的一半时，减少每次的加入量，并充分搅拌，待加入的粗食盐完全溶解后再继续加粗食盐，直至粗食盐不再溶解为止，停止加入，称量剩余的粗食盐	粗食盐固体为白色；刚开始溶解于水中，所得液体呈____状；最后得到的液体为____状；剩余粗食盐为____g	粗食盐中含____等杂质；12mL 水约溶解粗食盐____g

2.1.3　加热・玻璃工

为了加快反应速率和提高产率,很多化学反应是在加热条件下进行的。加热是化学实验中一项非常重要的操作。加热分为直接加热和间接加热两种。

1. 直接加热

图 2-4　直接加热

在中学化学实验中,能直接加热的仪器只有试管、蒸发皿、坩埚、烧杯等极少数仪器。给试管里的液体加热时,试管内需加热的液体体积不能超过试管容积的 1/3,试管一般与桌面成 45°(图 2-4)。加热时应先预热后,再对试管底部集中加热,加热时试管口切不可对着任何人。加热试管里的固体时,可将试管固定在铁架台上,试管口略向下倾斜,防止加热时产生的水蒸气在试管口遇冷形成的水珠倒流至试管灼热部位使试管炸裂。

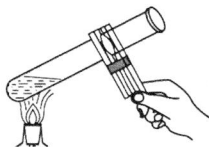

2. 间接加热

烧杯、烧瓶、锥形瓶等仪器的底部较大,直接加热有可能局部过热,造成仪器损坏或仪器内物质分解,因此通常将它们置于三脚架或铁架台的石棉网上进行加热(图 2-5),或进行水浴、沙浴等间接加热。当被加热的物质要求受热均匀且温度不超过 100℃时,可将仪器浸到热水中进行加热,这就是水浴。水浴有专用的水浴锅,如无水浴锅可用大烧杯替代,若需要温度较高,可将水煮沸,用水蒸气加热。沙浴(图 2-6)可以加热到 350~400℃,用的沙要粒细而均匀,且不含有机物。加热时先把干净的沙放在铁盘中,再把要加热的容器埋入沙中。由于沙传热慢,容器底部的沙层要铺的薄些,容器周围的沙要厚些,以便保温。

图 2-5　间接加热

图 2-6　沙浴

酒精灯(使用方法见第 3 部分第 1 单元)、酒精喷灯、煤气灯是实验室中常用的加热仪器。制作简单的玻璃仪器要使用酒精喷灯。

3. 酒精喷灯的使用

酒精喷灯按形状可分为座式喷灯(图 2-7)和挂式喷灯两种。座式喷灯的酒精储存在

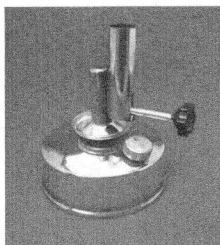

图 2-7 酒精喷灯

灯座内,挂式喷灯的酒精储存罐悬挂于高处。酒精喷灯的火焰温度可达 1000℃ 左右。使用前,先在预热盆中注入酒精,点燃后铜质灯管受热;待盆中酒精将近燃完时,开启灯管上的开关;来自储罐的酒精在灯管内受热气化,这时用火点燃管口气体,就产生高温火焰;调节开关阀来控制火焰的大小。座式喷灯火焰的熄灭方法是用石棉网盖住管口,同时用湿抹布盖在灯座上,使它降温。

酒精喷灯工作时,灯座下绝不能有任何热源,环境温度一般应在 35℃ 以下,周围不能有易燃物。当罐内酒精剩 20mL 左右时,应停止使用,如需继续工作,要把喷灯熄灭后再增添酒精,以免引燃罐内的酒精蒸气。例如,发现灯身温度升高或罐内酒精沸腾(有气泡破裂声)时,要立即停用,避免由于罐内压强增大导致罐身崩裂。每次连续使用的时间不要过长。

在化学实验中经常要用到一些小件的玻璃仪器,如滴管、搅拌棒、洗瓶、弯管、玻璃燃烧匙等,通常借助酒精喷灯,自己动手制作。

4. 截断玻璃管

将玻璃管平放在桌面上,利用锉刀的棱、小砂轮片、小瓷片的断口,在左手拇指按住玻璃管的地方用力锉出一道凹痕(图 2-8)。注意锉时应向一个方向一次完成,锉痕应与玻璃管垂直,从而保证折断后的玻璃管截面是平整的。然后将凹痕向外,双手持玻璃管,用拇指在凹痕的后面轻轻外推,同时用食指和拇指把玻璃管向外拉,就可折断玻璃管(图 2-9)。玻璃管的截断面很锋利,必须在煤气灯或酒精喷灯的氧化焰中熔烧。灼热的玻璃管应放在石棉网上冷却,不要放在桌面上,以防灼烧的玻璃管遇冷炸裂或烧坏桌面;也不要用手去摸,以免烫伤。玻璃棒的截断方法与此相同。

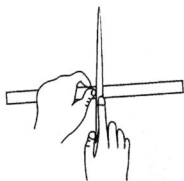

图 2-8 玻璃管(棒)的锉割   图 2-9 玻璃管(棒)的截断

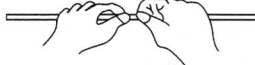

5. 弯玻璃管

先将玻璃管用小火预热一下,然后双手持玻璃管,把要弯曲的地方斜插入氧化焰中,同时缓慢而均匀地转动玻璃管,两手用力均等,转速一致(图 2-10),加热到它发黄变软。从火焰中取出玻璃管,稍等一两秒钟,准确地把它弯成所需的角度。弯管的正确手法为两手在上方,玻璃管的弯曲部分在两手中间的下方(图 2-11)。如果手法不正确,易造成管弯处里外不均匀平滑;如果弯管时加热温度不够,易造成管弯处里外扁平;如果烧时两手外拉,可能出现管弯处中间细的情况。

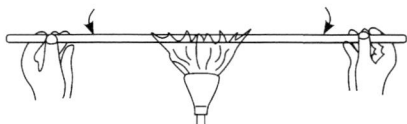

图 2-10　加热玻璃管的方法　　　　　图 2-11　弯曲玻璃管的手法

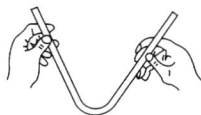

6. 拉制滴管

先将玻璃管在火焰中加热，一边加热一边两手轻轻向中间用力挤压，使中间受热部分管壁加厚。待玻璃管烧至红黄时从火焰中取出，顺着水平方向边拉边来回转动玻璃管（图2-12），拉至所需长度和细度时，一手持玻璃管，使玻璃管自然下垂（图 2-13）。冷却后，按需要截断。然后将细端口在火中熔光，粗端口在火中熔软后在石棉网上按一下，使其外缘突出，冷却后装上橡胶帽即制成滴管。

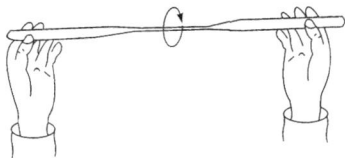

图 2-12　玻璃管的抽拉与处理　　　　图 2-13　拉制滴管

2.1.4　药品·取用

化学试剂有固液两种，固体试剂装在易于拿取的广口瓶中，液体试剂则盛放在易于倒取的细口瓶或带有滴管的滴瓶中。见光易分解的试剂，如硝酸银应盛放在棕色瓶内。每一个试剂瓶上都要贴上标签，上面写明试剂的名称、浓度，并在标签外面涂上一层石蜡来防止标签受到腐蚀（图2-14）。

图 2-14　试剂瓶

1. 固体试剂的取用

取用块状试剂常用镊子或药匙。取用时应将试管或其他玻璃容器倾斜，使其沿管壁或容器壁滑下去，切忌竖直放入，防止砸破试管或玻璃容器底部。

粉状或细小颗粒固体要用干净的药匙取试剂，多取的药品不能倒回原瓶，可放在回收容器中贴上标签，供再用时取用。取用时，为避免试剂沾在管口和管壁上，应将试管倾斜，

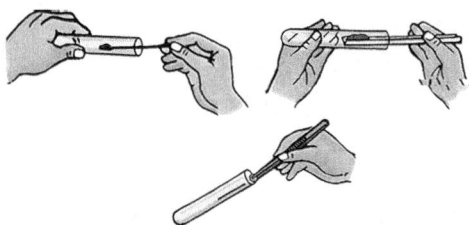

图 2-15　固体试剂取用

把盛药品的药匙或用小纸条折叠成的纸槽，小心地送入试管底部，然后将试管直立，让试剂全部落到试管底部(图 2-15)。若取用两种以上需要混合的粉状试剂，为保证试剂的纯度和实验安全，应在玻璃片上或表面皿等玻璃容器里混合，如混合氯酸钾和二氧化锰，万一有纸屑掺入，在加热制取氧气时，可能引起爆炸。

2. 液体试剂的取用

从细口瓶中取用液体时，先将瓶塞倒放在桌面上。拿试剂瓶时，应使瓶上的标签朝向手心，以防倒完药品后，残留在瓶口的药液流下腐蚀标签。倾倒试剂时，应使瓶口紧挨着容器口，逐渐倾斜瓶子把液体缓缓倒入容器里(图 2-16)。取出所需量后，逐渐竖起瓶子并把瓶口剩余的一滴试剂碰到容器中去，以防液滴沿着瓶子外壁流下。向容器内倾倒液体时，一定要让液体沿容器壁或沿玻璃棒慢慢流入容器内，以防药品飞溅伤人。

图 2-16　液体试剂的取用

2.1.5　溶液·配制

正确配制、合理使用溶液是实验成功的关键之一。所谓正确配制是指溶液配制中，要视溶液在使用精度上的要求和试剂的性质，合理选用试剂级别、预处理方法、称量方法、配制量器、配制的操作过程，以及溶液的储存和管理方法。合理使用指要按具体实验的要求合理选择使用溶液，需要准确配制的必须准确配制。

一般性质和制备实验中溶液浓度无需太精确。定量分析、反应规律的测定等实验，所用溶液浓度一定要准确，必须符合测量的要求。配制方法要视溶质、溶剂的性质而定。

1. 容量瓶的使用

容量瓶主要用于准确配制一定浓度的溶液。它是一种细长口的梨形平底玻璃瓶，配有磨口塞。瓶颈上有刻度，当瓶内液体在所指定温度下达到标线处时，其体积即为瓶上所注明的容积数。常用容量瓶的规格有 10mL、25mL、50mL、100mL、250mL、500mL、1000mL 等。

使用前应检验是否漏水，方法是加水至瓶中标线，盖好瓶塞，一手拿住瓶颈标线以上部位，食指按住瓶塞，另一只手用指尖托住瓶底边缘，使瓶倒立一段时间(图 2-17)，观察瓶塞周围是否漏水。直立瓶身，将瓶塞旋转 180°后，重复上述步骤。

配制溶液时，先准确称取一定质量的试样，在烧杯中溶解，再将溶液定量转移至容量瓶中，其操作如图 2-18 所示。倾倒完溶液后，将烧杯嘴沿玻璃棒上提并直立杯身，使玻璃棒与杯嘴之间的液滴流回到烧杯中，用蒸馏水淋洗烧杯内壁三四次，将洗涤液全部转入容量瓶中。再用蒸馏水稀释瓶内溶液至容积的 2/3 时，旋摇瓶身使溶液大体混合(切勿盖塞倒转)。继续加水稀释至离瓶颈标线 1cm 时,等待 1～2min,使瓶颈内壁的溶液流下。用滴管逐滴加水至溶液的弯月面恰好与颈部标线相切(定容),盖好瓶塞。如容量瓶中溶液温度高于室温,需冷却至室温才能定容。定容后,将容量瓶倒转并摇动,使气泡上升到颈部后再倒转,反复多次使瓶内溶液充分混匀。

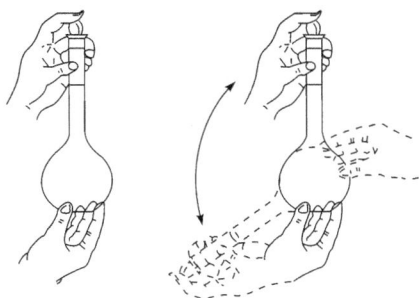

图 2-17　容量瓶的使用　　　　　　　　图 2-18　定量转移溶液

2. 移液管和吸量管的使用

移液管和吸量管都是用来准确移取一定体积溶液的量器(图 2-19)。移液管是一根中部具有"胖肚"的细长玻璃管,上端有一环形标线,常用的有 5mL、10mL、15mL、25mL、50mL 等规格。吸量管是具有分刻度的玻璃管,可在标明最大容积范围内移取较小体积的溶液,其规格有 1mL、2mL、5mL、10mL 等。使用移液管、吸量管移取溶液,都是先使管中溶液弯月面下缘与管颈标线相切,再让其完全自由流出,流出的溶液体积即为管身上标示的体积。

洗净的移液管在使用之前,应先用滤纸吸净管尖上的水分,也可用洗耳球吹。吸入溶液刚好达到"胖肚"处,用食指按住上部管口取出,涮洗管内壁两三次,以防取液时带进水溶液被稀释。

取液操作是将管尖浸入溶液适当深浅处,用洗耳球将溶液吸入管内[图 2-20(a)],当液面升至刻度线以上时,食指迅速堵住,将移液管提离液面,管尖靠住盛放原液容器的内壁,稍微松食指,用拇指与中指轻轻捻转管颈,使液面平稳下降至刻度线[图 2-20(b)]。然后用食指压紧,插入锥形瓶靠在内壁上,使溶液缓缓流入瓶中[图 2-20(c)]。

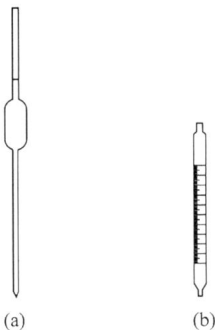

图 2-19　移液管(a)和吸量管(b)　　　　图 2-20　用移液管吸液与放液

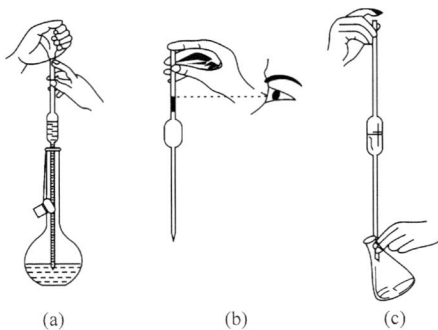

2.1.6　检验·分离·提纯

在实验室中进行物质制备中,经常要将混在一起的不同物质进行分离与提纯,用到倾析、过滤、离心分离、蒸发、结晶(重结晶)、蒸馏、分液、萃取等一系列操作。

1. 倾析法

当沉淀的颗粒较大或密度较大,静置后容易沉降到容器的底部时,可用倾析法将固体和液体进行分离(图2-21)。

图2-21　倾析法

2. 过滤法

当溶液和沉淀的混合物通过过滤器时,沉淀就留在过滤器上,溶液则通过过滤器而进入接收的容器中。常用的过滤方法有三种:常压过滤、热过滤和减压过滤(图2-22)。常压过滤使用玻璃漏斗和滤纸进行过滤。热过滤时可以把玻璃漏斗放在铜质的热漏斗内,热漏斗内装有热水,以维持溶液的温度。如果溶液中的溶质在温度下降时很容易结晶析出,而我们又不希望它在过滤过程中留在滤纸上,这时就要趁热进行过滤。减压过滤也称为抽滤或吸滤,使用的仪器主要有水泵、吸滤瓶、布氏漏斗、安全瓶等,可以加快过滤速度,还可以把沉淀抽吸得比较干燥。

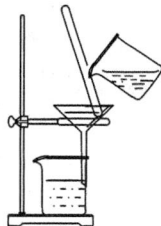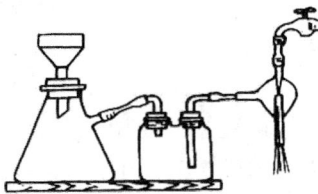

常压过滤　　　　　　　　　热过滤　　　　　　　　　减压过滤

图2-22　常见过滤装置

3. 离心分离法

当被分离的沉淀量很少时,可利用离心分离。进行离心分离常用的仪器主要有滴管、离心试管和离心机(图2-23)。

4. 结晶(重结晶)

利用不同物质在同一溶剂中溶解度的差异,可以对含有杂质的物质进行净化。杂质即是含量较少的一些物质,包括不溶性杂质和

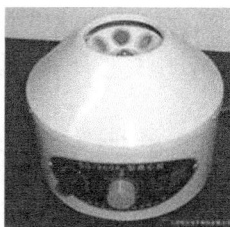

图2-23　离心机

可溶性杂质。在实际操作中,先制成高温下的饱和溶液,趁热过滤除去不溶性杂质后,再使滤液冷却,此时被纯化的物质就可以从溶液中结晶析出,而可溶性杂质因其未达到饱和状态仍留在母液中。如果一次结晶达不到纯化目的,可以进行第二次或多次结晶,这种多次结晶的方法称为重结晶。重结晶纯化物质的方法只适用于那些溶解度随温度上升而增大的物质,而溶解度受温度影响变化很小的物质则不适用。

5. 蒸馏

蒸馏装置一般由温度计、蒸馏烧瓶、冷凝管与接收器组成(图 2-24)。蒸馏是分离、纯化液态混合物的一种常用的方法,也可以测定液态化合物的沸点。将液体加热至沸腾,使液体变为蒸气,再将蒸气冷却凝结为液体,这两个过程的联合操作称为蒸馏。蒸馏可将易挥发和不易挥发的物质分离开,也可将沸点不同的液体混合物分离开。但液体混合物各组分的沸点必须相差至少 $30℃$ 以上,才能得到较好的分离效果。

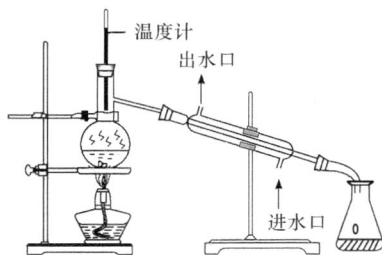

图 2-24　水蒸气蒸馏装置

6. 蒸发

当溶液很稀而所制备的物质溶解度又较大时,为了能从溶液中析出该物质的晶体,可采用蒸发的方法。

7. 萃取和分液

利用溶质在互不相溶的溶剂里的溶解度不同,用一种溶剂把溶质从它与另一溶剂所组成的溶液里提取出来的方法称为萃取(图 2-25)。分液是把两种不相混溶的液体分开的操作,使用的仪器是分液漏斗。萃取与分液有时可结合进行,如用四氯化碳从碘水中萃取碘。

图 2-25　萃取

2.1.7　水·电·气

为使实验顺利进行,必须重视实验安全工作,杜绝麻痹大意。要严格遵守关于水、电、气和各种仪器、药品的使用规定并在实验中严格遵守安全守则,以防失火、爆炸、中毒及其他事故的发生。此外,还要学会并掌握基本救护措施,如遇意外事故发生,能够及时处理和简单自救(图 2-26)。

1. 实验室易发生的事故

起火:灭火时应根据具体情况采取必要而有效的措施,要先断掉一切火源、电源,并将一切可燃物迅速搬离火场,再视燃烧物的性质,使之降温、隔绝空气或选择合适的灭火器灭火。人员衣服着火,不要慌张,不可乱跑,可依引燃物的性质,采用水、湿布、毛毯等扑灭;如火势较大,可将衣服脱掉或者在地上滚灭。

图 2-26　实验中最好能穿防护服、戴防护手套、防护眼镜

爆炸:爆炸发生时,应冷静、镇定,根据爆炸原因迅速分析是否有可能再次发生爆炸,并及时排除爆炸的隐患。爆炸中如果生成有毒物质,应根据需要将有关人员疏散撤离。如爆炸引发起火、创伤、烧伤、中毒等要立即分别处理。

触电:发现有人触电,要尽快使之脱离电源,如触电人员的呼吸不规则或已停止,要进行人工呼吸并送往医院进行抢救。

实验室中因药品混合接触可能引起爆炸和火灾,如具有强氧化性的硝酸盐、氯酸盐、过氧化物与具有还原性的有机物一起存放,可能发生爆炸。白磷置于空气中会自燃,要检查水封情况;易挥发可燃物蒸气含量高,遇到明火会发生火灾或爆炸;喷灯或酒精灯使用不当也可能发生爆炸和火灾;废液缸使用不当,如长期存放的银氨溶液会爆炸。

固体药品加热,遇强氧化剂时需预处理,如氯酸钾、高锰酸钾加热制氧气实验中,如混入碳粉、硫粉、纤维素等易爆炸。易燃易爆气体的制备、收集、点燃要有安全防爆装置,点燃前要验纯。浓硫酸、苛性碱使用时要防止灼伤。

2. 实验室常见事故的急救处理

割伤:如被玻璃管等物割伤,伤处不能用手抚摸,伤口较小且无碎玻璃时,可敷止血消炎药并用纱布包扎或使用创可贴;如伤口内有碎玻璃,要小心取出后,再进行上药、包扎处理;如伤口较大,要用手或止血带压迫伤口进行止血,并迅速送往医院救治。

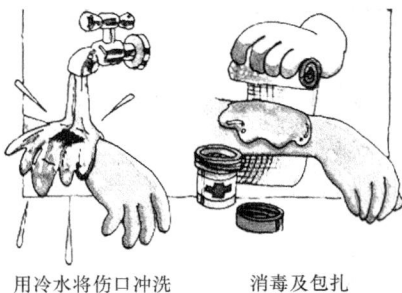

用冷水将伤口冲洗　　消毒及包扎

图 2-27　烫伤后紧急处理

烫伤:轻度烫伤可抹烫伤膏等药膏,也可涂饱和 $NaHCO_3$ 溶液或将 $NaHCO_3$ 粉末调成糊状敷于伤处。伤势严重时,应立即就医。

酸、碱灼伤或溅伤:可先用大量水冲洗(图2-27)。酸烧伤时可先用饱和 $NaHCO_3$ 溶液或稀氨水、肥皂水洗,然后用水冲洗,最后涂敷碳酸氢钠软膏;碱烧伤时可用1%~2%乙酸溶液或饱和硼酸溶液洗,然后用水冲洗,可涂凡士林或烫伤药膏;碱溅入眼内,可立即用1%的硼酸溶液冲洗,严重时立即就医。

中毒:吸入有毒气体,症状轻时,可到空气新鲜处换气,如是氯气、氯化氢气体时,可吸入少量乙醇和乙醚的混合蒸气使之解毒。吸入硫化氢或一氧化碳气体而感到不适时,应立即到室外呼吸新鲜空气。毒物入口时,要迅速吐出。如已咽下,用手指伸入咽喉处进行催吐。也可服促吐剂,如一杯30g硫酸镁溶液、肥皂液或蓖麻油,严重时要送往医院就医。

3. 急救药品箱的设置

化学实验室里应备有救护药箱供急救时取用(图 2-28),急救箱内应配备下列药品和器械。

消毒剂:75%医用酒精,3%双氧水,碘酒。

创伤药:3%三氯化铁酒精溶液(用于止血),消炎粉,止血粉,创可贴等(碘酒与红药水不能同时使用)。

图 2-28　急救箱

烫伤药:烫伤膏,甘油,凡士林。

化学灼伤药:3%碳酸钠或碳酸氢钠,2%乙酸,2%硼酸,稀氨水,1%硝酸银,3%硫酸铜,松节油等。

治疗用品:消毒药棉,消毒纱布,绷带,胶布,洗眼壶(杯),剪刀,镊子等。

2.1.8　信息·处理

实验室得到的观察和测量结果称为数据。实验结束后,要对数据进行分析,看是否存在什么规律或趋势。如果能把数据整理成表格或图形,通常更能看清楚实验的规律。图形非常直观,能够显示数据背后用语言无法完整表达的基本形态和发展趋势,所以有"一个图形胜过千言万语"的说法。

1.绘制折线图

折线图(图 2-29)可以用来显示一个变量(自变量)随着另一个变量(因变量)的改变而发生变化的情况。当自变量是连续变化的(如时间、温度、质量)可使用折线图。绘制折线图时,首先在坐标纸上画一条横坐标和一条纵坐标,在每个坐标轴上分别标上相应的单位刻度,再将每组数据以点的形式标在图表的相应位置上,然后将这些数据点连接。为了关注数据的变化趋势,减少误差,不能将数据点简单地连接起来,应尽可能确保落在线下方和线上方的数据点的个数大致相同,画一条能够反映大体格局的直线。

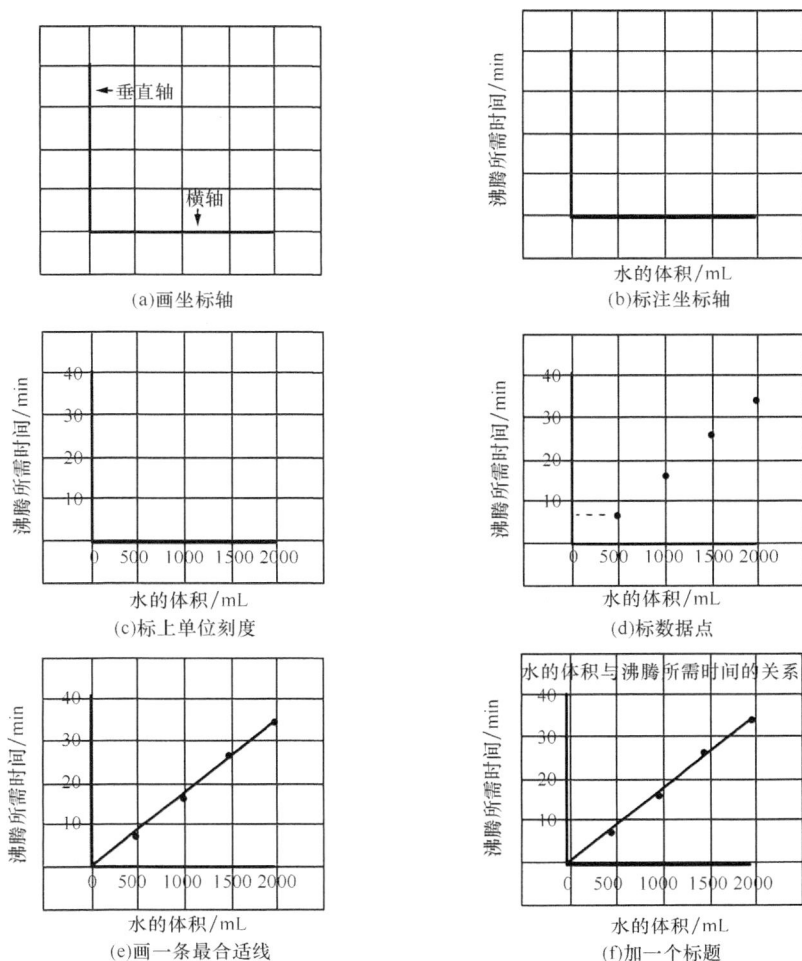

图 2-29　折线图绘制

折线图是科学研究强有力的工具,通过它可以分析研究对象的发展趋势,并做出预测。根据实验数据做出的折线图有时不一定是线性的,数据点的走向不能形成直线的折线图称为非线性图(图 2-30)。

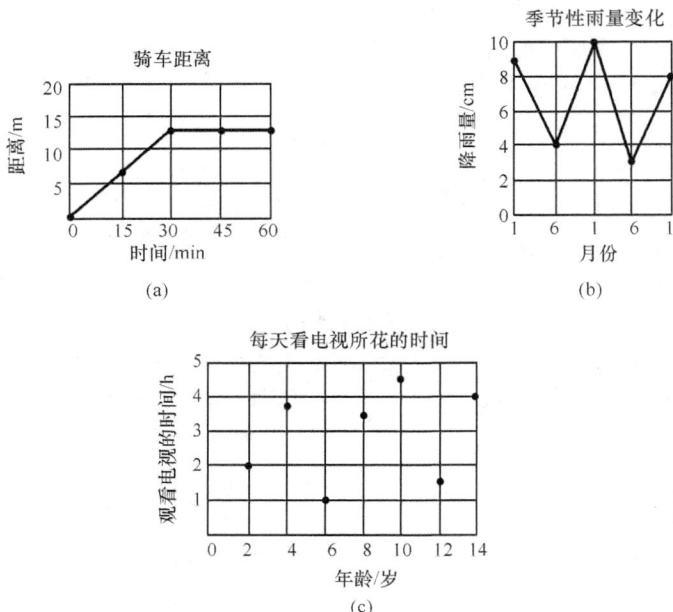

图 2-30 非线性图

不同的非线性图显示了不同的趋势,如图 2-30(a)中的线条趋势是先直线上升后又保持水平,表明在骑车过程中,随着骑车时间的增加,骑车的距离也在增加,当停下来休息时,骑车距离未发生变化,因此在图上显示的是水平线;图 2-30(b)中显示的是降雨量随季节周期性变化,是重复或周期性变化的情形;图 2-30(c)的数据点是四处离散的,无法显示所研究事物的特点或趋势,但这幅图告诉我们,图中所涉及的变量之间不存在关联性,即孩子们每天看电视的时间与他们的年龄没有直接的关系。

2. 化学仪器的画法

化学实验仪器和装置图用来表示仪器的形状、装配、组合形式和实验操作方法。画图时抓住仪器的几何形状、相互位置及相互大小,就可在一个规定的地方绘出图形(图 2-31,图 2-32)。

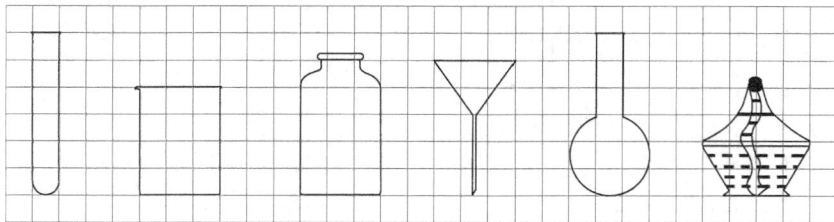

图 2-31 常用化学仪器比例

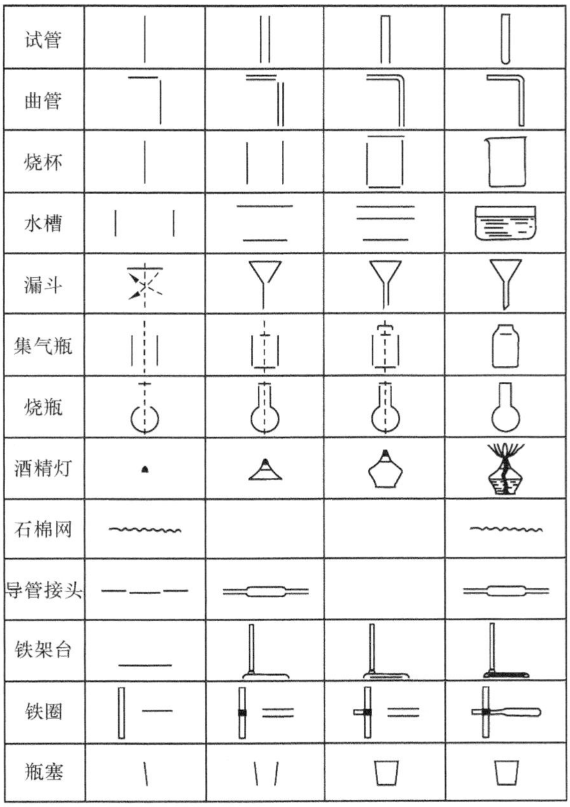

试管				
曲管				
烧杯				
水槽				
漏斗				
集气瓶				
烧瓶				
酒精灯				
石棉网				
导管接头				
铁架台				
铁圈				
瓶塞				

图 2-32　化学仪器绘制方法

2.2　中学化学实验设计常用方法

通常,为了达到较好的实验效果,需对实验条件进行有效的控制。实验条件的控制,就是通过改变实验条件,运用不同的实验方法,来探寻最佳实验条件的一种科学的操作方法和思考方法。化学实验条件的控制也称为化学实验设计。最佳化学实验条件指那些能产生最佳化学实验效果的实验条件。它具有相对性,实验目的不同,实验环境不同,最佳实验条件也不尽相同。那么,如何探寻最佳化学实验条件呢? 本节主要介绍中学化学实验设计常用的对比实验法、优选法(又称为 0.618 法,即黄金分割法)和正交试验法。

2.2.1　对比实验法

对比实验法是将某个要研究的事物同一个已经知道结果的事物对比,以便确定某种因素的影响(图 2-33)。施行这种方法时,总要将进行研究的对象分成两个或两个以上相似的组群,其中一个为对照组,另一个或几个为实验组,然后进行实验,在对照中确定实验组具有某种性质或受到了某种因素的影响。例如,初中化学课本中探究"人呼出的气体与空气有何不同"和"探究燃烧条件"的实验中就采用了对比实验法。

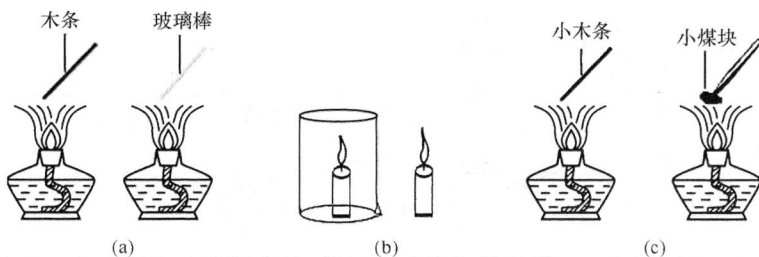

图 2-33　探究燃烧条件的三个对比实验

如果我们研究的问题只受一个因素的影响,就可以用对比实验法进行探究。

2.2.2　优选法

优选法是根据生产和科学研究中的不同问题,利用数学原理,合理安排试验,以最少的试验次数迅速找到最佳点的科学方法。

优选法是指在单因素试验中,如果不需要考察因素对试验结果影响的全貌,而只需找出最佳试验条件,则可在因素所取水平的范围内,按照黄金分割法来确定试验点(在 0.618 和 0.382 的比例位置上)进行试验的一种方法。

运用黄金分割法时,在没有明确要求试验次数或可进行较多次数的试验时,每次试验都选取黄金分割点(取值为 0.618 的点)和其对称点 0.382 进行试验。对两者试验结果进行比较,如果 0.618 好于 0.382,舍去区间 $[0, 0.382]$,否则舍去区间 $[0.618, 1]$。无论去掉哪一个区间,都得到一个新的区间,总有一个试验点留在这个区间中。再在其对称点处做试验,依次下去,可以用最少的次数得到满意的结果。

运用 0.618 法总是先做两次试验,再通过比较,找出最好点所在的位置的范围。通过这种方法来不断地将试验范围缩小,最后找到最佳点。

试验点的选取:

第一试验点:$x_1 =$(大－小)$\times 0.618 +$小

第二试验点:$x_2 =$ 大＋小－x_1

用图表示如下:

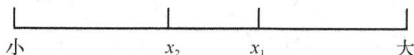

一般:$x_n =$ 大＋小－x_m。 概括为"加两头,减中间"。

例如,用 Mn^{3+} 在酸性条件下氧化 2,4-二氯甲苯制备 2,4-二氯苯甲醛,在其他条件相同的情况下,根据苯甲醛(60℃)、邻氯苯甲醛(100℃)、对氯苯甲醛(90℃)、2,6-二氯苯甲醛(120℃)的氧化温度,我们应用优选法对 2,4-二氯甲苯氧化温度进行选择。2,4-二氯甲苯比邻氯甲苯在对位上多一个氯,2,6-二氯甲苯在邻位上有两个氯,氧化位阻较大。因此,2,4-二氯甲苯的氧化应比邻氯甲苯难,比 2,6-二氯甲苯容易,氧化温

度范围应选择在 $100 \sim 120℃$。在此温度范围内,采用优选法。具体试验温度选择方法如下:

第一点温度:(大-小)$\times 0.618+$小$=(120-100) \times 0.618+100=112(℃)$

经试验,2,4-二氯苯甲醛产率为 50.3%。

第二点温度:(大+小)-(第一点)$=(120+100)-112=108(℃)$

经试验,2,4- 二氯苯甲醛产率为 43.5%。

以上试验点,用图表示如下:

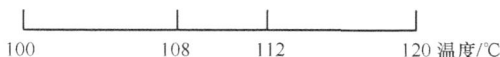

```
        |_____|_____|_____|
       100          108      112                120 温度/℃
```

比较两次试验的结果,当温度为 $112℃$ 时,2,4-二氯苯甲醛产率较高,因此将 $108℃$ 以下的部分去掉。然后,从留下的部分($108 \sim 120℃$)再找出第一点($112℃$)的对称点。

第二点温度:(大+小)-(第一点)$=(120+108)-112=116(℃)$

经试验,2,4-二氯苯甲醛产率为 65.0%,两点比较 $116℃$ 时的产率较高,这样就很快地找到了 2,4- 二氯甲苯氧化的最佳温度。

2.2.3 正交试验法

正交试验设计是用正交表安排多因素的试验设计和分析的一种方法。它操作方便、设计简单,已成为多因素场合下进行试验设计的首选方法之一。

1. 正交表

在实际应用中,对于多因素多水平的试验,安排全面试验是不现实的。我们选择其中一部分组合,利用正交表安排试验,使得试验次数不多,但也能得到比较满意的效果。

正交表是根据正交原理设计的、已规范化的表格,正交设计中安排试验和分析试验结果的基本工具。

正交表能够在因素变化范围内均衡抽样,使每次试验都具有较强的代表性。由于正交表具备均衡分散的特点,保证了全面试验的某些要求,因此这些试验往往能够较好或更好地达到试验目的。

每个正交表都有一个记号,如 $L_8(2^7)$、$L_9(3^4)$ 等(表 2-2、表 2-3)。以 $L_9(3^4)$ 为例,L 表示正交表;9 是正交表的横行数,表示需要做的试验次数;4 是正交表的列数,表示最多可以安排的因素的个数;3 是因素水平数,表示此表可以安排三水平的试验。

从表 2-3 可见,$L_9(3^4)$ 有 9 行、4 列,如果用它来安排正交试验,则最多可以安排 4 个 3 水平的因素,试验次数为 9,而 4 因素 3 水平的全面试验次数为 $3^4=81$ 次。显然,正交试验能大大减少试验的次数。

表 2-2　正交表 $L_8(2^7)$

试验号	列号						
	1	2	3	4	5	6	7
1	1	1	1	2	2	1	2
2	2	1	2	2	1	1	1
3	1	2	2	2	2	2	1
4	2	2	1	2	1	2	2
5	1	1	2	1	1	2	2
6	2	1	1	1	2	2	1
7	1	2	1	1	1	1	1
8	2	2	2	1	2	1	2

表 2-3　正交表 $L_9(3^4)$

试验号	列号			
	1	2	3	4
1	1	1	1	2
2	1	2	2	2
3	1	3	3	2
4	2	1	2	3
5	2	2	3	1
6	2	3	1	2
7	3	1	3	2
8	3	2	1	3
9	3	3	2	1

2. 正交试验设计的步骤

正交试验设计包括两部分内容:一是试验设计;二是分析试验结果。正交试验设计的步骤如下:

(1)明确试验目的,确定试验指标。

任何一个试验都是为了解决某一个(或某些)问题,或为了得到某些结论而进行的,所以任何一个正交试验都应该有一个明确的目的,这是正交试验设计的基础。

试验指标是正交试验中用来衡量试验结果的特征量。试验指标有定量指标和定性指标两种。定量指标是直接用数量表示的指标,如产量、转化率、效率、尺寸、强度等;定性指标是不能直接用数量表示的指标,如颜色、手感、外观等表示试验结果特性的值。

(2)挑选因素,确定水平。

影响试验指标的因素往往很多,但由于试验条件所限,不可能全面考察,因此应对实际问题进行具体分析,并根据试验目的,选出主要因素,略去次要因素,以减少要考察的因素数。

挑选的试验因素不应过多,一般以 3~7 个为宜,以免加大无效试验工作量。若第一轮试验后达不到预期目的,可在第一轮试验的基础上,调整试验因素,再进行试验。

确定因素的水平数时,一般重要因素可多取一些水平,各水平的数值应适当拉开,以利于对试验结果的分析。当因素的水平数相等时,可方便试验数据处理。最后列出因素水平表。

以上两点主要靠专业知识和实践经验来确定,是正交试验设计的基础。

(3)选择合适正交表,进行表头设计。

根据因素数和水平数来选择合适的正交表。一般要求,因素数≤正交表列数,因素水平数与正交表对应的水平数一致,在满足上述条件的前提下,可选较小的表。例如,对于 4 因素 3 水平的试验,满足要求的表有 $L_9(3^4)$、$L_{27}(3^{13})$ 等,一般可以选择 $L_9(3^4)$。

表头设计就是将试验因素安排到所选正交表相应的列中,当试验因素数等于正交表的列数时,优先将水平改变较困难的因素放在第 1 列,水平变换容易的因素放到最后一列,其余因素可任意安排;当试验因素数少于正交表的列数,表中有空列时,若不考虑交互作用,空列可作为误差列,其位置一般放在中间或靠后。

(4)安排试验方案,进行试验,得到结果。

根据正交表和表头设计确定每号试验的方案,然后进行试验,得到以试验指标形式表示的试验结果。

(5)分析试验结果。

对正交试验结果的分析通常采用两种方法,一种是直观分析法(或称极差分析法);另一种是方差分析法,通过试验结果分析可以得到因素主次顺序、优方案等有用信息。

(6)进行验证试验,作进一步分析。

优方案是通过统计分析得出的,还需要进行试验验证,以保证优方案与实际一致,否则还需要进行新的正交试验。

例 1　为提高某种化学产品的转化率(%),根据生产经验,考察 4 个因素对转化率的影响:反应温度(A,℃),pH(B),反应时间(C,min)和使用催化剂的含量(D,%)。各因素选取 3 个水平,见表 2-4。

表 2-4　试验因素水平

水平＼因素	反应温度(A,℃)	pH(B)	反应时间(C,min)	催化剂含量(D,%)
1	80	1	60	1
2	85	3	90	3
3	90	5	120	5

本试验的目的是提高转化率,试验的指标是转化率,因素水平也都是已知的,所以可以从正交表的选取开始进行试验设计和试验结果的直观分析。

(1)选正交表。

这是一个 4 因素 3 水平试验,如果做全面试验,则需 $3^4=81$ 次,根据经验,不考察交互作用,可选用正交表 $L_9(3^4)$ 来安排试验,仅做 9 次试验。

(2)表头设计。

$L_9(3^4)$ 有 4 列,现在恰好有 4 个因素 A、B、C、D 分别放在 $L_9(3^4)$ 表的任意 4 列上,如将 A、B 分别放在第 1、第 2 列上,C、D 放在第 3、第 4 列上,这一步称为表头设计(表 2-5)。

表 2-5　表头设计

因素	反应温度(A,℃)	pH(B)	反应时间(C,min)	催化剂含量(D,%)
列号	1	2	3	4

(3)明确试验方案。

完成表头设计后,只要将正交表中各列上的数字 1、2、3 分别看作该列所填因素在各个试验中的水平数,这样正交表的每一行就对应着一个试验方案,即各因素的水平组合,得到 9 个试验方案,见表 2-6。

表 2-6　试验方案

试验号 \ 因素	反应温度(A,℃)	pH(B)	反应时间(C,min)	催化剂含量(D,%)
1	80(1)	1(1)	60(1)	1(1)
2	80(1)	3(2)	90(2)	3(2)
3	80(1)	5(3)	120(3)	5(3)
4	85(2)	1(1)	90(2)	5(3)
5	85(2)	3(2)	120(3)	1(1)
6	85(2)	5(3)	60(1)	3(2)
7	90(3)	1(1)	120(3)	3(2)
8	90(3)	3(2)	60(1)	5(3)
9	90(3)	5(3)	90(2)	1(1)

例如,对于第 4 号试验,试验方案为 $A_2B_1C_2D_3$,它表示反应条件为:温度 85℃、pH＝1、反应时间 90min、催化剂含量 5%。

(4)按规定的方案做试验,得出试验结果。

按正交表的各试验号中规定的水平组合进行试验,本例总共要做 9 个试验,将试验结果(转化率)填在表的最后一列(表 2-7)。

表 2-7　转化率试验的正交表

试验号 \ 因素	反应温度(A,℃)	pH(B)	反应时间(C,min)	催化剂含量(D,%)	转化率/%
1	80(1)	1(1)	60(1)	1(1)	65
2	80(1)	3(2)	90(2)	3(2)	78
3	80(1)	5(3)	120(3)	5(3)	55
4	85(2)	1(1)	90(2)	5(3)	73
5	85(2)	3(2)	120(3)	1(1)	82
6	85(2)	5(3)	60(1)	3(2)	72
7	90(3)	1(1)	120(3)	3(2)	62
8	90(3)	3(2)	60(1)	5(3)	85
9	90(3)	5(3)	90(2)	1(1)	73
K_1	198	200	222	220	
K_2	227	245	224	212	
K_3	220	200	199	213	
k_1	66	66.7	74	73.3	
k_2	75.7	81.7	74.7	70.7	
k_3	73.3	66.7	66.3	71	
R	9.7	15	8.4	2.6	

（5）计算极差，确定因素的主次顺序。

首先解释表 2-7 中引入的三个符号。

K_i：表示任一列上水平号为 i 时（本例 $i＝1、2、3$），所对应的试验结果之和。表中各列的 $K_1、K_2、K_3$ 值分别是对应因素第一、二、三水平的试验指标值之和。

例如，因素 A（温度，℃），$K_1＝65＋78＋55＝198$，它是在 9 次试验中，所有 A 在第一水平（80℃）时试验所得转化率之和。类似地，$K_2＝73＋82＋72＝227$，$K_3＝62＋85＋73＝220$ 分别是所有 A 在第二水平（85℃）和在第三水平（90℃）时试验所得转化率之和。同理，可计算出其他列中的 K_i，结果见表 2-7。

k_i：$k_i＝K_i/s$，其中 s 为任一列上各水平出现的次数，所以 k_i 表示任一列上因素取水平 i 时所得试验结果的算术平均值。

例如，在本例中 $s＝3$，各列的 $k_1、k_2、k_3$ 分别是本列的 $K_1、K_2、K_3$ 除以 3 得到的平均转化率。如对因素 A（温度，℃）有：$K_1＝198/3＝66$，$K_2＝227/3＝75.7$，$K_3＝220/3＝73.3$。同理，可计算出其他列中的 k_i，结果见表 2-7。

R：称为极差，在任一列上 $R＝\max\{k_1,k_2,k_3\}－\min\{k_1,k_2,k_3\}$，为对应因素中最大 k 值和最小 k 值之差。极差的大小反映了各因素对试验指标（如转化率）影响的大小，极差值越大，表明该因素对指标的影响也就越大。因此，极差最大的那一列，就是因素水平对试验结果影响最大的因素，也就是最主要的因素。

例如，因素 A（温度，℃）的极差 $R＝75.7－66＝9.7$，因素 B（pH）的极差 $R＝81.7－66.7＝15$，因素 C（反应时间，min）的极差 $R＝74.7－66.3＝8.4$，因素 D（催化剂含量，％）的极差 $R＝73.3－70.7＝2.6$。

容易看出，影响因素的主次顺序是：pH＞反应温度＞反应时间＞催化剂含量。

说明在该试验所选择的 3 个水平中的主要影响因素是 pH，次要因素是反应温度，再次是反应时间，催化剂含量的影响最小。

（6）优方案的确定。

优方案是指在所做试验的范围内各因素较优的水平组合。按主次顺序对每个因素选出最优水平。

在这个试验中，试验指标转化率是越高越好。从已经试验的结果来看，第 8 号试验的转化率最高，第 8 号试验虽然是 9 次试验中最好的，但并不一定是全部试验（81 个）中最好的，因此要进一步分析，才能得到较为可靠的结论。

经过图 2-34 直观比较本例各因素的 k_1,k_2 和 k_3，可以看出，对因素 A（温度，℃），最高平均转化率是 75.7％，它出现在第二水平 A_2（85℃）；对因素 B（pH），最高平均转化率是 81.7％，它出现在第二水平 B_2（pH＝3）；对因素 C（反应时间，min），最高平均转化率是 74.7％，它出现在第二水平 C_2（90min）；对因素 D（催化剂含量，％），最高平均转化率是 73.3％，它出现在第一水平 D_1（1％）。因此，从现在的 9 次试验看，最好的试验条件应是水平组合 $A_2、B_2、C_2、D_1$，也就是温度 85℃、pH＝3、反应时间 90min、催化剂含量 1％ 的条件。

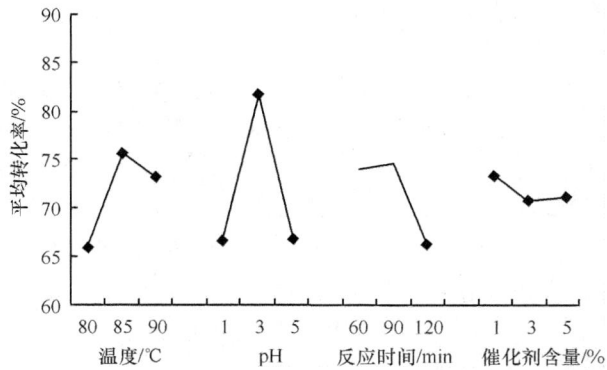

图 2-34　趋势图

值得注意的是,在本例中,通过直观分析得到的优方案 A_2、B_2、C_2、D_1,并不包含在正交表中已做过的 9 个试验方案中,这正体现了正交试验设计的优越性。

(7)进行平行试验,进一步验证。

为了验证以上分析结果,还要按上述找出的优方案 A_2、B_2、C_2、D_1,再做 5 次平行试验,如果试验结果稳定,则此搭配就是该试验的最佳试验条件。

第3部分

中学化学实验及教学的设计与实施

　　中学化学教学以实验为基础,实验又是科学探究的重要方式,是化学教学的基本特征。中学化学实验的设计与实施,关系到化学教学效果的优劣,也受到化学教师实验教学理念和实验能力的制约。因此,在改革实验教学理念的基础上,才有可能改革实验设计与实施的内容、结构和体系。要想使实验的组织结构既科学又系统,就必须明确实验设计与实施在教学系统中的地位和作用以及与其他教学要素(特别是教学内容)的关系。

　　从根本上说,实验教学内容的设计与实施与化学教学内容有着密切的联系,是与化学教学内容结构相统一的综合体系,其内容结构一般是:基本操作、气体的制备与性质、物质的定量测定、模拟工业生产、电化学基础以及有机化学基础等。这些内容,按其在化学教学中的地位和作用又可分为演示实验、学生探究实验、实验探究作业等。这些都是提高教学效果、保证圆满完成化学教学任务的基础和关键。

第 1 单元　中学化学实验基本操作

《荀子》"劝学"篇中说:"不积跬步,无以至千里;不积小流,无以成江海。"如果把化学实验喻为"千里"和"江海"的话,那么基本操作技能就是"跬步"和"小流"。化学实验离不开药品和仪器,化学实验基本操作技能主要包括使用仪器和使用药品的基本操作。就操作目的而言,又可分为加热的操作、药品取用的操作、称量的操作等。这些操作除借助基本的仪器和药品外,还要根据操作原理及派生的复杂性稍强的一套规则来进行,如制取氧气实验中,收集氧气要根据氧气密度判断用向上还是向下排空气法收集。但无论多么复杂的化学实验和操作,均是以基本操作技能为基础的。另外,实验装置图的绘制也是中学化学教师应掌握的技能,本技能的训练分散在实验内容中,请留意并予以强化练习。

实验 1　化学实验基本操作训练

化学实验操作技能的学习从分解动作开始,到综合运用,大体上可以分为三个阶段(表 3-1)。

表 3-1　基本操作技能的阶段特征

名称	举例	特征
阶段 1:单项操作训练	加热、药品取用、称量等	熟练掌握单项操作的要领和规范
阶段 2:单项操作的交替训练	高锰酸钾制取氧气的实验,是药品取用、加热操作的联合训练	主要是将密切相关的两个或几个连续的单项操作综合在一起训练
阶段 3:多项操作综合训练	氧气的性质和制备实验,主要训练动作的连贯性、协调性,关注的中心不再是实验操作的本身如何执行,而是实验内容、实验水平和相关原理	联系教学实际,结合化学实验内容,将多个单项操作联合为一个整体的训练系统

注:本节涉及的所有基本操作技能规范请参见 2.1 节

本单元内容主要涉及第一阶段和第二阶段的实验技能操作训练。通过本单元学习,要使学生要准确掌握固体、液体药品的取用,加热、称量等基本实验操作技能;深刻理解化学实验安全规则,提高遵守安全规则的自觉性;进一步养成"动脑思考、规范操作、仔细观察、翔实记录"的实验习惯以及严谨认真的科学态度。为了更好地达成教学目标,请思考以下两个问题:

(1)请回忆认知心理学对动作技能习得过程的描述,思考如何进行教学才能高效地达成基本操作技能的教学目标。

(2)学生日常行为习惯会造成对基本技能训练学习的促进和干扰,请列举哪些日常行为习惯起到了干扰作用,采取哪些措施能够消除它们的影响。

课程标准规定了中学生实验技能应该达到的最低要求,以下基本实验是课程标准明确要求的:①粗盐中难溶杂质的去除;②氧气的实验室制取与性质;③二氧化碳的实验室制取和性质;④金属的物理性质和某些化学性质;⑤燃烧的条件;⑥一定质量分数的氯化钠溶液的配制;⑦溶液酸碱性的检验;⑧酸、碱的化学性质。

请尽可能详细地说出这些实验中包含的基本操作技能。

【实验材料】

试管、试管架、铁架台、酒精灯、石棉网、烧瓶、量筒、烧杯、三脚架、蒸发皿、试管夹、试管刷、锥形瓶、胶头滴管、药匙、纸条、镊子、移液管、坩埚钳、碳酸钠固体、锌粒、稀盐酸、硫酸铜溶液、氢氧化钠溶液、水。

【实验案例】

1)固体和液体药品的取用

化学药品有固体、液体之分,因此取用药品时,固体、液体药品要使用不同的方法。取用药品时,可能用到药匙、纸条、镊子、滴管、移液管等,无论用哪种取药仪器,都务必保证仪器在取药之前的干净整洁。做实验之前,请把表 3-2 填写完整。

表 3-2　药品取用方法及规划

药品状态	块状药品	粉末状药品
取用工具		
准确操作的规则		
常见错误操作		

取用很少量液体药品时可用胶头滴管,滴管绝不能伸入所用的容器中,应在容器上方 0.5cm 左右处,防止滴管接触容器壁被沾污。装有药品的滴管不得横置或管口向上斜放,以防止液体药品流入滴管的胶状乳头中。

未说明药品用量的,按最少量取用,液体为 1～2mL,固体只需盖满试管底部。

不准用手接触药品,不准用鼻孔凑到容器口去闻药品,不准用口尝药品的味道!

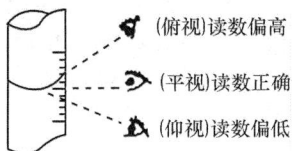

(俯视)读数偏高
(平视)读数正确
(仰视)读数偏低

图 3-1　量液与观察

定量取用液体药品时可使用量筒、量杯或移液管等液体计量仪器。量取液体时,视线应与量具内液体的凹液面最低处保持水平(图 3-1)。

操作练习:取少量碳酸钠、锌粒和 10mL 水于试管中。反复练习,直到能够准确熟练操作为止。取用后的碳酸钠和水暂存,留于"加热操作"使用,锌粒倒入锌粒回收瓶中。

2)加热操作

请在用酒精灯加热前,完成表 3-3 的内容。

表 3-3 加热操作规范练习

	直接加热液体	直接加热固体
操作规范		
常见错误操作		

绘制操作简图

胶头滴管液滴滴入试管   直接加热固体

利用酒精灯分别给"固体和液体药品的取用"中已经量取的碳酸钠粉末和水加热。反复练习,直到能够准确熟练操作为止。

动手绘制一个酒精灯

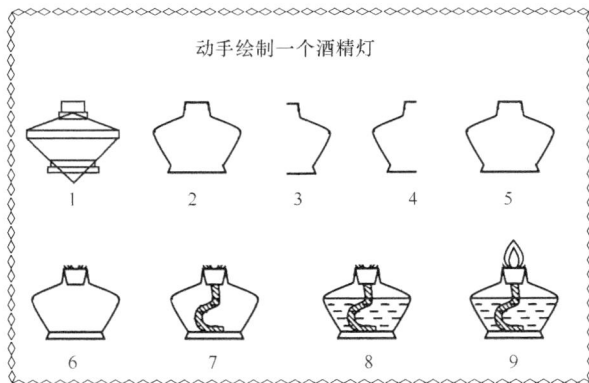

3)称量操作

利用托盘天平分别称量 0.5g、3g 碳酸钠固体。称量后的碳酸钠放入碳酸钠回收瓶中。请在称量练习前,完成表 3-4 的内容。

表 3-4 称量规范练习

操作规范	绘图	注意事项

【教学分析】

实验是进行化学科学探究的最重要的手段之一,《义务教育化学课程标准(2011年版)》将"学习基本的实验技能"置于"科学探究"一级标题之下,明确提出:能进行药品的取用、简单仪器的使用和连接、加热等基本的实验操作。目前使用的各版本教科书也将基本实验技能训练安排在第一课题,突显对基本实验技能训练的重视。教科书通常在学生参与探究活动,对化学实验的重要性已有亲身体验后,不失时机地引导学生走进化学实验室,进行基本实验技能训练,这种设计符合学生的认知心理特征。学生首次接触化学,虽然对实验很感兴趣,但由于对实验仪器陌生,对实验操作不了解,会产生畏惧心理。

本实验可以利用实验室的实物照片和简短的文字,阐述走进化学实验室的重要性和要求,然后引导学生进行药品的取用、加热和洗涤仪器等基本操作训练。为了提高学生学习兴趣,要抛弃单纯的基本操作训练的方法,应该结合具体实验和"活动与探究"等,引导学生在实验和探究过程中,了解取药、加热等化学实验基本操作方法,并在现象明显的实验过程中进行基本操作训练,这样更能激发学生的学习兴趣。

在教学中,要充分估计学生操作时可能出现的问题,并将操作要领与注意事项板书在黑板上,以便教学时提醒学生关注。同时要加强指导和反馈,教师不能采用"放羊式"教学,要在教学现场集中讲解和分散指导,及时纠正学生的错误操作,由于每个教师指导的学生人数有限,因此可以邀请其他教师协同指导。

在操作训练中,应该先由教师边讲述操作规范边演示,再由学生练习操作。有关量筒的使用及读数是一个关键点,可通过学生分组活动,亲自实践,了解俯视、仰视读数造成的偏差,经过讨论、分析归纳得出结论,加以相应的习题巩固,从而突破难点。

■实验2　溶液配制操作训练

在化学上,把化学药品和溶剂(一般是水)配制成实验所需浓度的溶液的过程称为配制溶液。配制一定浓度的溶液是化学工作人员基本的操作技能。义务教育阶段的化学课程标准要求:在教师的指导下,"初步学会配制一定溶质质量分数的溶液";高中化学课程标准要求在此水平上要有相应的提高,要求在教师的指导下能够较熟练地"配制一定物质的量浓度的溶液"。

【思考与设计】

溶液的配制是中学化学中重要的定量实验之一,初三要求配制一定质量分数的溶液,高一要求配制一定物质的量浓度的溶液。通过该部分的教学,可以促使学生对容量瓶有比较全面的认识,训练提高学生的实验操作能力,如固体的称量、液体的量取、溶解、移液、容量瓶的检漏、振荡等,还可以在引导学生进行实验设计以及误差分析的过程中发展思维能力。请思考:

(1)取用液体药品时,怎样根据用量选择量具? 如果量具选用不正确,会产生什么结果?

(2)称量 NaOH 固体时,为何用小烧杯? 能否用纸片或直接放在天平托盘上称?

（3）简述配制一定体积、一定物质的量浓度的溶液的操作过程。

【实验材料】

托盘天平、10mL 量筒、100mL 烧杯、玻璃棒、250mL 容量瓶、胶头滴管、药匙、细口瓶、NaCl 固体、浓盐酸、NaOH、纯水（或蒸馏水）。

【实验案例】

1）配制 50mL 质量分数为 5％的 NaCl 溶液

计算所需的 NaCl 固体的质量为_____g；需蒸馏水质量为_____g，折合体积为_____mL。

用托盘天平称取所需的 NaCl 的量，并倒入烧杯中；用量筒量取所需要的水的量，把称好的 NaCl 放入烧杯中，搅拌使其溶解。

贴好标签，妥善保存（流程如图 3-2 所示），供以后实验使用。

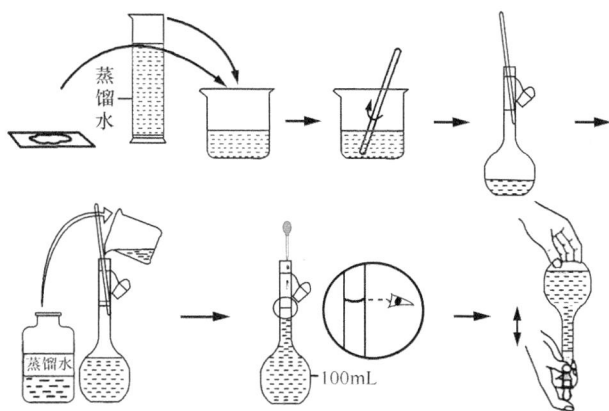

图 3-2　标准溶液配制流程

2）配制 250mL 0.1mol/L 的 NaOH 溶液

计算所需的 NaOH 固体的质量为_____g。

称量所需的 NaOH。用托盘天平先称量一个干燥洁净的 100mL 小烧杯的质量，然后在烧杯中称取所需的 NaOH。

溶解 NaOH。向盛有 NaOH 的烧杯中加入少量蒸馏水，用玻璃棒搅拌促使 NaOH 溶解，待冷却到室温后，定量地转移到容量瓶中，配制成所要求浓度的溶液。

贴好标签，妥善保存，供以后实验使用。

3）配制 250mL 0.1mol/L 的盐酸溶液

溶质的质量。根据盐酸的密度和质量分数，计算所需浓盐酸的体积（浓盐酸的密度：1.19g/cm³，质量分数：37.5％）。

用量筒量取所需的浓盐酸，倒入 100mL 烧杯中，用少量蒸馏水溶解。

配制溶液。待冷却到室温以后，把溶液转移到容量瓶中，再用少量的蒸馏水洗涤烧杯两三次，并转移到容量瓶中，摇匀，然后加水到刻度线。

贴好标签，妥善保存，供以后实验使用。

【教学分析】

"一定溶质质量分数的氯化钠溶液的配制"是化学课程标准中要求学生完成的基础学生实验活动,主要是训练学生的基本实验技能。该实验操作难度不大,但是要求学生通过精准操作以达到定量的目的还是有一定难度。例如,准确称量 2.5g 氯化钠、准确量取 47.5mL 水、准确地将氯化钠和水转移至烧杯中以及将配好的溶液准确地转移至细口瓶中等。实验中可以先与学生分析产生误差的可能原因,再提出精准操作的要求,以提高实验的成功率。

【探索·交流】

(1)讨论:出现表 3-5 中情况,对溶液浓度有何影响?

表 3-5 溶液配制时的影响因素

	对溶质的影响	对溶液体积的影响	对配成溶液浓度的影响
称量前烧杯内有水	—		—
用滤纸称量氢氧化钠固体		—	
向容量瓶移液时有少量溅出		—	
未洗涤烧杯和玻璃棒		—	
未冷却就注入容量瓶	—		
容量瓶内原来有水	—	—	—
定容时超过刻度线	—		
定容时加水过多用滴管取出		—	
定容时俯视刻度线	—		
定容时仰视刻度线	—		
摇匀正放后发现液面未到刻度线	—		

注:"—"代表无影响

(2)探究本实验内容的教学组织形式和教学实施方案。

实验 3 粗食盐提纯

粗食盐提纯实验是一个庞大的动作与技能操作的综合体系,整合了称量、溶解、过滤、洗涤、蒸发、结晶等多种化学基本操作实验技能,是训练化学实验操作技能的重要载体。通过本实验,学生不仅要获得物质分离与提纯的科学方法,还应该训练有关化学实验操作的基本技能,培养良好操作的习惯,进一步养成严肃认真、一丝不苟的科学态度,为保证科学、规范地使用仪器和提高操作能力奠定良好的基础。

【思考与设计】

粗食盐中通常含有泥沙、草、木屑等不溶性杂质。粗食盐溶解于水中后,溶液中存在着溶解的盐和一些不溶性物质或漂浮物。粗食盐提纯就是除去溶液中的这些沉淀和漂浮物等不溶性杂质,即要分离固体和液体,宜选择过滤方法。得到的滤液要转化为食盐晶体需要蒸发操作。粗食盐提纯的过程主要由"称量→溶解→过滤→蒸发"构成。

(1)本实验的关键步骤是哪一步？这一操作成败的标志是什么？如果失败应该如何补救？

(2)实验结果的数值有可能比正常数值大，也可能比正常数值小，试分析造成数值偏离正常值的原因。

(3)在实验的几个步骤中都使用了玻璃棒，请总结玻璃棒的不同用途。

(4)本实验的教学目标是什么？

(5)本实验的教学难点和重点是什么？如何做到强调重点，突破难点？

【实验材料】

托盘天平、烧杯、蒸发皿、酒精灯、漏斗、滤纸、洗瓶、量筒、铁架台(带铁圈)、托盘天平、坩埚钳、胶头滴管、剪刀、火柴、纸片、蒸馏水、粗食盐。

【实验案例】

(1)溶解。用量筒量取约 12mL 水倒入烧杯中。用托盘天平称取约 6.0g 粗食盐。将称取的粗食盐分次逐渐加入烧杯中，并用玻璃棒不断搅拌，当加入的粗食盐达到称取量的一半时，减少每次的加入量，并充分搅拌，待加入的粗食盐完全溶解后再继续加粗食盐，直至粗食盐不再溶解为止，停止加入，称量剩余的粗食盐。

(2)过滤。用滤纸和漏斗制作一个过滤器。将烧杯中的液体沿玻璃棒倒入过滤器，进行过滤(图 3-3)。若滤液仍浑浊，应再过滤一次。

(3)蒸发。将蒸发皿放到铁架台的铁圈上，把滤液倒入蒸发皿中，用酒精灯加热，并用玻璃棒不断搅拌液体，待出现较多固体时停止加热。

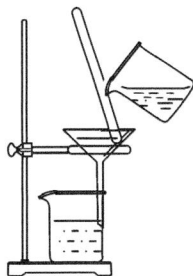

图 3-3　过滤

(4)称量。待蒸发皿中的固体冷却至室温后，称量所得固体质量。

【指导与建议】

溶解时将称取的粗食盐分次逐渐加入烧杯中，并用玻璃棒不断搅拌，使食盐快速、充分地溶解并达到饱和状态。

过滤时做到"一贴、二低、三靠"，即滤纸紧贴漏斗内壁；滤纸边缘低于漏斗边缘、液面低于滤纸边缘；烧杯口紧靠玻璃棒、玻璃棒紧靠三层滤纸的一侧、漏斗下端管口(长端)紧靠烧杯内壁。玻璃棒的作用是引流。

蒸发时用玻璃棒不断搅拌，是为了防止液体因局部过热而外溅。

计算产率：[精食盐的质量/(6g－剩余粗食盐的质量)]×100%

【教学分析】

"粗食盐中难溶性杂质的去除"是化学课程标准中要求学生完成的基础的学生实验活动。该实验包含多项基本的实验技能，如固体药品的取用、使用量筒取液体、使用托盘天平称量固体药品、配制饱和溶液、过滤、蒸发等，是在学生练习基本操作之后的一次综合性实验，也是化学实验基本操作的延伸。学生的基本操作能力决定了实验的成败，该实验的成功不仅能让学生有极大的成就感，还可以为学生今后参与实验活动打下良好基础。因此，在教学过程中，要帮助学生先建立对实验的整体认识，再对实验的细节进行严格的要求。例如,将整个实验的步骤概括为"称量溶滤蒸"五大步;通过师生交流,总结出各个步骤的注意事项,操作时应该注意的细节;利用小组合作学习方式,指导学生分工合作,鼓励学生大胆动手操作,消除畏惧情绪。

本实验的教学评价可以从以下两方面进行:学生的积极性、参与度、合作意识、动手实验能力、成就感;实验完成情况,包括各项基本操作的准确程度、产品精食盐的质量如何等。

【探索·交流】

此实验目前仅停留在除去粗盐中不溶性杂质的认识和操作层面上,实际海水晒制的粗食盐中,除含有不溶性的杂质(如泥沙)外,还含有多种可溶性杂质离子,如 K^+、Ca^{2+}、Mg^{2+}、Fe^{3+}、SO_4^{2-}、CO_3^{2-} 等。要制得较纯净的食盐就要除掉这些杂质。不溶性杂质可通过溶解、过滤、洗涤除去。可溶性杂质,除 K^+ 外,其他的均可通过加入适当的沉淀剂,生成难溶于水的物质,将其与 NaCl 分离除去。因此,上述案例操作中以水为溶剂,利用它们在水中溶解度的不同将其除掉。请设计如何除去这些可溶性杂质的实验流程图。

第 2 单元　气　　体

气体的实验教学是中学化学教学中十分重要的内容。贯穿了整个初高中化学内容体系。对于相关概念的巩固,实验方法的掌握以及环境教育等都有很好的辅助作用。

中学化学实验中需要制取十几种气体,实验室制取这些气体的装置,按反应物的状态和反应条件,可分为三大类:加热固体物质制取气体;在不加热的条件下,用块状固体与液体反应制取气体;在加热条件下,固体与液体反应或液体与液体反应制取气体。

本单元精选了初高中五个气体实验,旨在训练和掌握实验室制备气体的基本知识和基本操作技能(如药品选择、反应原理、仪器装置、操作要点、净化干燥、收集、检验、尾气处理等),体验实验探究的基本过程,学会分析、对比、类比、观察、条件控制、记录等科学方法,认识实验在化学科学研究和化学学习中的重要作用,提高化学实验及实验教学能力。

气体制备及性质实验方案设计遵循的原则是:装置简单、试剂易得、价格低廉、产气平稳、速率适中、操控方便、现象明显、环保安全。

开展本单元实验对教师的教学要求:①指导学生明确实验原理、科学合理的设计、优选实验方案;②指导学生掌握实验的操作技能、技巧;③引导学生分析气体制备和性质实验中的易燃、易爆等不安全因素,强调可燃性气体点燃前必须验纯等安全注意事项,指导学生规范操作;④引导学生正确观察和描述实验现象;⑤引导学生正确分析、解释实验现象;⑥要求学生总结气体的制备和性质实验规律,并提出改进或创新实验方案;⑦指导学生设计并实施相关内容的教学实践活动,提高实验教学能力。

实验 4　氧气的制取和性质

氧气(O_2)约占空气组成中的 1/5(体积分数),是重要的化学物质。18 世纪后半叶,由化学家拉瓦锡发现并证明。

本实验旨在利用实验室条件,设计制取氧气的方法并证明氧气的部分性质。这是初中化学的第一个较为系统的学生实验,关键技能训练有仪器的组装与连接(气密性保障)、排水集气等。

【思考与设计】

研读初中化学课本中有关内容,分析本实验在初中化学教材和教学中的地位和作用。设计实验方案,分析本实验过程中可能出现的问题,提出解决方法。

(1)实验室制取氧气应考虑哪些因素?

(2)氧气的实验室制取装置有什么特点? 如何检查装置的气密性? 如何验证氧气集满?

(3)氧气的化学性质非常活泼,如何通过实验验证?

(4)本实验有哪些不安全因素？如何预防或处置？

(5)在中学化学组织实施这部分内容教学时,应突出的重点是什么？

【实验材料】

铁架台(带铁夹)、硬质大试管、锥形瓶、球形分液漏斗、单孔塞、双孔塞、玻璃导管、乳胶管、酒精灯、研钵、玻璃棒、250mL集气瓶(带毛玻璃片,5个)、水槽、坩埚钳、燃烧匙、托盘天平、药匙、点滴板、止水夹、干燥管、$KClO_3$、MnO_2、$KMnO_4$、10% H_2O_2、CuO、Fe_2O_3、工业酒精、红磷、硫黄、木炭、细铁丝、蜡烛、石灰水(新制、饱和)、红砖粉、脱脂棉、火柴、铁盘(或铁盒)、垫木、木条、细沙、硫酸纸、称量纸等。

【实验案例】

1)O_2的制取

(1)$KClO_3$加热分解法。

本实验为固体加热分解产生气体的反应,气体经收集后备用。

(i)药品与用量。通常以 $KClO_3$：MnO_2＝4：1(质量比)的比例加入反应物和催化剂,本实验需制取 $5×250mL$(五瓶)O_2,请计算需 $KClO_3$ 和 MnO_2 各多少克(用托盘天平还是用分析天平称？为什么)？

(ii)制备与收集。按图 3-4(a)连接好仪器装置。正式加热前,做好以下工作：①检验装置气密性(如何检验)；②调整大试管的倾斜角度。

根据实验需要,可采用排水(或排气)集气法收集气体。

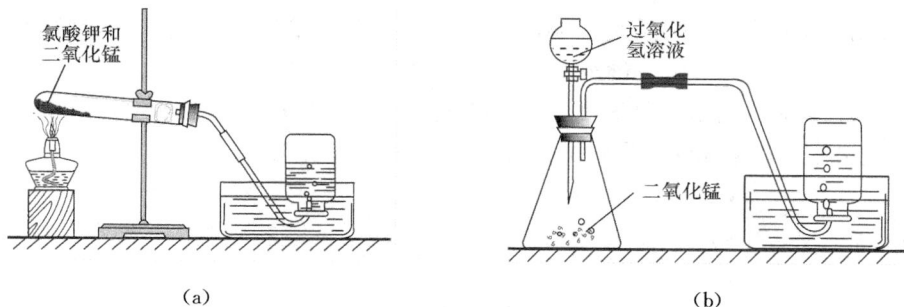

(a)   (b)

图 3-4   氧气制取装置

(2)H_2O_2分解法。

如图 3-4(b)所示,在锥形瓶(或具支试管)中加入 0.5～1.5g 的 MnO_2 作为催化剂并加入少量水。

(i)检验装置气密性(如何检验)。

(ii)H_2O_2的分解反应不需要加热且反应速率较快,因此在操作时,H_2O_2用球形分液漏斗逐滴滴入。

(iii)H_2O_2的浓度一般采用 10%～15%为宜。

2)O_2的性质

利用实验制得的 O_2,分别与硫黄、红磷、木炭、铁丝、蜡烛反应,观察现象并做好记录(表 3-6)。

表 3-6　O_2 性质实验记录

药品(用量)	原理(机理)	装置/现象	解释/判断
$KClO_3$(　)、MnO_2(　)			
H_2O_2(　)、MnO_2(　)			
O_2	S		
	P		
	Fe		
	蜡烛		

【指导与建议】

1) 气密性检验

凡是体系中有气体的实验装置,组装好后均需检验气密性。

(1)简单装置检验气密性的方法。用手握住反应容器,烧杯内水中有气泡产生;手移开,导管中如有水柱生成并保持,说明不漏气[图 3-5(a)]。

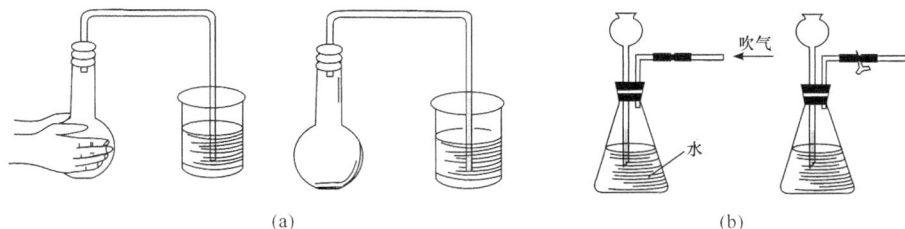

图 3-5　容器气密性检查方法

(2)带有长颈漏斗的装置检验气密性的方法通常有两种:①从导管口吹气,长颈漏斗下端形成一段高于液面的水柱;②由长颈漏斗向瓶内加入一定量水,用弹簧夹夹紧橡皮管,继续加水,静置片刻,长颈漏斗中水柱不下降,说明不漏气,否则需重新组装并检验[图 3-5(b)]。

较复杂的实验装置可用分段方法检查气密性,因具体装置而异。

2) 试样的预处理

如所用 MnO_2 不纯,可将其放入铁盘中,用酒精灯加热,不断用玻璃棒搅拌直至 MnO_2 微红,以除去其中可能混有的有机杂质和炭屑(为什么)。$KClO_3$ 如有结块或颗粒较大,可在研钵中或铺在硫酸纸上轻轻将其压碎(切记不可研磨)。

3) 有关实验操作中的一些问题

MnO_2 的用量以多少最合适? 实验表明 MnO_2 的量为 $KClO_3$ 用量的 1/3 为最佳。MnO_2 用量过少时,催化剂和 $KClO_3$ 的接触面积太小,必须在较高的温度下,才能使反应急剧加速,这时容易产生白烟,而且速度很不均匀。MnO_2 的用量过多时,生成氧气的速率反而减慢。氯酸钾和二氧化锰质量比可以在 3∶1 到 6∶1 之间进行选择。按 3∶1 混合时,分解速率最快,适用于教师的演示,学生探究实验时最好选用 6∶1,便于操作。

催化剂除用 MnO_2 外,还可以用 CuO、Fe_2O_3、MgO、Cr_2O_3、$MnSO_4$ 等代替,但加热的时间要比用 MnO_2 长一些才有氧气放出。

在演示氧气的化学性质时,需事前收集多瓶氧气。如要临时充氧气,最好用储气袋,因为用储气袋提供氧气迅速方便。

各种物质在盛有氧气的集气瓶里燃烧时,反应都比较剧烈,放出大量的热,以致集气瓶容易破裂,所以要选用较大的(250mL)集气瓶;用来燃烧的物质用量不宜太多(如硫黄或红磷,约取绿豆粒大小就够了),演示时还要注意不可让燃着的物质以及盛燃烧物质的燃烧匙和瓶壁接触;用来燃烧铁丝的一瓶氧气,预先装入瓶中的水,或细沙铺在瓶底,厚度为 1～2cm。

做红磷、硫黄在氧气中燃烧实验时,一般用燃烧匙。为了防止燃烧匙被烧坏及使用后容易洗净,可在燃烧匙底上铺一层沙子、石棉绒或石棉纸。实验时,将燃烧匙放进集气瓶里,必须自上而下慢慢伸到瓶底(不能和瓶壁接触),这样可以充分利用氧气,延长燃烧的时间。

做木炭在氧气里燃烧实验时,可用镊子夹取木炭在酒精灯上先烧红,取出后用嘴吹旺,然后放在燃烧匙里再伸入氧气中,效果较好。鉴定燃烧生成的二氧化碳要用新制的、饱和的、澄清的石灰水,因为石灰水放置过久,其中的氢氧化钙会与空气中的二氧化碳起反应而失效。浓度小的石灰水遇到较多的二氧化碳容易生成可溶性的碳酸氢钙,使开始时出现的浑浊一会儿又变得澄清了。

做铁丝在氧气里燃烧的实验时,使用的铁丝要细(可以用自行车废闸线拆出的细钢丝或废石棉网上抽出的铁丝),先用砂纸擦去表面的氧化物,然后缠在火柴杆上,在酒精灯上点燃,待火焰将熄灭时,迅速伸入集气瓶里,现象较明显。

用 H_2O_2 制取氧气中,H_2O_2 对皮肤有强烈的腐蚀作用,使用时要特别注意。实验室中如果没有 H_2O_2,可用市售的双氧水代替(含 30% 的 H_2O_2,中学化学的学生实验可控制 H_2O_2 浓度在 10% 以下),实验室中如果没有 MnO_2,可将废的锌锰干电池中的固体物溶解于水,将不溶物在煤气炉上焙烧(用铁罐头盒盛放)5min,来回翻炒,制得 MnO_2。MnO_2 还可以用 $CuSO_4$、氧化铁、食盐或红砖粉末等物质代替。

性质实验要注意观察物质在空气和氧气中现象有什么不同。

【教学分析】

"氧气的制取和性质"是课程标准要求必须完成的化学实验活动之一,也是初中化学第一个专题研究活动,是二氧化碳等气体制取研究的基础,在初中化学教学中占有十分重要的位置。本实验旨在利用实验室条件,设计制取氧气的方法并证明氧气的部分性质。通过实验掌握气体制取及性质的反应原理,学习仪器组装、连接、气密性检验、排水集气、排空气集气等操作方法和技巧,学习实验、观察、记录、比较、归纳等科学方法,探究总结出实验的最佳条件和方案。

【探索·交流】

(1)探究 $KClO_3$ 与 MnO_2 不同比例下的反应速率,什么比例最适合进行演示实验?参考方法:取氯酸钾 2.0g,二氧化锰为氯酸钾质量的 1/40、1/20、1/10、1/5、1/3、1/2、2/3、1/1 制取氧气,记录产生 100mL 氧气需要的时间。

（2）从绿色化学角度考虑,寻找 H_2O_2 的适宜催化剂并自行设计一套简易的制取装置及实验方案。参考:①在点滴板的孔穴内滴几滴双氧水,加少许二氧化锰、氧化铁、氧化铜、红砖粉等,观察现象;②实验装置可参考图 3-6。

（3）氧气为我们的星球带来了无限生机,但同时也在给我们制造着麻烦,如食物腐烂、钢铁生锈等。寻找一下你身边的案例并提出解决方案。

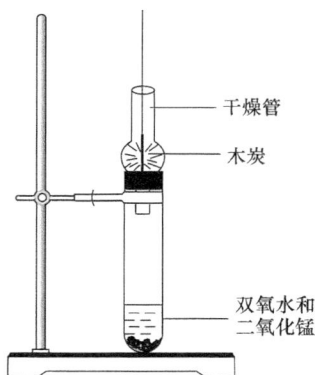

图 3-6　O_2 制取及性质参考装置

实验 5　二氧化碳的制取和性质

二氧化碳常态下为气体,在空气中有少量存在,是植物进行光合作用的重要物质、重要的工业原料、常用的灭火剂,固态的二氧化碳(干冰)是常用的制冷剂。工业上制取二氧化碳通常是高温煅烧石灰石,在得到氧化钙的同时获得二氧化碳。实验室条件下,采用较温和的方法,通过酸与碳酸盐的复分解反应可制得二氧化碳。

【思考与设计】

学生在此之前已经进行了氧气的制取及性质实验的操作与练习,具备了一定的动手能力,对于气体的制取有了一定的认识及方法。本实验可引导学生探究实验室制取气体时实验仪器与收集方法的选择,使学生从简单模仿到有目的的选择,进一步完善实验室制取气体的一般思路和方法;并注意让学生在实践中体验探究的乐趣,在探究中自然形成实验技能。

（1）根据二氧化碳的特性,思考其适宜的制取装置,并与氧气的制取装置比较异同。

（2）本实验的安全注意事项有哪些?

（3）在中学化学教学中组织实施本节内容时,你认为关键环节有哪些?

【实验材料】

广口瓶、250mL 集气瓶(带毛玻璃片,3 个)、烧杯(250mL)、试管(3 支)、试管架、铁架台(带铁夹)、托盘天平、量筒、平底烧瓶、圆底烧瓶、注射器、破底试管、锥形瓶、长颈漏斗、分液漏斗、水槽、双孔塞、单孔塞、玻璃导管、坩埚钳、酒精灯、试管夹、滴管、大理石(或石灰石)、2～4mol/L 稀盐酸、稀氢氧化钠溶液、石蕊溶液、石灰水、铁皮条、镁条、蜡烛、乳胶管、止水夹、火柴、500mL 塑料瓶(3 个)等。

【实验案例】

1)实验室制取二氧化碳

（1）原理。$CaCO_3 + 2HCl \rule[0.5ex]{1.5em}{0.4pt} CaCl_2 + H_2O + CO_2\uparrow$

（2）仪器安装及测试。就实验室已有条件,自行设计安装仪器并进行相关测试,可考虑以下因素:①反应条件;②反应物状态。

（3）制取二氧化碳。根据设计或教师要求，计算满足后续性质实验用量的所需反应物的量。

2）二氧化碳的性质

（1）二氧化碳可以像水一样倾倒[图 3-7(a)]。

（2）二氧化碳与水的反应。

（3）二氧化碳与碱的反应[图 3-7(b)]。

（4）二氧化碳与镁的反应[图 3-7(c)]。

（5）利用二氧化碳的特性制作"喷泉"。

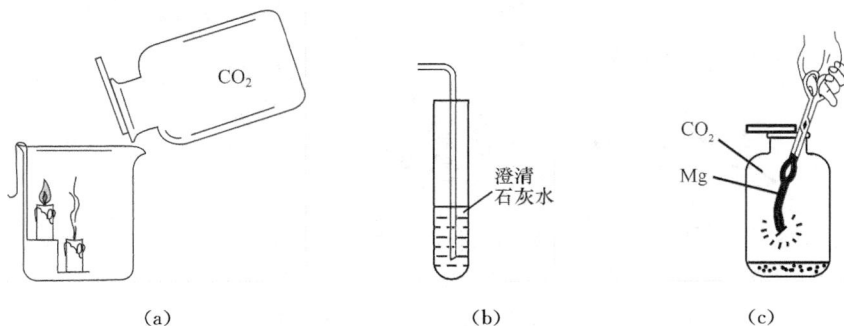

图 3-7　CO₂ 的性质

【指导与建议】

（1）实验室制取二氧化碳，一般选用大理石或石灰石，其主要成分是碳酸钙，常温下与酸反应即可产生二氧化碳气体。一般不选用可溶性的碳酸盐（如碳酸钠等），主要原因是其反应速率过快，不容易控制。

图 3-8 给出了实验室制取二氧化碳的装置及一些备选仪器，你可从给定的仪器（也可以从其他未给出的仪器）中选择适当仪器，设计制取二氧化碳的装置。

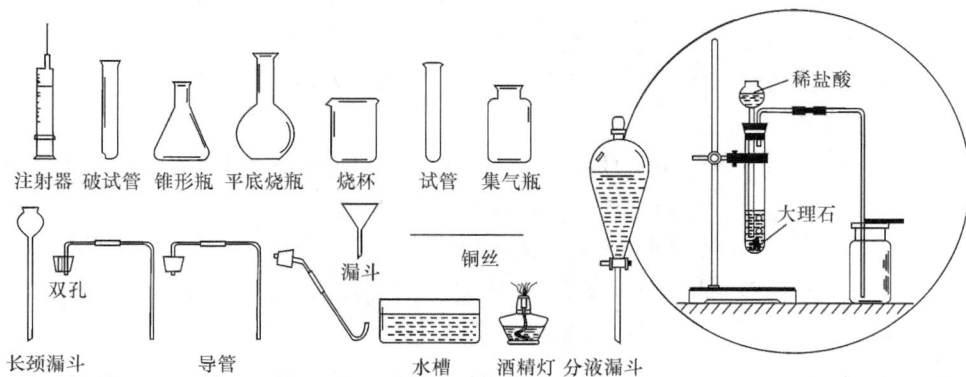

图 3-8　CO₂ 制取装置的参考器具

（2）用碳酸钙与酸反应制取二氧化碳时，一般用稀盐酸（2～4mol/L），不能使用稀硫酸，因为稀硫酸与碳酸钙反应生成微溶性的硫酸钙，它包裹在大理石的表面，进而阻碍反应的继续进行。稀硝酸也不可取,原因是其腐蚀性大,价格也较高。

(3)二氧化碳和石灰水反应时,通入二氧化碳的时间要控制好,出现明显的浑浊即停止通入二氧化碳,观察现象。再继续通入,二氧化碳与碳酸钙继续反应生成可溶性的碳酸氢钙,溶液又变澄清。

(4)镁在二氧化碳中燃烧生成的炭粒很小,如在燃烧后加入少量稀盐酸,与氧化镁反应,可清楚看到黑色的炭粒。

(5)图 3-9 可作为本实验内容的参考但不是全部。

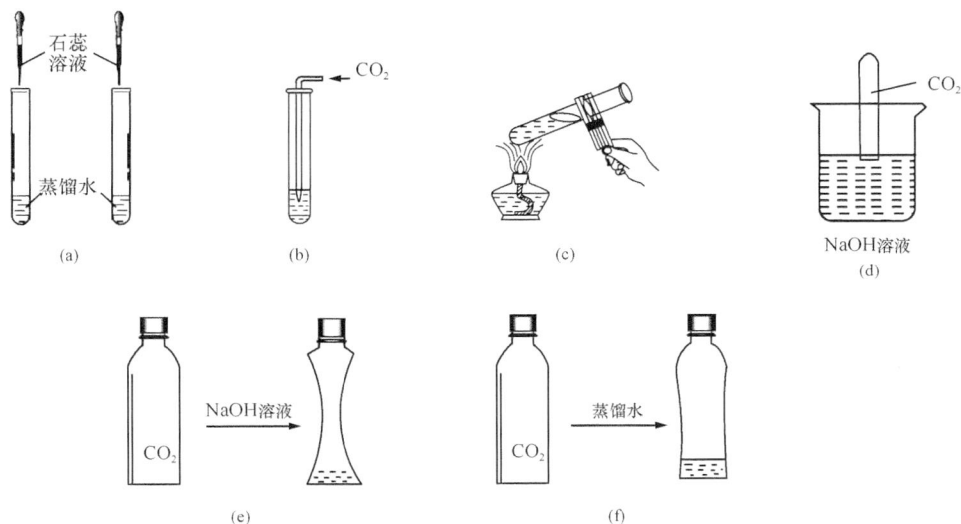

图 3-9　测试 CO_2 性质的参考操作

(a)向蒸馏水中滴入石蕊溶液;(b)向试管中通入 CO_2;(c)将通入 CO_2 的试管加热;(d)盛满 CO_2 的试管倒置于 NaOH 溶液中;(e)向盛满 CO_2 的塑料瓶中加入 NaOH 溶液;(f)向盛满 CO_2 的塑料瓶中加入蒸馏水

【教学分析】

"二氧化碳的制取和性质"是初中继制取氧气的研究之后出现的又一专题研究活动,在初中化学教学中占有十分重要的位置。氧气制取的研究是二氧化碳制取研究的基础;二氧化碳制取的研究是氧气制取研究的延伸和拓宽。两者构成了气体制取较为完整的知识体系和探究思路。此过程可以训练学生运用分析比较的方法。例如:

(1)学生已学习过高锰酸钾制取氧气的发生装置(固-固加热型),可引导学生猜想这个发生装置是否适用于大理石与稀盐酸制取二氧化碳,不难得出以下结论:①反应条件:常温进行——应撤掉酒精灯;②反应物的状态:防止液体盐酸流出——试管口应竖直向上。

改进固-固加热型,从而得到固-液常温型。

(2)如何控制气体的生成?利用给出的仪器——锥形瓶(平底烧瓶)、长颈漏斗(或分液漏斗)、带塞子的弯导管、烧杯、试管、集气瓶、水槽等——改进得到固-液反应生成气体的一般装置,利用该装置制取二氧化碳。这里的关键是"可控制"。

对于本实验教学的评价,可着眼于以下两个方面:

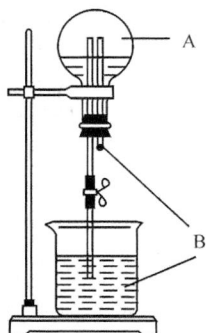

图 3-10　喷泉实验设计

(1)让学生体验设计装置的成就感。通过完整的实验过程帮助学生构建学科思想和方法。

(2)通过教材安排的一组探究实验,让学生经历科学探究的过程,训练提高其动手能力,分析、判断能力,推动知识的形成。

【探索·交流】

(1)根据现有条件,你能否设计一个实验,说明二氧化碳不能支持呼吸?

(2)以上使用的是稀盐酸,那么浓盐酸可不可以呢?为什么?

(3)你知道"温室效应"吗?业余时间自行设计一个实验,证明温室效应的存在及特性。

(4)对于喷泉实验的拓展思考。图 3-10 中 A(气体)和 B(液体)都可以进行哪些搭配?

实验 6　氨气的制取和性质

氨气(NH_3)是一种无色气体,有强烈的刺激性气味,极易溶于水。它是氮肥工业制造硝酸、铵盐、纯碱等的重要原料,也是有机合成工业中(如合成纤维、塑料、染料等)一种常用的原料,在医学上氨气还可用作制冷剂,是世界上产量最多的无机化合物之一。

在实验室中通过什么方法和途径得到氨气呢? 18 世纪 20 年代,英国的牧师、化学家哈尔斯(Hales)研究了加热氯化铵与石灰的混合物,由于实验设计的缺陷,未得到结果。1774 年化学家普利斯特里(Priestley)重做这个实验,并进行了改进,制得了碱空气——氨气。他还研究了氨气的性质,并证实了氨气是氮和氢的化合物。其后戴维(Davy)等化学家继续研究,进一步证实了氨的组成。

为了提高农作物产量,多年来科学家一直设法将游离态的氮转化为化合态的氮,后经德国科学家哈伯(Haber)、博施(Bosch)(图 3-11)等的不懈努力,成功开发了合成氨的生产工艺。

1918年诺贝尔化学奖

哈伯,德国物理化学家。是合成氨法的发明者。因发明用氮气和氢气直接合成氨的方法,获1918年诺贝尔化学奖。

1931年诺贝尔化学奖

博施,德国化学工程专家。将哈伯的合成氨研究成果付诸实施于大规模的工业化生产,发展了哈伯的研究成果。他用了5年的时间,进行了上万次的试验,才确定了适用于合成氨的催化剂。

图 3-11　哈伯与博施

【思考与设计】

氨分子的空间结构是三角锥形,三个氢原子处于锥底,处在锥顶的氮原子还有一对孤对电子。因此,氨分子是极性分子,可以与水、酸发生化学反应,具有还原性。请设计氨气的实验室制备和性质实验方案。

(1)氨气的实验室制取装置有什么特点？如何验证氨气是否集满？

(2)氨气化学性质实验如何设计？

(3)实验中如何防止污染？剩余的 NH_3 如何处理？

(4)思考如何在中学化学教学中组织实施这部分内容？

【实验材料】

铁架台(带铁夹、铁圈)、托盘天平、大试管、250mL 圆底烧瓶、500mL 烧杯、250mL 锥形瓶、漏斗、分液漏斗、量筒、玻璃棒(2 支)、研钵、粗玻璃管、玻璃导管、单孔塞、双孔塞、滴管、乳胶管、酒精灯、氯化铵、氢氧化钙、氢氧化钠、浓氨水、浓盐酸、稀硫酸、硝酸铵、硫酸铵、硫酸铜、干燥剂(如氧化钙、碱石灰、硅胶)、氧气、酚酞、蒸馏水、红色石蕊试纸、pH 试纸、止水夹、棉花、垫木、石棉网等。

【实验案例】

1)氨气的制取

(1)制取方案参考表 3-7。

表 3-7　NH_3 制取方法及原理

内容	药品(用量)	装置	原理	现象	解释/判断
方案 1:加热铵盐与碱的固体混合物					
方案 2:加热浓氨水					
方案 3:浓氨水滴入固体 NaOH (或碱石灰、CaO)中					

(2)组装仪器。选择相应仪器组装制取装置,检验气密性。

(3)制取氨气。计算满足后续性质实验用量的所需反应物的量,制取气体。

2)氨气的性质

(1)氨与水的反应(喷泉实验,图 3-12)。

(2)氨与酸反应。

(3)氨气在氧气中燃烧。

(4)铵根离子的检验(参考方案见表 3-8)。

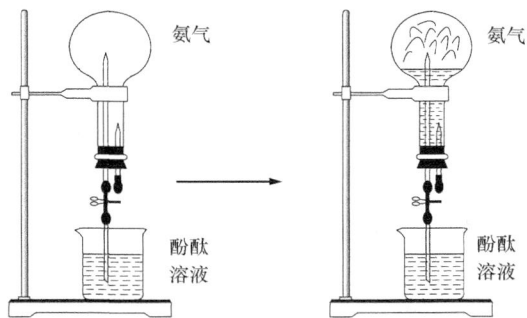

图 3-12　氨气的喷泉实验

表 3-8　铵根离子检验

	现象	在试管口放置湿润的石蕊试纸
$NH_4Cl + NaOH$		
$(NH_4)_2SO_4 + NaOH$		
$NH_4NO_3 + NaOH$		
结论		

【指导与建议】

(1)加热 NH_4Cl 和 $Ca(OH)_2$ 混合物制取氨气[图 3-13(a)],应注意:①试管口要略向下倾斜,防止水倒流造成试管破裂;②实验中所用仪器、药品均应是干燥的;③在收集 NH_3 的试管口放置一团松软的干棉花,是为了防止试管内的氨气与试管外的空气形成对流,既避免了氨气逸散到空气中,又能在较短时间内收集到较为纯净的氨气;④应分别将 NH_4Cl 和 $Ca(OH)_2$ 在研钵中研碎,按 $NH_4Cl:Ca(OH)_2=5:7$ 的质量比混合均匀,迅速装入试管中进行实验,实验中如果用 $(NH_4)_2SO_4$ 代替 NH_4Cl,$(NH_4)_2SO_4:Ca(OH)_2$ 的质量比可选用 $1:1$;⑤NH_4Cl 不能用 NH_4HCO_3 或 NH_4NO_3 代替,因为它们受热分解产生杂质气体。$Ca(OH)_2$ 不能用 KOH 或 NaOH 代替,因其易吸水,易结块,不利于产生 NH_3,且高温下腐蚀试管。

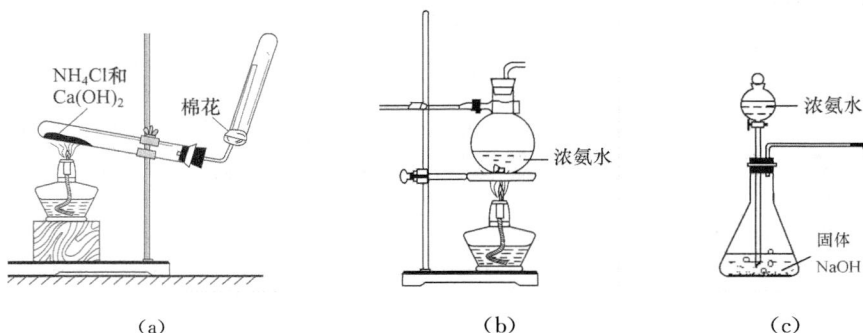

图 3-13　氨气的制取

(2)用浓氨水加热制取氨气的方法[图 3-13(b)],容易将水蒸气带出而降低氨气的浓度,可通过碱性干燥剂(如氧化钙、碱石灰)或中性干燥剂(如硅胶)吸收多余的水蒸气,不能用无水 $CaCl_2$ 来干燥氨气($CaCl_2+8NH_3 \Longrightarrow CaCl_2 \cdot 8NH_3$)。

(3)将浓氨水滴加到固体 NaOH 中制取氨气的方法[图 3-13(c)]简便、快捷、浓度大。这是由于碱中 OH^- 的加入,使 OH^- 浓度增大,平衡向增大氨气浓度的方向移动;NaOH 在溶解时放出热量,减小 NH_3 的溶解度,促使氨气的逸出,这一过程一般不会增加水的挥发量,是一个非常实用的方法。

(4)氨气验满的方法有:①用湿润的红色石蕊试纸(变蓝);②用湿润的 pH 试纸(变蓝);③蘸有浓盐酸(浓硝酸)的玻璃棒接近试管口(产生白烟)。同理,可用蘸有浓氨水的玻璃棒检验 HCl 等气体的存在。

(5)做喷泉实验收集氨气的烧瓶要预先干燥,收集时在烧瓶口塞上一团棉花,氨气要充满,否则喷泉效果不好。

(6)氨与酸反应,可以使两根分别蘸有浓氨水和浓盐酸的玻璃棒接近,观察到接近时产生大量白烟的现象。氨不仅能与盐酸反应,也能与硫酸、硝酸、乙酸、碳酸等多种酸反应,反应实质都是 NH_3 与 H^+ 的反应,但只有与挥发性酸反应才有产生白烟的现象。

(7)氨气在氧气中的燃烧实验,应先使氧气进入燃烧管中,再点燃氨气(长导管),即可观察到氨气在氧气中安静燃烧。

(8)实验结束,多余的氨气要用稀硫酸吸收处理,防止污染环境。

(9)图 3-14 可供本实验参考。

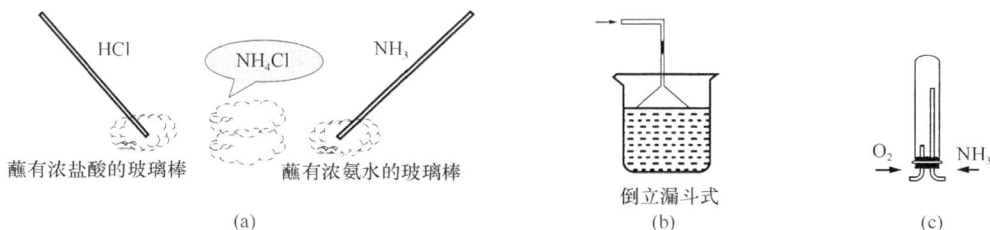

图 3-14　氨气的性质
(a)氨气和氯化氢反应;(b)稀硫酸吸收多余的氨气;(c)氨气在氧气中燃烧

【教学分析】

"氨气制取和性质"是高中化学必修 1 中的重要内容,对学生认识氨气的性质,认识合成氨对提高人类生活质量的影响和促进社会发展的价值,有着很好的作用。

氨气的实验室制取,可以使学生掌握实验室制取氨气的反应原理,进一步理解制取气体的典型装置的特点、具体操作及其注意事项;还可通过氨气制取装置和喷泉实验装置的改进学习活动,培养学生的探究意识和创新精神。

氨气的制取与性质,可以对照氧气、二氧化碳的制法,从反应原理—药品的选择—氨气发生装置的设计—收集方法—验满—操作方法—注意事项展开教学。

【探索·交流】

(1)参考图 3-15,设计并制作氨的反复变色喷泉实验装置。

(2)探究 NH_4Cl 与 $Ca(OH)_2$ 在什么比例下反应速率最快?什么比例最适合进行演示实验?

(3)本实验还可进行哪些改进? 通过本实验的设计与操作,你有哪些收获和体会?

(4)如果发生液氨泄漏,你将采取什么措施?

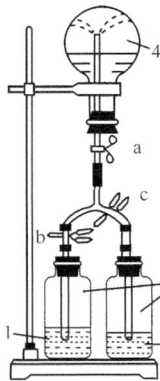

图 3-15　喷泉实验设计
1. 酚酞溶液;2. $CuSO_4$ 溶液;
3. 氨气;a、b、c 为止水夹

实验 7　氯气的制取和性质

氯气(Cl_2)常态下为黄绿色气体。1774 年瑞典化学家舍勒(Scheele)发现了氯气;1810 年,戴维经过大量实验研究,确认这种气体是由一种化学元素组成的物质。

氯气是一种重要的化工原料,在农业上常用于制造多种农作物的杀虫剂;工业上常用来制造多种化工产品,如盐酸、漂白粉、氯仿等有机溶剂;在医疗上可直接用于消毒或制作消毒液。但氯气有毒,生产和使用时必须执行规范操作。

【思考与设计】

氯气是一种化学性质比较活泼的气体,它可以跟金属、非金属、水、碱、有机物等多种物质发生化学反应。工业上用电解食盐水的方法制取氯气。请参考教材前面的内容,设计氯气的实验室制取方案并验证其性质。

　　(1)氯气的制取装置有什么特点？如何验证氯气集满？

　　(2)进行氯气的制备及性质实验时,如何防止环境污染？

　　(3)在中学化学教学中如何组织实施这部分内容？

【实验材料】

　　圆底烧瓶、滴液漏斗、铁架台(带铁夹、铁圈)、酒精灯、石棉网、橡胶塞、玻璃导管、粗玻璃管、玻璃棒、乳胶管、坩埚钳、125mL 集气瓶(带玻璃片,6 个)、水槽、烧杯、尖嘴导气管、燃烧匙、凡士林、平底烧瓶、锥形瓶、分液漏斗、氢气发生器、止水夹、小刀、镊子、燃烧匙、坩埚钳、MnO_2、浓盐酸、浓硫酸、食盐、$KMnO_4$、稀 H_2SO_4、10％ NaOH 溶液、KBr、饱和食盐水、细铜丝、红磷、锌粒、金属钠、有色纸条、镁条、铁粉、蒸馏水、蓝色石蕊试纸、淀粉-碘化钾试纸、品红试纸、玻璃棉、火柴、硬纸片、滤纸、砂纸、储气袋、打孔器等。

【实验案例】

　　1)实验室制取氯气

　　(1)制备方案参考表 3-9。

表 3-9　氯气制取方案

内容	药品/用量	装置	原理	现象	解释/判断
方案 1：浓 HCl 与 MnO_2 反应					
方案 2：食盐、浓 H_2SO_4 与 MnO_2 反应					
方案 3：盐酸与 $KMnO_4$ 或 $K_2Cr_2O_7$ 或 $KClO_3$ 或 $Ca(ClO)_2$ 反应					

　　(2)组装仪器。选择相应仪器,组装制取装置,检验气密性。

　　(3)制取氯气。计算满足后续性质实验用量的所需反应物的量,制取气体。

　　2)氯气的性质

　　完成表 3-10。

表 3-10　氯气的化学性质

内容	现象	原因/解释
氯气跟钠反应		
氯气跟铜反应		
氯气跟红磷反应		

续表

内容	现象	原因/解释
氯气跟氢气反应(燃烧)		
氯气跟氢气反应(混合见光爆炸)		
氯气的漂白作用		
氯气跟碱反应		
氯气与水反应		

【指导与建议】

(1)氯气有毒,制取前要分段检查装置气密性,确保气密性良好再开始制气。

(2)制取过程中,盐酸要少量、分次加入,以防生成氯气过多。用二氧化锰和浓盐酸制取氯气,加热温度不宜过高,以免挥发出过多氯化氢和水蒸气,后续盐酸不易加入(图 3-16)。

(3)氯气的收集,用向上排空气法或排饱和食盐水法,收集好氯气的集气瓶要用涂有凡士林的毛玻璃片盖好,以防逸散。

图 3-16　MnO_2 制取 Cl_2

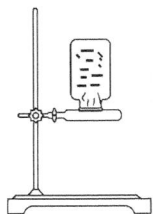

(4)制取完毕,多余的氯气要用 NaOH 溶液吸收。

(5)钠在氯气中燃烧:①氯气要干燥;②钠表面的煤油要用滤纸吸干,以防煤油燃烧产生黑烟。可将钠放在玻璃燃烧匙中加热到将要燃烧时立即伸入氯气集气瓶中,也可以把钠放在石棉网上,加热至钠熔化撤去酒精灯,将氯气集气瓶倒扣在上面,钠立即燃烧起来(图 3-17)。

图 3-17　Na 在 Cl_2 中燃烧

(6)铜丝在氯气中燃烧,铜丝要细,用一束铜丝或将铜丝绕成螺旋状,加热后,迅速伸进集气瓶中,观察到火星四射和大量棕黄色烟,然后加少量水,观察溶液呈黄绿色,再加一些水观察溶液呈蓝色(水合铜离子)。

(7)红磷与氯气反应,用玻璃棒蘸取少量的红磷,伸入充满氯气的集气瓶中,它就会剧烈燃烧起来。

(8)氯气和氢气混合爆炸实验,控制 H_2 和 Cl_2 的体积比在 2∶3 至 3∶4,在光照射的条件下发生爆炸成功率较高。为安全起见,此实验可用塑料瓶。

(9)图 3-18 可供本实验参考。

【教学分析】

氯气是高中化学必修 1 中的重要内容,本实验主要是探究在实验室条件下制取氯气的原理和方法,通过氯气的性质实验,进一步加深对氯气的认识,提出防止污染和自我防护措施以及实验改进方法,总结出实验成败关键,从而提高分析实验、设计实验、改进实验的能力。

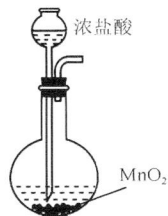

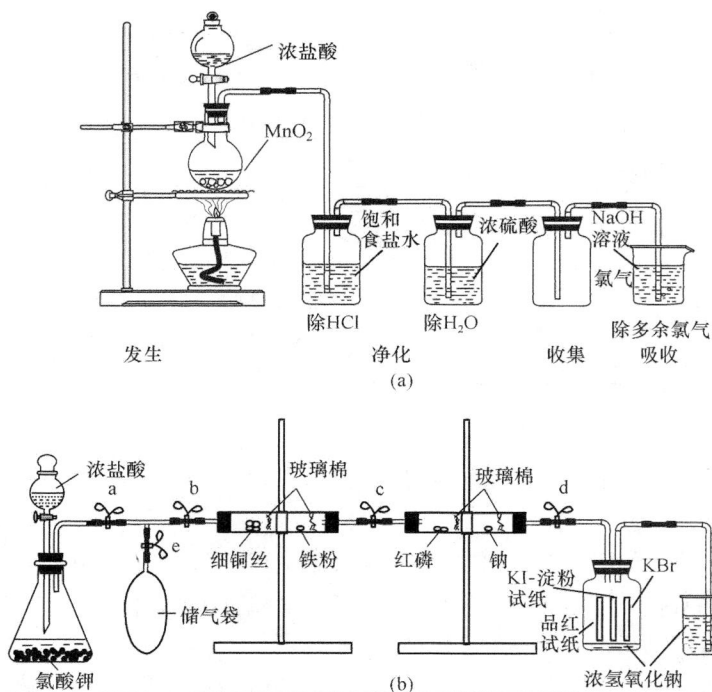

图 3-18　氯气的制取及性质组合装置

"氯气的制取和性质"实验可按演示实验设计实施课堂教学探究活动。演示实验是化学课堂教学结构中启动学生感性认识的重要因素,为了在教学实践中得到最佳设计实施效果,建议学生先进行讨论交流,集思广益,再反复修改自己的教学设计。设计过程中认真考虑以下问题:如此操作能否获得明显的演示效果? 操作是否安全? 装置是否简单? 是否易于操作、用药较少、步骤简练且省时高效?

【探索·交流】

(1)通过本实验的设计与操作,你有哪些收获和体会?

(2)本实验还可进行哪些改进? 写出改进方案。

(3)本着经济、快速、环保的原则,设计氯气的制取及性质实验的微型装置。

(4)如果发生氯气泄漏,你将采取什么措施?

实验 8　甲烷、乙烯、乙炔

甲烷(CH_4)是天然气、沼气、油田气及煤矿坑道气的主要成分(图 3-19)。自 20 世纪 60 年代以来,人们陆续在冻土带和海洋深处发现了一种可以燃烧的"冰"。这种"可燃冰"在地质上称为天然气水合物。甲烷可用来作为燃料及制造氢气、炭黑、一氧化碳、乙炔、氢氰酸及甲醛等物质的原料。乙烯(C_2H_4)是水果催熟剂,也是合成纤维、合成橡胶、合成塑料等的基本化工原料。乙烯是世界上产量最大的化学产品之一,乙烯工业是石油化工产业的核心。

乙炔(C_2H_2)又称为电石气,广泛应用于焊接和切割金属,氧炔焰的温度可达 3000℃。

图 3-19　沼气(甲烷)的制取和利用

【思考与设计】

甲烷、乙烯、乙炔是饱和烃和不饱和烃的最简单的代表物,它们的性质一定程度上代表着烷烃、烯烃、炔烃的通性。请设计这几种气体的实验室制取和性质的实验方案。

(1)实验室制取甲烷、乙烯、乙炔气体的装置有什么特点? 如何检查装置的气密性? 制备和收集中可能出现什么问题? 制取的气体中是否含有杂质气体? 如何除杂净化?

(2)甲烷、乙烯、乙炔有哪些化学性质? 如何设计性质实验?

(3)实验存在哪些不安全因素? 如何消除或避免?

(4)设计组织实施"甲烷"、"乙烯"、"乙炔"的教学方案。

【实验材料】

铁架台(带铁夹、铁圈)、托盘天平、硬质大试管(3 支)、橡胶塞、打孔器、玻璃导管、乳胶管、尖嘴玻璃管、500mL 塑料试剂瓶(3 个)、水槽、电子打火枪、圆底烧瓶(2 个)、温度计(200℃)、酒精灯、洗气瓶、分液漏斗、250mL 集气瓶(带玻璃片,4 个)、烧杯、量筒、蒸发皿、玻璃棒、量筒、研钵、石棉网、黑纸、称量纸、火柴、棉花、无水乙酸钠、氢氧化钠、碱石灰、浓盐酸、0.5%高锰酸钾溶液、1%溴的四氯化碳溶液、饱和食盐水、电石、二氧化锰、95%乙醇、浓硫酸、浓磷酸、沸石或碎瓷片等。

【实验案例】

1)实验室制取甲烷、乙烯、乙炔

(1)制取方案(根据原理设计表 3-11)。

表 3-11　甲烷、乙烯、乙炔的制取方法

气体	制备原理	实验装置	收集方法	备注说明
甲烷				
乙烯				
乙炔				

(2)组装仪器。选择相应仪器,组装制取装置,检验气密性。

(3)制取气体。计算满足后续性质实验用量的所需反应物的量,制取气体。

2)甲烷、乙烯、乙炔的性质

完成表 3-12。

表 3-12　甲烷、乙烯、乙炔的性质

实验内容	甲烷	乙烯	乙炔
与酸性高锰酸钾溶液反应			
与溴的四氯化碳溶液反应			
与氧气反应(燃烧)			
与空气混合爆炸反应			
与氯气的取代反应		—	—

【指导与建议】

(1)实验室制取甲烷常用无水乙酸钠与碱石灰反应,实验的关键是干燥,有水时 CH_3COONa、$NaOH$ 电离,不能制得甲烷,所以要对易于吸水的乙酸钠进行灼烧至熔融再冷却的预处理。然后取无水乙酸钠 6g、碱石灰 3g、氢氧化钠固体 3g,充分研磨混合后,制取甲烷。

(2)乙烯制取实验的关键是控制好温度,要使混合物的温度迅速升到 170℃ 左右,减少 140℃ 时生成乙醚的副反应。实验中浓硫酸和乙醇的体积比是 3:1,顺序是先加乙醇再加浓硫酸。温度计的水银球插在液面下,并不接触瓶底。在圆底烧瓶中加入少量的碎瓷片,以防暴沸。

(3)实验室制取乙炔,因为反应放热且电石易变成粉末,所以不能用启普发生器及其简易装置。因为电石和水反应过于剧烈,常用饱和食盐水代替水,降低水的含量,并用分液漏斗控制滴水速度以得到平稳的乙炔气流。在导气管口附近塞入少量棉花目的是为防止产生的泡沫涌入导管。

(4)甲烷、乙烯和乙炔在点燃前一定要验纯。

(5)气体的爆炸极限分别为甲烷 5%～15%、乙烯 2.7%～36.0%、乙炔 2.3%～72.3%。与空气混合气体的爆炸反应,应用塑料瓶,手握电子枪底把手,朝向无人处引爆。

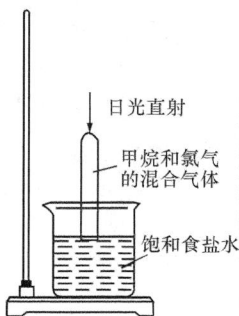

图 3-20　甲烷的取代反应

(6)甲烷的取代反应应做对比实验,取两支硬质大试管,通过排饱和食盐水的方法先后各收集半试管甲烷和半试管氯气,分别用铁架台固定好。其中一支试管用预先准备好的黑色纸套套上,另一支试管放在光亮处。片刻后,比较两支试管中的现象(图 3-20)。

(7)图 3-21 可供本实验参考。

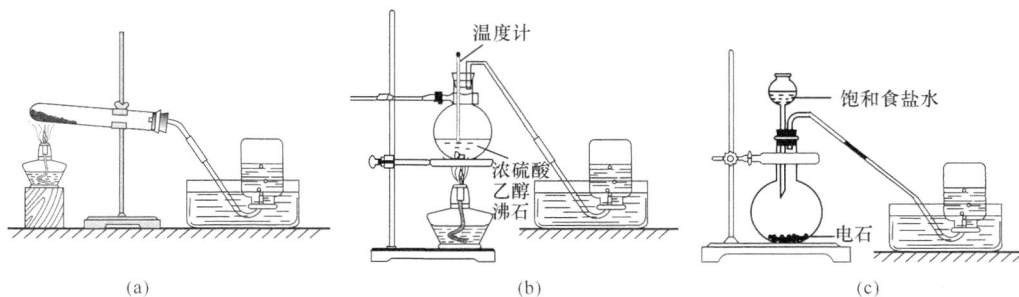

图 3-21　甲烷、乙烯、乙炔制取的参考装置

【教学分析】

甲烷、乙烯、乙炔是最简单的烷烃、烯烃、炔烃,是典型的有机化合物,在教学中占有重要的位置。通过实验,掌握三种气体的制备和性质实验的原理、操作、关键点,掌握烷烃、烯烃、炔烃的性质,知道饱和烃和不饱和烃的共性与特性,学会分析、对比、类比等科学方法,提高分析实验、改进实验的能力。

【探索·交流】

(1)实验室制备甲烷时,氢氧化钠对玻璃试管有较强的腐蚀作用,请设计消除或减轻腐蚀的实验方案。

(2)在实验室里制备的乙烯中常含有 SO_2,试设计一个实验,检验 SO_2 的存在,并验证乙烯的还原性。

(3)实验室制取的乙炔中可能含有哪些杂质气体? 请设计除杂净化实验方案。

综合探究Ⅰ:燃烧的条件和灭火的原理

燃烧是人类最早利用的化学反应之一,人类利用燃烧反应的历史,可追溯到远古时代。燃烧与人类的生活以及社会的发展有着密切的联系。那么,燃烧的条件是什么? 如何利用燃烧给人类带来光明与温暖,让燃烧更好地为人类造福呢?

【思考与设计】

燃烧需要哪些条件? 联系生活实际,提出你的猜想,并设计验证燃烧条件、灭火原理、粉尘爆炸的实验方案。

(1)如何控制燃烧?

(2)如何通过实验验证燃烧的条件和灭火的原理?

(3)爆炸和燃烧有什么关系?

(4)实验中存在哪些不安全因素? 如何防止或消除实验污染?

(5)以"燃烧"和"灭火"为主题,设计实验教学方案。

【实验材料】

红磷、白磷、铜片、面粉、蜡烛、10%双氧水、二氧化锰、碳酸钠、稀盐酸、热水、酒精、纸条、煤块、火柴、小木块、小石块、小煤块、集气瓶、锥形瓶、玻璃杯、500mL 烧杯、200mL 烧杯(3 个)、酒精灯、吸滤瓶、具支试管、试管(3 支)、玻璃导管、乳胶管、镊子、玻璃片、橡胶塞、打孔器、剪刀、小刀、滤纸、硬纸圈或螺母、漏斗、分液漏斗或长颈漏斗、铁罐(或纸盒、饮料瓶、塑料油桶)、气唧、药匙、湿抹布等。

【实验案例】

(1)探究物质燃烧的条件。

方案一(表 3-13):

表 3-13　物质燃烧的条件(方案一)

实验内容	实验现象	解释/结论
①分别在酒精灯上点燃小木块、小石块;		
②将直立于桌面上的两支蜡烛点燃,其中的		
一支罩在玻璃杯(或烧杯)下;		
③分别在酒精灯上点燃纸条、小木块、小煤块		
结论:物质燃烧的条件		

方案二(表 3-14):

表 3-14　物质燃烧的条件(方案二)

实验内容	实验现象	解释/结论
①把一小块白磷放入盛有热水的大烧杯中;		
②盖上薄铜片,在铜片上各放一块白磷和红磷;		
③向水中通入空气或氧气		
结论:物质燃烧的条件		

(2)灭火的原理实验。

(3)粉尘爆炸实验。

【指导与建议】

(1)探究物质燃烧的条件,不同物质在酒精灯上点燃,所用的石块、煤块不要太大,以花生米大小为宜。

(2)白磷有剧毒、着火点低,取用时必须用镊子,绝对不能用手指接触。为防止热水中已经熔化的白磷被鼓入的空气或氧气吹散,最好事先用硬纸圈(或螺母)圈住;也可采用试管、集气瓶、漏斗罩扣的方法。

(3)粉尘爆炸实验,所用面粉要细、干,鼓气速度要均匀,尽快使面粉弥散在容器中。

(4)图 3-22 可供本实验参考。

【教学分析】

"燃烧的条件和灭火的原理"是紧密联系生活实际的实验,通过探究形成燃烧、着火点、缓慢氧化、爆炸等概念,深刻理解物质燃烧的条件和灭火的原理,增强安全意识,学会防火、灭火的技能,并形成"事物都是一分为二"的辩证唯物主义观点。

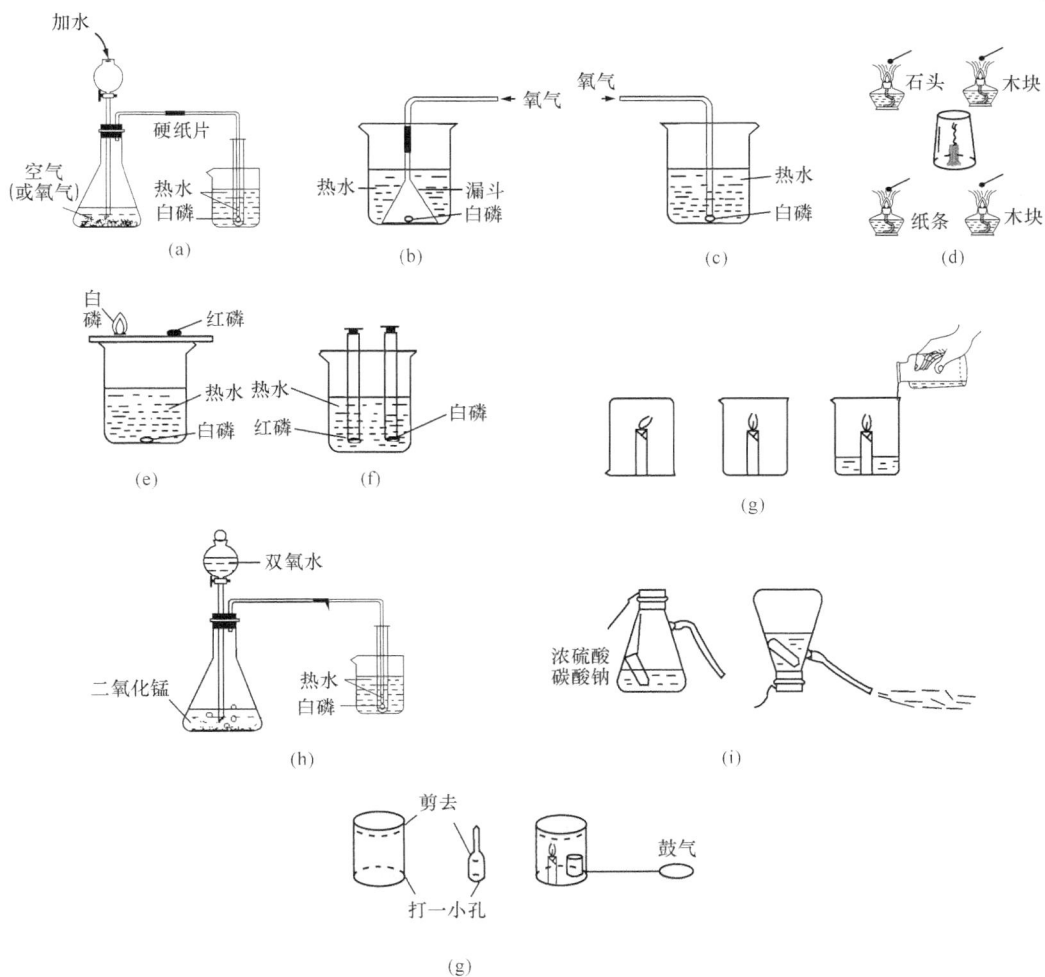

图 3-22　燃烧及其控制

通过实验让学生掌握规范的操作方法和实验技巧,学习实验、观察、记录、比较、归纳、推断等科学方法,并探究总结出实验的最佳条件和方案。

【探索·交流】

(1)利用生活中的用品,设计探索燃烧条件的实验方案。

(2)利用生活用品,设计一个简易灭火器(图 3-23)。

(3)参考粉尘爆炸实验,设计一个汽油爆炸实验方案。

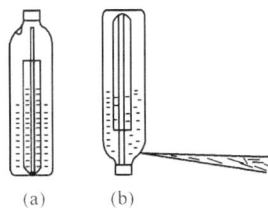

图 3-23　简易灭火器

■综合探究Ⅱ:空气中氧气含量的测定

人类每时每刻都离不开空气,没有空气就没有生命,也就没有生机勃勃的地球。200多年前法国科学家拉瓦锡用定量实验的方法测定了空气成分,得出了空气是由氧气和氮气组成,其中氧气约占空气体积的1/5的结论。19世纪前,人们认为空气中仅有氮气与氧气。后来陆续发现了一些稀有气体。目前,人们已能精确测量空气成分。

【思考与设计】

空气是多种气体的混合物,氮气占78%,氧气占21%,稀有气体占0.94%,二氧化碳占0.03%,其他气体和杂质占0.03%。请仿照拉瓦锡测定空气成分实验的原理,设计测定空气中氧气含量的实验方案。

(1)用什么物质与空气中的氧气反应?对生成物有什么要求?

(2)实验装置有什么特点?实验中注意什么问题?

(3)如何减小实验误差?

(4)以空气中氧气含量测定为主题,设计实验教学方案。

【实验材料】

500mL集气瓶、500mL烧杯、玻璃钟罩、燃烧匙、橡胶塞、玻璃导管、粗玻璃管、水槽、酒精灯、乳胶管、止水夹、量筒、试管、100mL注射器(2支)、红磷、白磷、细铜丝、蜡烛、氢氧化钠、低压电源、凸透镜、火柴、导线、打孔器等。

【实验案例】

(1)实验方案。

用红磷做空气成分测定实验

$$4P + 5O_2 \xrightarrow{\text{点燃}} 2P_2O_5$$

用白磷做空气成分测定实验

$$4P + 5O_2 \xrightarrow{\text{点燃}} 2P_2O_5$$

用铜丝做空气成分测定实验

$$2Cu + O_2 \xrightarrow{\triangle} 2CuO$$

磷或铜在封闭的容器内与氧气充分反应,消耗了空气中的氧气,生成固体物质,容器内压强减小,观察实验现象及容积变化情况,从而确定空气中氧气的体积分数。

(2)组装仪器。选择相应仪器,组装实验装置,检验气密性。

(3)实验测定空气中氧气含量。

【指导与建议】

(1)实验装置密闭是实验成败的关键,实验前一定要检验气密性。

(2)用红磷做测定实验,集气瓶中加少量水(防止高温熔融物使瓶底炸裂,吸收五氧化二磷),导管不宜太长,红磷应过量,点燃红磷后要立即伸入集气瓶中,并塞紧塞子,待红磷冷却后,再打开弹簧夹。

(3)白磷有剧毒,着火点低,易自燃,使用时要注意安全。

(4)用铜丝做测定实验,把长约2cm的一束细铜丝装进一根长5～6cm的普通玻璃管中部,两端用两节橡皮管分别与两支注射器(其中一支注射器保留50mL空气,另一支注射器不留空气)连接起来,使之成为一个密闭系统。推动注射器活塞,空气可以通过装铜丝的玻璃管在两支注射器间来回传送,不会泄漏。给装有细铜丝的玻璃管加热,待铜丝的温度升高以后,缓缓地交替推动两支注射器的活塞,使空气在铜丝上来回流动。一般经过五六次,至玻璃管内的铜丝在较长时间内无进一步变化时停止加热,冷却至室温,将气体全部推至一个注射器内,观察密闭系统内空气体积变化。减少的体积即为 50mL 空气中所含氧气的体积。做该实验时,要注意注射器不宜太小,太小体积变化不大,现象不明显。

(5)实验装置请参考图 3-24。

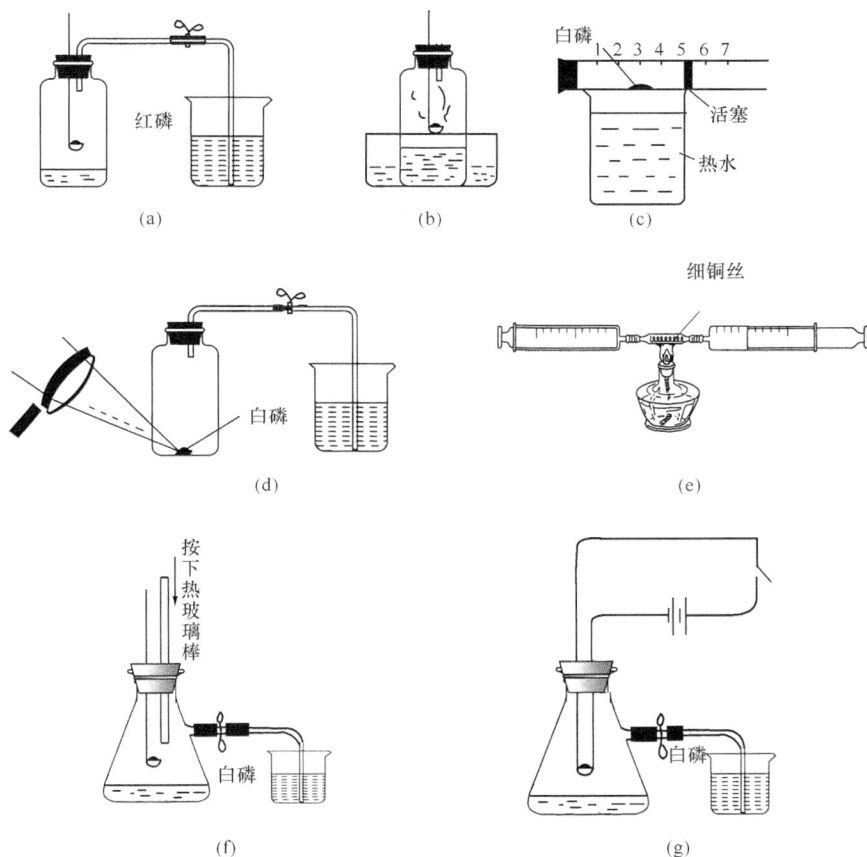

图 3-24 空气成分测定参考装置

【教学分析】

"空气中氧气含量的测定"是初中化学第一个简易的定量实验,结合空气组成的发现史,进行探究活动,容易激发学生的学习兴趣和学好化学的自信心。通过实验掌握测定的原理,学习仪器组装、连接、气密性检验、加热等操作方法和技巧,学习实验、观察、记录、分析、推理等科学方法,实验探究总结出实验的最佳条件和方案。

【探索·交流】

(1)空气中氧气含量测定结果一般是体积小于 1/5,为什么?

(2)设计用蜡烛做空气成分测定实验方案,并分析实验误差的原因。

(3)用铁丝缓慢氧化,能做测定空气中氧气含量的实验吗? 请设计实验方案。

综合探究Ⅲ:H₂S、HCl、SO₂、N₂的性质

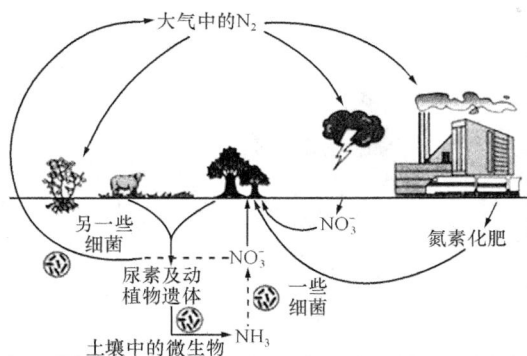

图 3-25　氮的循环

硫化氢(H_2S),无色气体,有恶臭和毒性。氯化氢(HCl),无色有刺激性气味的气体。二氧化硫(SO_2),无色气体,有强烈刺激性气味,有毒,大气主要污染物之一。氮气(N_2),通常状况下是一种无色无味无臭无毒的气体,氮气占大气总量的 78.12%(体积分数),是空气的主要成分(图 3-25)。它们是中学化学中常见的气体,在工业生产中有着重要的用途。

【思考与设计】

H_2S 的化学性质不稳定,在空气中容易燃烧,具有强还原性,能与多种氧化剂发生反应。能溶于水,其水溶液是氢硫酸。

干燥的 HCl 气体性质稳定,一般不与其他物质反应,具有还原性。极易溶于水,其水溶液是盐酸。

SO_2 具有氧化性、还原性、漂白性和酸性氧化物的通性,易溶于水,其水溶液是亚硫酸。

N_2 的化学性质很稳定,常温下很难与其他物质发生反应,但在高温、放电、催化剂等条件下可与某些物质发生化学变化。在点燃的条件下可以与镁等金属反应。

请设计 H_2S、HCl、SO_2、N_2 的实验室制取和性质实验方案。

(1)实验室如何制取 H_2S、HCl、SO_2、N_2?

(2)H_2S、HCl、SO_2、N_2 的制取装置有什么特点? 如何检查装置的气密性? 如何净化? 如何验证气体集满?

(3)如何设计 H_2S、HCl、SO_2、N_2 的性质实验?

(4)实验中存在哪些不安全因素? 如何防止实验污染?

(5)以某一气体的制取和性质为主题,设计教学方案。

【实验材料】

铁架台(带铁夹、铁圈)、感应圈、低压电源、硬质大试管、锥形瓶、分液漏斗、单孔塞、双孔塞、三孔塞、玻璃导管、乳胶管、尖嘴管、止水夹、酒精灯、500mL 烧杯、玻璃棒、量筒、250mL 集气瓶(带毛玻璃片,5 个)、100mL 注射器(2 支)、蒸发皿、水槽、平底烧瓶、圆底烧瓶、滴管、坩埚钳、托盘天平、药匙、硫化亚铁、浓氨水、浓盐酸、浓硝酸、浓硫酸、稀硫酸、氯化钠、无水氯化钙、硫酸铜、亚硫酸钠、氯化铵、亚硝酸钠、氢氧化钙、氢氧化钠、二氧化锰、高锰

酸钾、1‰品红溶液、工业酒精、铜片、镁带、石灰水、1‰氢氧化钠溶液、蒸馏水、亚硫酸溶液、氯水、石蕊溶液、蒸馏水、滤纸、砂纸、导线、电极、火柴、垫木、pH 试纸、乙酸铅试纸等。

【实验案例】

1)实验室制取气体

(1)制取原理。

$H_2S:FeS(固) + 2HCl \Longrightarrow FeCl_2 + H_2S\uparrow$

$HCl:NaCl + H_2SO_4(浓) \Longrightarrow NaHSO_4 + HCl\uparrow(常温或微热)$

$NaCl + NaHSO_4 \stackrel{\triangle}{\Longrightarrow} Na_2SO_4 + HCl\uparrow(500\sim600℃)$

$SO_2:Na_2SO_3 + H_2SO_4 \Longrightarrow Na_2SO_4 + H_2O + SO_2\uparrow$

$N_2:NH_4Cl + NaNO_2 \stackrel{\triangle}{\Longrightarrow} NaCl + 2H_2O + N_2\uparrow$

（NH_4Cl 饱和溶液、$NaNO_2$ 饱和溶液）

(2)组装仪器。选择相应仪器,组装制取装置,检验气密性。

(3)制取气体。计算实验所需反应物的量,制取气体(表 3-15)。

表 3-15　H_2S、HCl、SO_2、N_2 的制取

气体	原理	装置	净化	收集	验满	尾气处理
H_2S						
HCl						
SO_2						
N_2						

2)气体的性质

(1)H_2S 的性质(表 3-16)。

表 3-16　H_2S 的性质

内容	操作步骤	现象	解释/结论	注意问题
与氧气反应(可燃性)				
与氯气反应(还原性)				
与二氧化硫反应(还原性)				
水中溶解性				

(2)HCl 的性质(表 3-17)。

表 3-17　HCl 的性质

内容	操作步骤	现象	解释/结论	注意问题
水中溶解性(喷泉实验)				
与氨气反应				

(3)SO_2的性质(表 3-18)。

表 3-18　SO_2 的性质

内容	操作步骤	现象	解释/结论	注意问题
与水反应				
与石灰水反应				
与品红溶液反应(漂白性)				
与二氧化氮反应(还原性)				
与硫化氢反应(氧化性)				

(4)N_2的性质(表 3-19)。

表 3-19　N_2 的性质

内容	操作步骤	现象	解释/结论	注意问题
与镁反应				
与氧气反应				

【指导与建议】

(1)H_2S 的性质实验。点燃前一定要验纯,用冷的蒸发皿置于火焰上方 1cm 处,可以观察到不完全燃烧现象和产物。与 Cl_2 反应,取平底烧瓶一个,配三孔塞,用水润湿烧瓶内壁,把 Cl_2 和 H_2S 气体从两个导管分别通入烧瓶中,另一导管通入盛有 1% NaOH 溶液中。与 H_2S 反应的 CO_2 集气瓶中一定要加少量水,干燥的气体不能发生反应。做在水中溶解性实验时,可以用 100mL 注射器收集 50mL H_2S,用乳胶管和螺旋止水夹封住注射器的细管口,再用另外一支吸入煮沸冷却后的水,通过乳胶管注入硫化氢针管中 20mL 水,转动注射器,观察体积变化,粗略计算出室温下的溶解度。

(2)HCl 的性质实验。喷泉实验所收集的气体一定要干燥。

(3)SO_2 性质实验。与水反应所用 SO_2 一定要干燥,倒置在水中,观察现象。通入石灰水的速度要慢,通入气体时不要搅动石灰水,否则沉淀容易溶解。品红溶液浓度不要太大,1% 比较合适。

(4)N_2 的性质实验。镁条表面的氧化膜要打磨干净,燃烧的镁条不要碰到玻璃壁上,以免集气瓶爆裂。N_2 与 O_2 在电弧的作用下反应,N_2 和 O_2 体积比为 2∶1,电压 16V,调节感应圈,使两极发生电火花,持续 5min,停止通电,观察现象,再通入少量 O_2,观察现象。

(5)相关实验装置请参考图 3-26。

【教学分析】

本实验旨在进一步强化学生对气体制备和性质实验方案的设计能力,养成分析实验、设计实验、实施实验、总结实验、改进实验的职业习惯,进一步提高实验技能,掌握一些实验技巧,并在活动中学习化学知识,掌握科学方法。

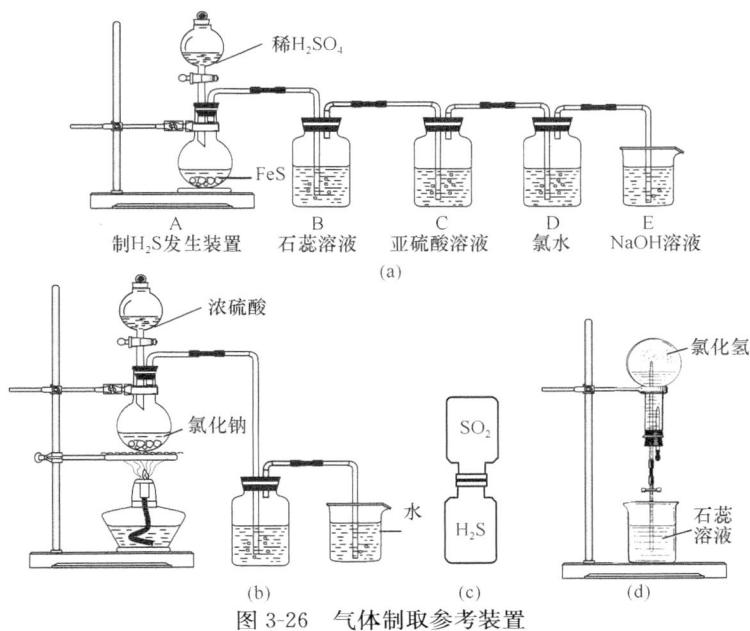

图 3-26　气体制取参考装置

【探索·交流】

(1)对比 H_2S、HCl、SO_2、N_2 气体的实验室制取装置有什么特点？总结性质实验成功的关键点。

(2)分析实验中存在的问题,提出改进方案。

第3单元　元素及其化合物性质

　　元素化合物知识是构成中学化学知识的基础和骨架。由于其具有多、杂、零、散的特点，学生在学习过程中经常会对各种物质的性质和变化规律混淆不清。

　　以实验为基础是学习元素化合物知识的有效途径。有关元素化合物的性质与制备实验，在初高中化学教学中占有非常大的比例。把握好此类实验的教学任务和教学方法对元素化合物知识的教学及学生实验素养的培养尤为重要。

　　性质实验是人类主动了解各种自然物质的第一步，是化学研究的起源，是实验能力培养的启蒙，同时也是培养学生实验兴趣、巩固理论知识的一种主要手段。性质实验教学主要让学生学习研究物质性质的基本方法：观察法、实验法、分类法、比较法。

　　制备实验以化学知识为载体，学生在已有知识、已有经验的基础上，自主的设计实验，并通过对实验现象、数据的分析，最后经实验得出结论，以培养学生利用有关信息解决问题的能力。

　　制备实验教学主要让学生学习制备物质的一般的方法：目标产品→ 确定原料 → 反应原理 → 设计反应途径 → 选择合理的仪器和装置(控制反应条件)→ 分离提纯产品。

　　设计制备实验时要遵循科学性、安全性、可行性、简约性、高效性的原则。

　　开展本单元实验对教师的教学要求：①注意指导实验的操作技巧；②引导学生正确观察和描述实验现象；③引导学生正确分析、解释实验现象；④注意总结元素及其化合物性质变化规律；⑤制备实验要明确原理，增加设计性实验，提高综合实验技能。

■ 实验 9　金属活动性

　　在西汉刘安所著的《淮南万毕术》中，就有"曾青得铁则化为铜"的记载。宋朝时，江西上饶有一苦泉(含有硫酸铜溶液)，当地人用铁锅熬苦泉的水获得胆矾，结果发现铁锅用久了变成了铜锅，这是什么原因？

　　【思考与设计】

　　在金属活动性顺序中，金属的位置越靠前，金属在水溶液中就越容易失去电子变成离子，它的活动性就越强；金属的位置越靠后，该金属的阳离子在水溶液中就比较容易获得电子变成原子。基于此，请考虑如何设计实验探究金属活动性。

　　【实验材料】

　　镁片、铝片、铜片、铜丝、锌粒、铁钉、铁丝、稀 HCl、稀 H_2SO_4、2％硝酸银溶液、5％硫酸铜溶液、5％硫酸铝溶液、酒精灯、坩埚钳、火柴、砂纸、试管、镊子、天平。

　　【实验案例】

　　(1)铁与硫酸铜溶液反应(图 3-27)。

（2）铝与硫酸铜溶液反应。

（3）铜和硝酸银溶液反应。

（4）镁、锌、铁与盐酸或稀硫酸反应。

【指导与建议】

根据金属与盐酸或稀硫酸反应是否有氢气产生，可以分为两类。能生成氢气的金属活动性较强，不能生成氢气的活动性较弱。

从一种金属能否把另一种金属从其化合物中置换出来，可以比较出这两种金属活动性的强弱。

图 3-27　铁钉置入
CuSO₄ 溶液中

【教学分析】

金属活动性是初中化学的重点内容，教学中能体现很多化学学科的特点。教师应以学生已有知识为基础，以探究实验为突破口，引导学生主动参与知识的获取过程，学习科学探究的方法。如采取分类研究、对比分析、归纳、概括总结有关反应规律，并通过对规律的应用，达到落实知识、形成能力的目的。同时为以后学习酸、碱、盐打下良好的基础。

值得注意的是，金属活动性和金属性是中学阶段化学教学的一个重要内容，两者有显著的区别。作为教师要注意两者的区别，在实验设计及教学表述中不要出现错误，以免导致学生对这两个概念混为一谈，影响教学的严密性和科学性。

【探索·交流】

某位教师在本课题教学过程中设计了以下实验方案：

方案一：镁、铝、锌、铁、铜片分别与氧气反应。

方案二：镁、铝、锌、铁、铜片分别与稀硫酸反应。

图 3-28　数泡法测金属与稀硫酸反应的速率

（1）在一支带支管的试管内注入 3mL 稀硫酸，将支管与导管相连接，并把导管的另一端伸入盛有水的烧杯里（图 3-28）。

（2）分别取一片表面光亮洁净的金属片（镁、铝、锌、铁、铜），投入试管中，立即用橡皮塞将试管口塞紧。观察计算并记录 30s 内烧杯里冒出水面的氢气泡数目。

方案三：

（1）把铁片插入硫酸铜溶液中片刻，然后取出，观察铁片表面是否发生变化，并用天平测出溶液的质量有无发生变化，如有，则证明铁的活动性比铜强。

（2）以上述同样的方法，控制相同条件，尝试把锌片插入硫酸亚铁溶液，铝片插入 Zn(NO₃)₂ 溶液，镁条插入 AlCl₃ 溶液，看它们的表面有无发生变化。这样就可知五种金属的活动性顺序。

总结：分别用不同方案实验都可以很自然地得出结论，即不管用什么方法，都能证实这五种金属的活动性顺序都是 Mg＞Al＞Zn＞Fe＞Cu。请你对这位教师的教学设计给予点评。

实验 10　镁、铝、铁、锌及其化合物的性质

"真金不怕火炼",说的是有些金属(如金)即使在高温下也不与氧气发生反应。铝及其制品可以长时间存放在空气中,而铁制品却容易生锈而被腐蚀,这说明不同的金属,其性质差别非常大。金属单质与化合物也有着截然不同的性质。例如,铝是一种常见金属,具有金属的一般性质,高温时燃烧,而氧化铝却可以作优良的耐火材料,为什么性质有如此大的差异?

【思考与设计】

镁、铝、铁、锌同属于金属这一大家族,它们有很多相同的性质。例如,它们都是活泼的金属,能与酸(如盐酸)及盐(如硫酸铜)溶液反应;在一定条件下能与氧气反应等。此外,我们还知道,不同金属与同一物质反应所需条件不同;在加热的条件下,铁粉与水蒸气能发生反应,而铁块与冷水、热水都不发生反应。根据你学过的知识能否自行设计实验,进一步探究镁、铝、铁、锌及其化合物的性质,并着重探究以下问题:

(1)设计实验探究镁、铝、铁、锌单质的化学性质,找出四种金属性质的相似性与差异性。例如,金属与水、氧气的反应;与酸的反应;与盐溶液的反应。

(2)很多金属能与酸反应,但大多数金属却不能与碱起反应。铝、锌遇到碱时能不能发生反应呢?

(3)设计实验证明 $Zn(OH)_2$ 和 $Al(OH)_3$ 都是两性氢氧化物,但也有某些不同。

(4)为什么铁可形成铁盐和亚铁盐? 能否相互转化,怎样检验?

(5)设计实验来说明铝盐和铁盐的净水作用。

锌和铝一样,有两性,可以和强酸反应,也可以和强碱反应,和强碱反应生成配合物锌酸盐:

$$Zn+2HCl \Longrightarrow ZnCl_2+H_2\uparrow$$

$$Zn+2NaOH \Longrightarrow Na_2[Zn(OH)_4]+2H_2$$

锌也可以溶于氨水,而铝则不具备该性质。

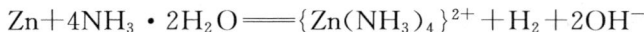

$$Zn+4NH_3 \cdot 2H_2O \Longrightarrow \{Zn(NH_3)_4\}^{2+}+H_2+2OH^-$$

【实验材料】

镁条、铝片、锌粒或锌片、还原铁粉、铁钉、2mol/L 盐酸、6mol/L 氢氧化钠溶液、1mol/L 氯化镁溶液、1mol/L 氯化铝溶液、0.1mol/L 三氯化铁溶液、0.1mol/L 硫酸亚铁、0.5mol/L 硫酸铜溶液、氨水、酚酞试液、石蕊试纸、0.01mol/L 硫氰化钾、3% 过氧化氢、30%～50% 三氯化铁溶液、明矾、烧杯、试管、酒精灯、火柴、砂纸、镊子、坩埚钳、硬质粗玻璃管(长约 50cm、内径约 3cm)、烧瓶、酒精喷灯、胶塞、玻璃导管、石棉网、水槽。

【实验案例】

(1)镁、铝、铁、锌单质化学性质的探究实验设计参考表 3-20。

表 3-20　Mg、Al、Fe、Zn 的性质

金属单质		Mg	Al	Fe	Zn
化合价					
化学反应	H_2O				
	O_2				
	稀盐酸				
	NaOH 溶液				

（2）拓展实验。Mg^{2+}、Al^{3+}、Fe^{2+}、Zn^{2+} 的检验及 $Zn(OH)_2$ 性质研究（表 3-21）。

表 3-21　Mg^{2+}、Al^{3+}、Fe^{2+}、Zn^{2+} 的检验

取足量金属与稀盐酸充分反应后的澄清溶液		Mg^{2+}	Al^{3+}	Fe^{2+}	Zn^{2+}
滴加适量NaOH 溶液分为两份	继续滴加 NaOH				
	滴加盐酸				
滴加氨水					

（3）设计实验探究铁粉与水蒸气的反应，参考实验装置如图 3-29 所示。

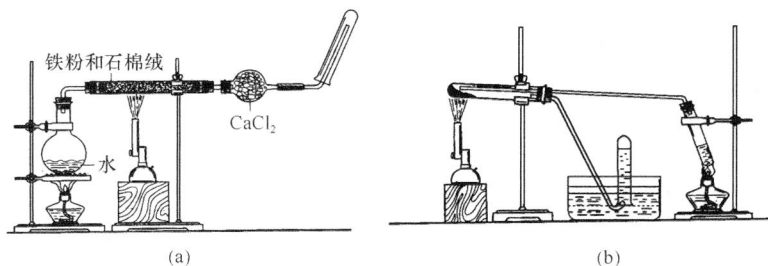

图 3-29　铁粉与水蒸气反应装置

　　取一根长约 50cm、直径约 3cm 的硬质玻璃管,在硬质玻璃管的中段铺一薄层还原铁粉。把烧瓶里的水煮沸,同时在硬质玻璃管下对准铁粉处用喷灯加以强热。当水蒸气通过灼热的铁粉时,二者即发生反应释放出氢气,用向下排空气或排水法收集在试管里,可用爆鸣法检验。停止实验时,排水法收集气体,先从水槽里取出导管,然后移去喷灯。

　　（4）铁盐和亚铁盐。

　　(i) Fe^{3+}、Fe^{2+} 的检验（表 3-22）。

表 3-22　Fe^{2+}、Fe^{3+} 的检验

	滴入 KSCN 溶液的现象
$FeCl_3$溶液	
$FeCl_2$溶液	

(ⅱ)Fe^{3+}的氧化性、Fe^{2+}的还原性(表 3-23)。

表 3-23 Fe^{3+}、Fe^{2+} 的氧化、还原性

	现象	反应的化学方程式
在 $FeCl_3$溶液中加入铁粉,KSCN 溶液		
再加入双氧水,振荡		

(5)铝盐、铁盐的净水作用。向混有少量泥沙的浑浊水中分别加入明矾、30%～50%三氯化铁溶液。

【指导与建议】

(1)金属使用前需除去表面的氧化膜。

(2)镁与硫酸铜溶液反应时可能会产生氢气并生成蓝色沉淀,须注意溶液浓度,浓度为 1mol/L 以下较适宜。镁与氯化铁溶液反应一般不发生与铁的置换,而是有氢气与氢氧化铁生成。

(3)锌盐、铝盐与碱反应时,注意控制加入试剂的量与顺序。通过实验体会反应物量的变化对化学反应的影响。

> $Fe(OH)_2$被空气中的氧气氧化生成红褐色的 $Fe(OH)_3$。Fe^{2+} 容易被氧化,所以要新配制,氢氧化钠溶液应煮沸除去溶解的氧气,$FeSO_4$ 溶液上加隔氧剂(如苯),为了防止滴加 NaOH 时带入空气,可将吸收 NaOH 的长滴管伸入 $FeSO_4$ 溶液液面下,再挤出 NaOH 溶液。

【教学分析】

本实验是对同类不同种物质性质的研究,是高中实验化学中的一个研究型实验。学生通过对"金属及其化合物"这一章的学习,已掌握了金属通性,具有较好的知识基础与实验研究方法。本实验探究应达到两个方面的目标:一是通过镁、铝、铁、锌化学性质的研究,系统总结并掌握金属化学性质与反应规律;二是通过实验归纳研究同类不同种物质的性质的一般思路和方法。

教师可引导学生通过:物质分类—通性(相同)—特性(差异)这样的基本思路来研究物质的性质,由学生逐项提出想研究、对比的问题,最后归类总结,选择可行方案,将方案整理表格化,然后完成实验。

如何通过实验系统研究金属单质的性质是重点,实验方案设计相对较易。难点是金属铝与锌的两性、特性,通过实验让学生认识锌及其化合物的性质和铝及其化合物的性质相似,并发现差异之处,让学生的思维由发散到收缩,由相似到差异,完成实践到理论的飞跃。

【探索·交流】

(1)胃舒平是一种常用的治胃病药物,它的主要成分是氢氧化铝,如何检验?

(2)实验室中硫酸亚铁或氯化亚铁溶液长时间放置将会有什么变化?如何防止硫酸亚铁或氯化亚铁溶液变质?

(3)FeSO₄ 溶液中滴入 NaOH 溶液很难观察到白色沉淀,如何改进实验,使观察到上述白色沉淀成为可能?

(4)铝的表面真的有一层膜吗? 某同学设计了铝与氧气反应的两个实验,请对以下现象给出你的解释。

用坩埚钳夹住一块铝片在酒精灯上加热至熔化,轻轻晃动。实验现象:逐渐熔化,失去光泽,但不滴落。

用坩埚钳夹住一块用砂纸打磨过的铝片在酒精灯上加热至熔化,轻轻晃动。实验现象:熔化的铝仍不滴落。

> 铝的熔点为 665℃,氧化铝的熔点为 2050℃,铝表面的致密氧化膜包在铝的外面,所以熔化了的液态铝不会落下。磨去氧化膜的铝片在空气中很快又形成一层新的氧化膜。

■ 实验 11　氢氧化铝的制备

氢氧化铝在日常生活和工农业生产中具有广泛用途。工业上广泛应用于涂料、净水、金属冶炼、材料合成、化工、造纸、油墨等方面,氢氧化铝是用量最大和应用最广的无机阻燃添加剂,其阻燃机理是受热分解为 Al_2O_3 和 H_2O,放出的水蒸气稀释可燃性气体和 O_2 浓度,阻止燃烧;可燃物表面生成 Al_2O_3 保护层,起隔离作用阻止燃烧。氢氧化铝又是一种历史悠久的抗酸药,具有抗酸、吸着、局部止血和保护溃疡面等作用,常用于中和胃酸,是胃舒平的有效成分。那么如何制备氢氧化铝? 实验室制备氢氧化铝的最优方案是什么呢?

【思考与设计】

氢氧化铝是典型的两性氢氧化物,既能与强酸反应又能与强碱反应。实验室里常用铝盐如明矾、硫酸铝等为原料与氨水反应来制取氢氧化铝。此外,我们能否利用金属铝或氧化铝来制备氢氧化铝? 请你根据廉价、易得等原则选择原料,设计可能的反应路径与实验方案。从方法是否简单、经济与安全等方面进行分析和比较,从中选出最佳方案,根据原料特点或最后产物选择适合分离、提纯的方法;列出所需仪器与试剂,写出实验步骤。

评价该实验主要考虑以下方面:本实验原料获取情况(廉价、易得),实验方案是否为本实验的最佳方案,所需试剂是否经济,分离提纯是否方便,操作是否正确,产率的高低等。

【实验材料】

铝屑、明矾、2mol/L 硫酸铝溶液、2mol/L 氯化铝溶液、2mol/L 氢氧化钠溶液、2mol/L 氨水、2mol/L 盐酸、1mol/L 硫酸、天平、烧杯、量筒、研钵、过滤器、蒸发皿、铁三脚架、石棉网、酒精灯、玻璃棒、pH 标准色卡。

【实验案例】

1)实验原理(方案)

(1)用较纯净的铝屑制备氢氧化铝有多种方案。

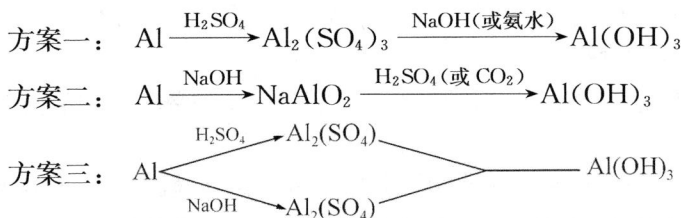

方案一：　$Al \xrightarrow{H_2SO_4} Al_2(SO_4)_3 \xrightarrow{NaOH(或氨水)} Al(OH)_3$

方案二：　$Al \xrightarrow{NaOH} NaAlO_2 \xrightarrow{H_2SO_4(或CO_2)} Al(OH)_3$

方案三：　$Al \begin{cases} \xrightarrow{H_2SO_4} Al_2(SO_4) \\ \xrightarrow{NaOH} Al_2(SO_4) \end{cases} \longrightarrow Al(OH)_3$

　　从以上三种方案制备 1mol $Al(OH)_3$ 时消耗的 H^+、OH^- 的物质的量的比较发现,方案三制备 1mol $Al(OH)_3$ 需 3/4mol H^+ 和 3/4mol OH^-,酸与碱的用量少,因此是最佳方案。

> 思考:按上述方案,铝的质量应如何分配才能充分利用原料,制得最多的 $Al(OH)_3$?
>
> $$Al^{3+} + 3AlO_2^- + 6H_2O \Longrightarrow 4Al(OH)_3 \downarrow$$

　　(2)选用含 Al^{3+} 的物质如明矾、硫酸铝等为原料制备氢氧化铝。氢氧化铝是典型的两性氢氧化物,与强碱会发生反应,因此选用强碱不好控制,选用弱碱较为理想。

　　(3)选用纯净的氧化铝为原料。可直接用强酸溶解 1 份氧化铝,用强碱溶解 3 份氧化铝,然后混合两种溶液,利用盐类水解制备氢氧化铝。

　　2)实验技能

　　(1)本实验无论采用哪种方法制备氢氧化铝,都要用到过滤操作。

　　(2)沉淀洗涤操作。实验得到的氢氧化铝需要用热蒸馏水洗涤。

　　(3)一定物质的量浓度的氢氧化钠溶液和稀硫酸溶液的配制。本实验中学生如果以铝为原料制备氢氧化铝,需要用到 2mol/L 氢氧化钠溶液和 2mol/L 硫酸溶液,要求学生事先用容量瓶配好所需浓度的溶液。

　　【指导与建议】

　　(1)选用的铝屑需要先除去表面的氧化膜。方法是:在烧杯中加入约 50mL 稀 NaOH 溶液,再放入足量的铝屑。给溶液稍加热,1～2min 后用倾析法倒出稀 NaOH 溶液,用蒸馏水把铝屑冲洗干净,干燥。称量铝屑的质量,将铝屑分为等质量的 4 份,备用。

　　(2)在盛有 1 份铝的烧杯中加适量稀硫酸,使铝屑反应至不再有气泡时趁热过滤;在盛有 3 份铝的烧杯中加入适量浓 NaOH 溶液,使铝屑反应至不再有气泡时趁热过滤,然后将两次过滤得到的滤液倒在一起反应。学生选择以铝为原料制取氢氧化铝,从理论上各需 H^+、OH^- 3/4mol,但实际操作中 H^+、OH^- 各 3/4mol 不能将铝恰好完全溶解。建议加入稍过量的酸和碱,尽量使过量的 H^+ 和 OH^- 的物质的量相等,但不要过量太多。过滤掉杂质后将溶液混合,完全反应后再过滤。

　　(3)洗涤沉淀应用热蒸馏水洗涤,反复操作,至溶液的 pH 为 7～8 为宜,这样可以最大限度增加杂质的溶解度,制得较纯的 $Al(OH)_3$。

　　(4)$Al(OH)_3$ 受热分解温度在 300℃ 左右,可以用晾干的办法干燥 $Al(OH)_3$,也可以采用低温烘干的办法。

　　(5)如实记录数据,计算出 $Al(OH)_3$ 的产率。

【教学分析】

氢氧化铝的性质与制备属于元素及其化合物中的知识,在高中化学的知识体系中占有极其重要的地位。在此之前学生已经学过了有关酸、碱的概念与性质,从学生的认知水平来看,他们很难理解氢氧化铝具有弱酸性。让学生讨论设计氢氧化铝制备方案并实验——自主探求制备方法,体验制备实验的设计思路、制备条件的选择;学习利用实验室或自然界易得原料设计、制备所需物质,培养自主设计实验的能力。另外可意外收获氢氧化铝的弱酸性——预测并证明其弱碱性——构建 Al^{3+}、$Al(OH)_3$、AlO_2^- 的知识网络、归纳两性及两性氢氧化物的概念。

本实验是自主的开放型实验,建议在实验之前先组织学生进行讨论,让学生比较自己选定的原料和实验方案的优劣,选出几种符合教学实际情况的方案,分成几个小组进行实验。

资料卡片

工业生产——科学与技术的有机结合

工业制备氢氧化铝——Bayer 法,系奥地利拜耳(Bayer)于 1888 年发明。其原理是用苛性钠(NaOH)溶液加温溶出铝土矿中的氧化铝,得到铝酸钠溶液。溶液与残渣(赤泥)分离后,降低温度,加入氢氧化铝作晶种,经长时间搅拌,铝酸钠分解析出氢氧化铝,洗净,并在 950～1200℃温度下煅烧,便得到氧化铝成品。

【探索与交流】

(1)实验室选择 Al_2O_3 为原料制取氢氧化铝的可行性如何? 为什么?

(2)实验中生成的氢氧化铝是胶状沉淀,过滤较慢,如何加快过滤速度?

(3)制备方案遵循的原则是原料廉价,原理绿色,条件优化,仪器、操作简单,分离方便,实验室容易提供所需的条件。对照以上标准找出自己设计中的优点和缺点。

(4)怎样判断产物是否为 $Al(OH)_3$?

实验 12　硫酸亚铁铵的制备

硫酸亚铁铵[$(NH_4)_2SO_4 \cdot FeSO_4 \cdot 6H_2O$],为浅绿色透明晶体,俗称莫尔盐,性质比较稳定,不易被空气氧化,溶于水而不溶于乙酸。定量分析中常用来配制亚铁离子的标准溶液,另外还用作染料的媒染剂、农用杀虫剂等。

【思考与设计】

机械加工和日常生活中,经常产生大量的废铁,能否用于制备硫酸亚铁铵?请设计由废铁为原料生产硫酸亚铁铵的实验方案。

设计过程中考虑以下问题的解决方案:

(1)废铁屑往往表面有油污与铁锈,如何去除?

(2)利用铁与硫酸反应可得到硫酸亚铁,但亚铁在空气中容易被氧化,在操作时应注意什么? 又如何制取纯净的固体硫酸亚铁?

(3)怎样获得纯净的硫酸亚铁铵晶体? 怎样才能得到较大的晶体?

资料卡片

　　和其他复盐一样,硫酸亚铁铵的溶解度比它的任一组分$FeSO_4$或$(NH_4)_2SO_4$的溶解度都要小。

　　三种盐的溶解度[单位为$g/(100g\ H_2O)$]数据如下:

温度	$FeSO_4 \cdot 7H_2O$	$(NH_4)_2SO_4$	$(NH_4)_2SO_4 \cdot FeSO_4 \cdot 6H_2O$
10℃	20.0	73.0	17.2
20℃	26.5	75.4	21.6
30℃	32.9	78.0	28.1

【实验材料】

　　铁屑、3mol/L 硫酸、Na_2CO_3、$(NH_4)_2SO_4$、3mol/L HCl、pH 试纸、无水乙醇、天平、水浴锅(可用大烧杯代替)、铁架台、酒精灯、温度计、锥形瓶、蒸发皿、玻璃棒、吸滤瓶、玻璃漏斗、布氏漏斗、烧杯、量筒、真空泵等。

【实验案例】

　　实验原理:由于硫酸亚铁铵在水中的溶解度在 0~60℃内比组成它的简单盐硫酸铵和硫酸亚铁要小,只要将它们按一定的比例在水中溶解、混合,即可制得硫酸亚铁铵的晶体。

　　其方法为:将金属铁溶于稀硫酸,制备硫酸亚铁。

$$Fe + H_2SO_4 \Longrightarrow FeSO_4 + H_2 \uparrow$$

　　将制得的硫酸亚铁溶液与等物质的量的$(NH_4)_2SO_4$在溶液中混合,经加热浓缩、冷却后得到溶解度较小的硫酸亚铁铵晶体。

$$FeSO_4 + (NH_4)_2SO_4 + 6H_2O \Longrightarrow (NH_4)_2SO_4 \cdot FeSO_4 \cdot 6H_2O$$

　　1)铁屑的净化

　　称取 6g 铁屑,放在锥形瓶中,加入 10% Na_2CO_3 溶液 40mL,在水浴上加热 10min,倾析法除去碱液,用水把铁屑上碱液冲洗干净,以防止在加入 H_2SO_4 后产生 Na_2SO_4 晶体混入 $FeSO_4$ 中。

　　2)$FeSO_4$ 的制备

　　称取洗净的铁屑(Fe 屑过量,防止 Fe^{2+} 被氧化),加入 3mol/L H_2SO_4 溶液,加热、振荡,反应过程中适当补充水,使溶液体积基本保持不变,待反应基本完成后,再加入 1mL 3mol/L H_2SO_4 溶液(使溶液呈酸性,抑制水解),趁热过滤。根据 $FeSO_4$ 晶体的溶解度,用水浴加热,趁热过滤(最好减压过滤),防止析出 $FeSO_4$ 晶体。

　　3)硫酸亚铁铵晶体的制备

　　如图 3-30 所示,称取$(NH_4)_2SO_4$晶体,配成饱和溶液,倒入 $FeSO_4$ 溶液中,搅拌,在蒸发皿中蒸发浓缩到溶液表面出现晶膜为止,自然冷却,即有$(NH_4)_2SO_4 \cdot FeSO_4 \cdot 6H_2O$析出,抽滤,并用少量乙醇洗去晶体表面附着的水分。

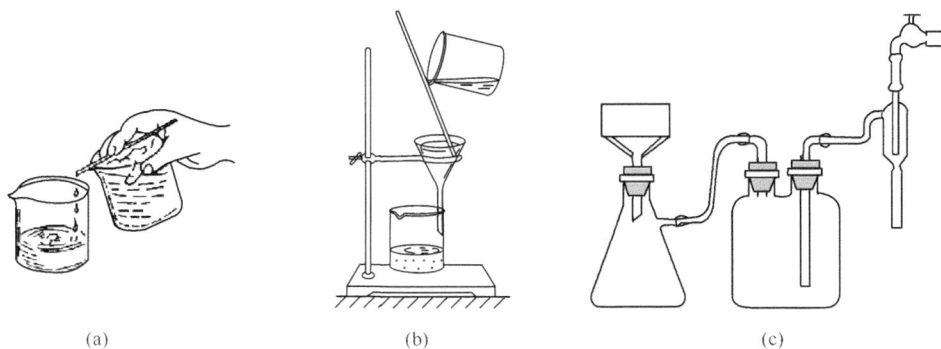

(a)　　　　　　　(b)　　　　　　　(c)

图 3-30　硫酸亚铁铵制备的参考装置

4)实验数据的记录

【指导与建议】

(1)铁屑要首先除油污,如果不除去不利于铁屑与硫酸的反应。根据盐类水解知识可知,升高温度可促进 Na_2CO_3 的水解,溶液碱性增强,去油污能力增强,所以除污用热碳酸钠溶液。

(2)硫酸亚铁的制备应在通风橱或通风处进行,加热过程中要注意安全。酸溶时要注意分次补充少量水,以防止硫酸亚铁晶体析出。保持 pH 为 1~2。加热最好控温在 60℃以下。若温度超过 60℃易生成 $FeSO_4 \cdot H_2O$ 白色晶体,过滤时会残留在滤纸上而降低产量,对 $(NH_4)_2SO_4$ 的物质的量的确定也有影响,会使 $(NH_4)_2SO_4$ 的物质的量偏高。

(3)反应中铁要稍过量。铁与稀硫酸反应临近结束时,可剩下一点铁屑,这是因为有铁存在可以还原氧化生成的 Fe^{3+},保证 Fe^{2+} 稳定、纯净的存在,减少产物中的 Fe^{3+} 杂质。

(4)过滤 $FeSO_4$ 时一定要趁热过滤,因为 $FeSO_4$ 在低温时溶解度较小,如果不趁热过滤就会有 $FeSO_4 \cdot 7H_2O$ 析出。过滤完后用少量的热水洗涤两三次,但所用热水不可过多,否则后面浓缩结晶溶液时所用时间较长。

(5)在室温下将称出的 $(NH_4)_2SO_4$ 完全溶解在适量的水中配制成饱和溶液,然后倒入上一步实验得到的 $FeSO_4$ 溶液中。缓慢蒸发浓缩至溶液表面刚出现薄层的结晶时为止,此时不宜搅动。待冷却到室温时才能过滤,因为莫尔盐在高温时溶解度大,这时过滤产量较低。

(6)洗涤莫尔盐用无水乙醇,不能用水。莫尔盐不溶于乙醇,但易溶于水,用无水乙醇可以除去水,易于干燥。

(7)减压过滤要点:① 滤纸略小于漏斗内径,但又能遮住全部瓷孔;② 布氏漏斗下端斜口应朝向吸滤瓶支管;③临用前先润湿滤纸,抽气使慢慢贴紧,才能往漏斗内转移溶液;④应先拔去连接吸滤瓶的橡皮管或布氏漏斗,后关掉连接水泵的开关;⑤ 使沉淀抽干,可紧压漏斗内沉淀物。

【教学分析】

"硫酸亚铁铵的制备"是高中阶段一个非常重要的无机化合物的制备实验,涉及反应的原理、装置的选择及多种基本操作(特别是分离提纯操作)等。通过该实验的教学可让学生体验利用溶解度的差异制备物质的过程,掌握加热、蒸发、减压过滤、结晶、洗涤等基本操作。更为重要的是,学习根据化合物性质、方法特点选择仪器装置、操作方式、反应条件;在设计方案过程中,学习归纳、对比、判断、综合考虑问题(包括现象、用量、条件、测算数据等)等科学方法,教育学生在数据处理上要实事求是,不改动数据,养成良好的科学态度。

硫酸亚铁铵制备流程如下:

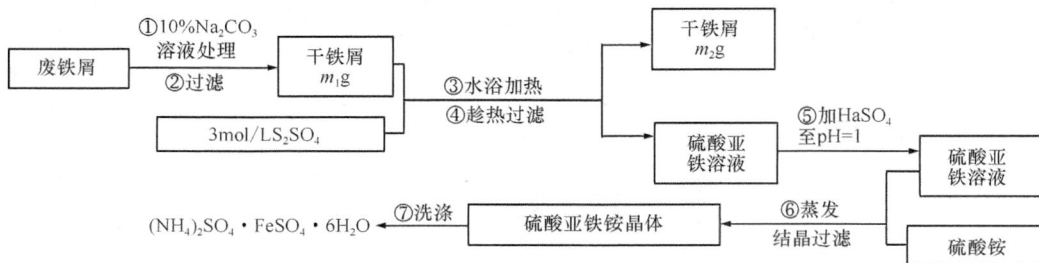

```
                    ①10%Na₂CO₃                                          干铁屑
                    溶液处理          干铁屑                             m₂g
   废铁屑    ────→             ────→   m₁g    ────→   ③水浴加热  ───┤
                    ②过滤                            ④趁热过滤         ┌────────────    ⑤加HₐSO₄
                                                                      硫酸亚           至pH=1        硫酸亚
              3mol/LS₂SO₄                                             铁溶液   ───────────→   铁溶液

   (NH₄)₂SO₄·FeSO₄·6H₂O  ←──⑦洗涤──  硫酸亚铁铵晶体  ←──⑥蒸发──   硫酸铵
                                                   结晶过滤
```

在教学过程中,教师要引导学生区分对比 3 个步骤中都含有加热的操作:

步骤 1 中小火加热的目的是升温,溶液碱性增强,去油污能力增强;步骤 2 中水浴加热的优点是受热均匀、便于控制温度,水浴加热是为了加速铁的溶解;步骤 3 中加热是为了蒸发溶剂,浓缩结晶。

$$FeSO_4 + (NH_4)_2SO_4 + 6H_2O = (NH_4)_2SO_4 \cdot FeSO_4 \cdot 6H_2O$$

【探索·交流】

(1)使 $FeSO_4$ 与 $(NH_4)_2SO_4$ 的物质的量为 1:1 的方法是:根据关系式 $Fe \sim FeSO_4 \sim (NH_4)_2SO_4$ 得

$$m[(NH_4)_2SO_4] = \frac{m_1(Fe) - m_2(Fe)}{56} \times 132(g)$$

然后查找此时室温下硫酸铵的溶解度,求出所需加的水的质量 $m(H_2O)$:$m[(NH_4)_2SO_4] = 100 : S_{室温}$,将硫酸铵溶于水,配成饱和溶液。

(2)加热浓缩 $(NH_4)_2SO_4 \cdot FeSO_4 \cdot 6H_2O$ 时能不能浓缩至干?

图 3-31　热过滤
　　　　预处理

(3)过滤 $FeSO_4$ 溶液一定要趁热过滤以防晶体析出。但是如果漏斗温度低仍会有晶体析出,如何解决? 建议在热过滤之前可先将滤纸叠好润湿后按要求放入漏斗,然后将漏斗放在盛有热水的烧杯上预热一会,效果会更好(图 3-31)。有条件的学校可以用减压热过滤(趁热抽滤)的方法,这样效果会更好。

(4)在蒸发、浓缩过程中,若发现溶液变为黄色,是什么原因? 应如何处理?

(5)用硫酸亚铁和硫酸铵制备硫酸亚铁铵,理论上硫酸亚铁和硫酸铵的物质的量之比为 1:1。实际上常使硫酸亚铁稍过量,其目的是什么?

实验重点在于温度控制、水量控制、酸度控制和反应终点控制。目的是尽可能避免二价铁的氧化和析出。多次实验表明,控制反应温度 60℃,硫酸适当过量,水量控制在 15~20mL(H_2O)/g(Fe),制得的硫酸亚铁铵产率可达 65% 以上,产品纯度可达 95% 以上。

(陈煜.2010.硫酸亚铁铵的制备实验教学内容探讨.化学教与学,12:74.)

实验 13   酸、碱、盐

酸碱概念的形成前后经历了 300 年的时间,很多科学家都提出过自己的理论,最终使得化学界对酸碱的概念有了普遍的更加深刻的认识。精盐(NaCl)和味精($C_5H_8NO_4Na$)是家庭厨房中常用的两种调味品,它们都是白色固体,如何把它们区分开? 如何区分纯碱(Na_2CO_3)与小苏打($NaHCO_3$)? 物质之间发生化学反应时,常伴随明显的现象,但有些化学反应却观察不到明显的现象,如 NaOH 溶液与稀盐酸发生的中和反应。这些都是中学化学学习中几个简单的问题,但却能够考查学生酸、碱、盐的知识与实验设计能力。

【思考与设计】

酸、碱、盐具有知识点多,涉及面广,易混乱,易忘记,应用困难的特点。但是,酸、碱、盐知识贴近生产生活实际,包含许多新奇有趣的化学实验和充满悬念的性质变化,教师便于创设多样的学习情景,开展探究式教学。根据你学过的知识自行设计实验,进一步探究酸碱盐的性质,并着重探究以下问题:

(1)酸、碱、盐等物质的导电性如何?

(2)使紫色石蕊变红的粒子是什么?

(3)酸与碱是否发生化学反应?

(4)如何区分 Na_2CO_3 与 $NaHCO_3$?

(5)盐溶液是中性的吗?

【实验材料】

浓硫酸、5% 盐酸、5% 氢氧化钠溶液、饱和氢氧化钙溶液、乙醇、味精(谷氨酸钠 $C_5H_8NO_4Na$)、0.1mol/L NH_4Cl、0.1mol/L CH_3COONa、0.1mol/L NaCl、0.1mol/L $Al_2(SO_4)_3$、0.1mol/L $(NH_4)_2SO_4$、0.1mol/L Na_2CO_3、0.1mol/L Na_2SO_4 溶液、饱和 $FeCl_3$ 溶液、紫色石蕊溶液、酚酞溶液、蒸馏水、锥形瓶、小烧杯(或试管)、表面皿、玻璃棒、pH 试纸——比色卡、pH 计、学生电源、导线、小灯泡。

【实验案例】

(1)浓硫酸的腐蚀性、吸水性,浓硫酸的稀释。

(2)酸、碱、盐等物质的导电性。

提示:可选择盐酸、硫酸、氢氧化钠溶液、氢氧化钙溶液、蒸馏水、乙醇等。选择相同浓度、相同体积的不同物质导电能力不同。

(3)盐酸能够使紫色石蕊变红,到底是什么粒子使紫色石蕊变红的?

提示:盐酸是氯化氢气体的水溶液,在盐酸中存在三种粒子:H^+、Cl^-、H_2O。可用排除法判断。

(4)氢氧化钠溶液与盐酸是否反应?

请设计实验方案证明 NaOH 溶液与稀盐酸发生了中和反应。

(5)如何区分 Na_2CO_3 与 $NaHCO_3$?

①加热观察是否分解;②取等质量的固体(或等浓度等体积的 Na_2CO_3 与 $NaHCO_3$ 的溶液)分别与盐酸反应,观察剧烈程度;③加 $CaCl_2$,看是否有沉淀生成。

(6)分别用指示剂、试纸、pH 计(酸度计)测定溶液的 pH,并从电离平衡角度寻找原因。可选择 $NaCl$、Na_2CO_3、$NaHCO_3$、NH_4Cl、Na_2SO_4、CH_3COONa、味精等。

酸碱指示剂的变色范围

酸碱指示剂都是一些有机弱酸或有机弱碱,在不同的酸碱性溶液中,它们的电离程度不同,会显示不同的颜色。石蕊和酚酞都是酸碱指示剂,它们是一种弱的有机酸。石蕊能溶于水,且能溶于乙醇,变色范围是 pH 5.0~8.0;酚酞在酸性溶液里呈无色,当溶液中 H^+ 浓度降低,浓度升高时呈红色。酚酞的变色范围是 pH 8.0~10.0。

---

(7)实验探究促进或抑制 $FeCl_3$ 水解的条件。应用平衡移动原理,从反应条件考虑,影响 $FeCl_3$ 水解的因素可能有哪些? 可参考下表进行设计与实验(表 3-24)。

表 3-24　$FeCl_3$ 水解条件的探究

序号	可能影响因素	实验操作	现象	解释或结论
1	盐的浓度			
2	溶液的酸碱性			
⋮	⋮			

提示:①加入少量 $FeCl_3$ 晶体,增大 $c(Fe^{3+})$;②加水稀释;③加入少量盐酸,增大 $c(H^+)$;④加入少量 NaF 晶体,降低 $c(Fe^{3+})$;⑤加入少量 $NaHCO_3$,降低 $c(H^+)$;⑥升高温度。

【教学分析】

"酸、碱、盐"是中学化学教学中的难点,关于酸碱盐知识的学习目标分为认识酸碱盐、微观解释、应用三个层次。初中化学以几种常见的具有代表性的酸(盐酸、硫酸等)、碱(氢氧化钠、氢氧化钙等)、盐(氯化钠、碳酸钙、纯碱等)的性质与反应为主线,认识酸、碱、盐溶于水发生了什么变化,溶液的酸碱性及其定性、定量检测。要让学生认识到化学上的酸、碱、盐与生活中的酸、碱、盐是有区别的,酸碱与酸碱性物质不同,不要混淆。教师要注意实验与微观解释相结合,图文并茂的说明,为高中继续学习奠定基础。

高中阶段要求在学生学习了弱电解质的电离平衡的基础上,研究水——这种特殊的弱电解质的电离平衡,知道水的离子积的概念。会分析溶液的酸碱性与 H^+、OH^- 的关系,从本质上认识溶液的酸碱性和 pH,并探究盐溶液呈现酸碱性的成因,从盐类水解理论上给予解释,即初中阶段知其然,到高中才知其所以然。

教师在教学中必须树立整体意识,准确理解和把握不同学段内容之间的联系和发展,根据不同学段的目标要求和内容特点,考虑学生的认识基础,循序渐进地引领学生不断丰富和完善知识体系,促进其认知结构的形成。

通过以上实验研究,学生可从酸、碱、盐的个性知识开始逐渐深入到酸、碱、盐之间的内在联系及其物质的变化规律,这也是学生认识事物由具体到抽象,由现象到本质的认识过程,而这个过程正是在老师的引导下进行的科学抽象。

【探索·交流】

(1)探究 CO_2 与 NaOH 发生化学反应。可参考图 3-32 所示的设计方案。你认为这些实验可以证明 CO_2 与 NaOH 发生化学反应吗? 干扰因素是什么? 如何排除?

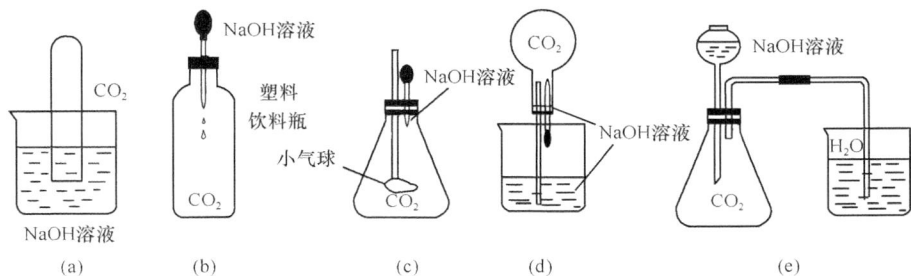

图 3-32　CO_2 与 NaOH 反应参考装置

(2)实验室如何配制 $FeCl_3$ 溶液?

(3)在洗洁剂等化工产品没有出现之前,人们可以用草木灰(主要成分 K_2CO_3)来洗油污,试说明其中的道理。

(4)某些肉类食品中加入适量的亚硝酸钠($NaNO_2$),可改善食品的外观和增加香味。但 $NaNO_2$ 有毒,其外观和食盐相似而且有咸味,因而将它误认为食盐使用发生的中毒事件时有发生,你知道如何用简单的方法鉴别他们吗(提示 HNO_2 为弱酸)?

■ 实验 14　探究质量守恒定律

早在 300 多年前,化学家们就开始了对化学反应进行定量研究。1673 年,英国化学家波义耳在一只敞口的容器中加热金属,结果发现反应后质量增加了。1774 年,拉瓦锡用精确的定量实验研究了氧化汞的分解和合成反应中各物质质量之间的变化关系。他将 45.0 份质量的氧化汞加热分解,恰好得到了 41.5 份质量的汞和 3.5 份质量的氧气,于是他认为化学反应中反应物的质量总和与生成物的质量总和是相等的,而且反应前后各元素的质量也保持不变。这就是质量守恒定律:参加化学反应的各物质的质量总和等于反应后生成的各物质的质量总和。

【思考与设计】

人民教育出版社九年级化学教材中设计了 4 个实验:

(1) 白磷燃烧前后质量总和的测定(密闭体系如图 3-33 所示)。

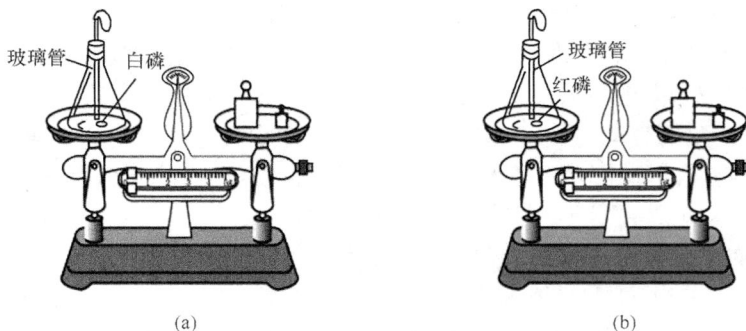

图 3-33 用托盘天平验证质量守恒定律

因白磷有毒、易燃,属于危险化学品,2012 修订版将白磷改为红磷,但操作难度加大。

(2) 铁钉跟硫酸铜溶液反应(固-液反应,密闭体系)。
(3) 碳酸钠和稀盐酸反应(敞开体系,有气体产生)。
(4) 镁条燃烧前后质量的变化(敞开体系,有气体参加)。

问题:以上实验往往存在一些不足。例如:

(1) 白(红)磷燃烧实验不易操作,放红磷的位置及加热温度、操作快慢,都会影响实验的成败。

(2) 铁钉跟硫酸铜溶液反应,反应前后溶液颜色变化不明显,观察铁钉颜色变化不方便,用锥形瓶(烧杯)进行实验溶液用量大。

(3) 碳酸钠和稀盐酸反应产生气体离开反应体系,质量减小。

(4) 镁条燃烧前后质量增加,但不易收集。

问题:质量守恒定律适用于一切化学反应吗?是否存在违背质量守恒定律的化学反应呢?为什么蜡烛燃烧后质量减轻了?请设计实验证明:参加化学反应的各物质的质量总和等于反应后生成的各物质的质量总和。

若选择有气体参加或有气体生成的化学反应来证明质量守恒定律,则反应一定要在密闭容器内进行。

【实验目的】

探究化学反应中的质量关系,认识化学变化的实质,体验探究设计的过程和方法,试着用替代品完成实验。

【实验材料】

托盘天平、电子秤、锥形瓶、吸滤瓶、细沙、橡皮塞、玻璃管、气球、烧杯、试管、坩埚钳、石棉网、火柴、酒精灯、药匙、镊子、小刀、吸滤纸、软塑料瓶、青霉素瓶、饮料管、棉线、集气瓶、白磷、红磷、铁钉、5%硫酸铜溶液、2mol/L 盐酸、碳酸钠粉末、镁条、0.1mol/L 氢氧化钠溶液、5％硫酸钠溶液、5％氯化钡溶液、4％氯化钠溶液、2％硝酸银溶液、澄清石灰水、石子、蜡烛。

【实验案例】

1）白(红)磷燃烧前后质量总和的测定(密闭体系)

2）没有气体参加与生成的一组反应

(1)铁钉跟硫酸铜溶液反应。

(2)硫酸铜和氢氧化钠反应。

(3)氯化钠和硝酸银反应。

(4)硫酸钠和氯化钡反应。

3）用蜡烛燃烧的实验来验证质量守恒定律

将一支蜡烛固定在毛玻璃片上,然后放在托盘天平的左盘,再向右盘加入适量的砝码使两边平衡。点燃蜡烛,不久便观察到天平逐渐失去平衡。实验能否说明蜡烛燃烧不遵循质量守恒定律？设计实验来验证质量守恒定律。

(1)将一支蜡烛、集气瓶、毛玻璃片,用天平称其质量(m_1)。

(2)把蜡烛放在毛玻璃片上,点燃蜡烛,并立即扣上集气瓶。

(3)待反应完成后,冷却,待恢复至室温时,再称蜡烛、集气瓶、玻璃片的总质量(m_2)。

(4)比较 m_1 和 m_2 的大小。

4）盐酸与碳酸钠粉末反应前后质量的测量

改进如图 3-34 所示（锥形瓶可用试管、青霉素小药瓶等代替）。

5）盐酸与碳酸钙(小石子)反应前后质量的测量

图 3-34　盐酸与碳酸钠反应改进装置

在软塑料瓶中放入适量的碳酸钙(小石子),用一只青霉素小药瓶取一些稀盐酸,用线绳系紧小心放入塑料瓶中,用胶塞塞紧,胶塞上导气管的末端连一小气球,称量总质量,将塑料瓶倾斜,使小药瓶中的稀盐酸与碳酸钙接触,反应产生大量的气泡,小气球鼓起来,称量总质量不变。

6）石灰水与二氧化碳反应

(1)把天平调节平衡后,称取一定量的澄清石灰水。

(2)取下烧杯,用饮料管向澄清石灰水中吹气,直到石灰水变浑浊。

(3)再把烧杯放到托盘天平上称量,观察指针的偏转情况。

结论:质量守恒定律适用于一切化学反应。凡是有气体参加或有气体生成的化学反应,可以在密闭容器中进行,防止反应系统内物质与环境物质之间的交换,否则反应后剩余物质质量会增大或减小。敞开体系不是违反质量守恒定律,反而是体现了质量守恒定律。

【指导与建议】

1）红磷燃烧前后质量总和的测定实验改进

取少量红磷放在吸滤瓶中的细沙上,塞紧胶塞。称量吸滤瓶质量后将其放在石棉网上,点燃酒精灯给红磷加热,待红磷点燃后熄灭酒精灯,当吸滤瓶温度降低时称量其质量即可(图 3-35)。

2)白磷的取用

白磷为白色蜡状固体,遇光会逐渐变为淡黄色晶体(所以又称为黄磷),有大蒜的气味,有毒。着火点很低,能自燃,在空气中发光。由于白磷的燃点低,人的手温就容易使它燃烧,因此取用白磷时必须用镊子去取,绝对不能用手指去接触,否则手就会被灼烧,造成疼痛难愈的灼伤。如果遇到大块白磷需要切割成小块时,必须把它放在盛有水的水槽中,用小刀在水面下切割,绝不能暴露在空气中进行,否则切割时摩擦产生的热也容易使白磷燃烧。

图 3-35　红磷燃烧
实验改进

【教学分析】

质量守恒定律是初中化学的一个重要规律,它将引领学生对化学反应从“质”的认识到“量”的认识进行过渡,也为之后“化学方程式的书写和计算”的学习奠定理论基础。因此,质量守恒定律教学在初中化学中起着承上启下的作用,是整个中学化学的教学重点之一。

从学生能力水平上看,已经初步具备一些基本的实验操作技能并可以进行简单的化学实验。因此,质量守恒定律教学可以初步培养学生应用实验的方法来定量研究问题、分析问题和解决问题的能力。

为了让学生从“质”和“量”的方面对化学变化过程作出科学、客观的了解和描述,从微观的角度理解化学变化前后物质总质量一定守恒这一定律,实验的设计、实验数据的分析尤为重要。学生通过对探究实验的过程理解和实验数据的分析,得出化学变化前后质量守恒的重要结论,从宏观和微观的角度理解化学变化前后物质总质量守恒的原因。培养实验猜想、观察、数据分析和结论描述的能力,并领悟科学的探究方法。

【探索·交流】

(1)在上述实验中,测得的数据有误差吗? 请分析产生误差的原因有哪些? 如何改进?

(2)你认为上述实验成功的关键是什么?

综合探究 Ⅳ：铁生锈

金属材料在人类社会发展中发挥着重要的作用,但金属的锈蚀却给人类带来了巨大的损失。据估计,世界各发达国家每年因金属腐蚀而造成的经济损失占其国民生产总值的 3.5%～4.2%,超过每年各项大灾(火灾、风灾及地震等)损失的总和。有人甚至估计每年全世界腐蚀报废和损耗的金属约为 1 亿吨! 每年由于钢铁生锈会使我国损失 100～150 亿元。

【思考与设计】

本实验的探究目标:①铁钉锈蚀需要哪些条件? ②什么条件下锈蚀速率较快? ③能否设计对比实验加以证明?

【实验材料】

洁净无锈的铁钉、试管、植物油、4％NaCl 溶液、2mol/L CH₃COOH（或盐酸）溶液和煮沸后迅速冷却的蒸馏水,你也可以选用其他物品。

【实验案例】

1)铁与水和空气

将 3 根洁净无锈的铁钉分别放入 3 支试管中:

(1)在第 1 支试管中倒入蒸馏水至浸没 1/2 的铁钉,使铁钉既与水接触,又与空气接触[图 3-36(a)]。

(2)在第 2 支试管中倒入经煮沸迅速冷却的蒸馏水,使蒸馏水浸没铁钉,并再倒入适量植物油以隔绝空气,使铁钉只与水接触而不与空气接触[图 3-36(b)]。

(3)在第 3 支试管中放入棉花和干燥剂,并塞上塞子,使铁钉只与空气接触而不与水接触[图 3-36(c)]。

2)铁丝在一定体积潮湿的空气中发生锈蚀以及空气体积减小的情况

取一段光亮无锈的细铁丝,绕成螺旋状,放入一支干燥洁净的试管底部。将试管固定在铁架台上,并倒立于盛有清水的烧杯里[图 3-36(d)]。注意试管里的铁丝要高出水面,且稳定不下落。观察铁丝表面是否发生变化,试管中的水面高度是否有变化。

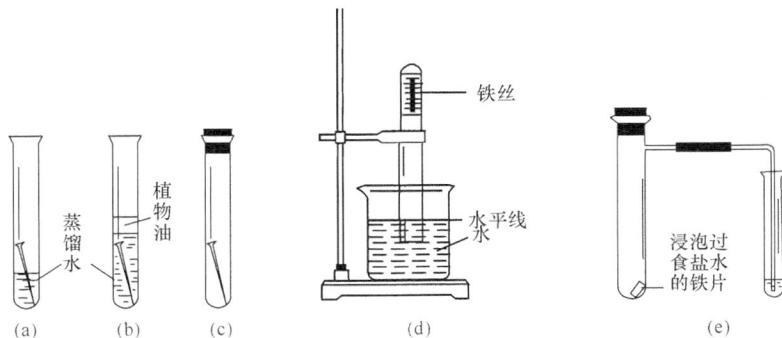

图 3-36 铁在不同环境下发生锈蚀的比较

3)铁片在一定体积潮湿的空气中发生锈蚀以及空气体积减小的情况

取一小块用酸洗净的铁片(或铁钉),再用食盐水浸泡一下,放入具支试管[图 3-36(e)]。观察铁片表面变化情况,以及玻璃导管中水位变化情况。

4)探究在不同的环境中,金属发生哪种腐蚀

取 7 根铁钉,7 支干净的试管及其他材料,准备如下:

试管①放入一根铁钉,再注入蒸馏水,使铁钉和空气及水接触。

试管②的试管底放入干燥剂,再放入铁钉,用棉花团堵住试管口,使铁钉和干燥空气接触。

试管③先放入一根铁钉,趁热倒入煮沸的蒸馏水(赶出原先溶解在蒸馏水中的空气)浸没铁钉,再加上一层植物油,使铁钉不能跟空气接触。

试管④放入铁钉注入食盐水,使铁钉和空气及食盐水接触。铁钉所处的介质是氯化钠、水、氧气。

试管⑤放入铁钉注入盐酸,铁钉所处的介质是盐酸、水、氧气。

试管⑥放入相连的铁钉和锌片,注入自来水,浸没铁钉和锌片。

试管⑦放入相连的铁钉和铜丝,注入自来水,浸没铁钉和铜丝。

实验现象和结果:把 7 支试管放在试管架上,几天后观察铁钉被腐蚀情况。

结论:通过该实验介质与结果的比较,说明引起和促进铁钉腐蚀的条件是:水、空气、电解质溶液,不活泼金属杂质的存在。在水、氧气同时存在的环境中(潮湿的空气中),并且酸、氯化钠与不活泼金属杂质等物质的存在能使铁在潮湿的空气中生锈速率加快。铁锈的主要成分是 Fe_2O_3(红棕色)。

【探索·交流】

金属在潮湿的环境下比干燥的环境下更容易腐蚀吗? 在潮湿的环境下发生的是哪一类腐蚀呢? 电化学腐蚀的速率为什么比纯粹的化学腐蚀更快? 通过实验探究,我们怎样进行金属的防腐呢?

分析:此对比实验方案实际是利用原电池形成的条件及原理解释金属腐蚀速率问题。由于②、③两个试管不具备构成原电池的条件,不能发生电化腐蚀,因此暂未被腐蚀。而试管⑥尽管具备构成原电池的条件,但锌比铁活泼,在原电池中作负极,使铁变成铁离子的反应难以发生,所以铁也暂未被腐蚀。引起和促进铁钉被腐蚀的条件是:水、空气、电解质溶液和不活泼金属杂质的存在。

综合探究Ⅴ:自制酸碱指示剂

17 世纪的英国,化学实验室里,波义耳不小心把几滴盐酸滴到了刚采摘回来的紫罗兰花上。然后,他发现了紫罗兰竟变成了红色花! 于是,酸碱指示剂便登上了历史的舞台.植物花瓣如何指示溶液的酸碱性?

【思考与设计】

指示剂在酸性和碱性溶液中显示不同的颜色。自然界中许多植物的根、茎、叶、花、果都含有多种色素,在酸或碱中显示不同的颜色。利用溶解、过滤等操作将色素提取出来即可得到酸碱指示剂,如月季花、牵牛花、石榴花、美人蕉花、紫甘蓝、红心萝卜、紫葡萄皮、黑豆皮……自制指示剂遇酸、碱是否也能变色? 哪些可以作为酸碱指示剂? 找一些有颜色的物质,如水果、蔬菜、花等材料制备酸碱指示剂,用这些指示剂对家里的物品做酸碱性实验。

【实验材料】

研钵、烧杯、试管、胶头滴管、玻璃棒、锥形瓶、点滴板、玻璃棒、表面皿、一次性注射器、量筒、表面皿、洗瓶、定性滤纸(7cm)、漏斗、抽滤瓶、布氏漏斗、离心机、离心试管、镊子、剪刀、纱布、1mol/L 盐酸、食醋、1mol/L 氢氧化钠溶液、饱和石灰水、乙醇溶液(1:1)、白醋、洗衣液、洁厕液、牛奶、肥皂水、果汁饮料、紫甘蓝、红心萝卜、葡萄皮、青菜、玫瑰花、牵牛花、月季花、丝瓜花、紫罗兰、剑兰花、苹果、雪梨、树皮、青草等。

【实验案例】

1）自制酸碱指示剂

实验制取时，用花的取花瓣，用草的取叶子，用植物表皮的取植物表皮，用量 20～30g。将你收集到的植物的花、茎、叶、根、皮等洗净、沥干，分别在研钵里捣烂，研细。加入少量的乙醇溶液浸泡、搅拌，取澄清液装入试管中备用。如汁液过于浑浊，可用纱布把浸出液用力挤出，以滤去残渣，或用离心机分离残渣。所得澄清液即为植物酸碱指示剂。这种植物指示剂久置容易变质，最好是随用随制，也可制成试纸存放（表 3-25）。

表 3-25　自制酸碱指示剂

自制指示剂	实验现象				
	蒸馏水	稀盐酸	白醋	稀 NaOH 溶液	石灰水
酚酞试液					
月季花					
紫甘蓝					
红心萝卜					
葡萄皮					
⋮					

在白色点滴板的孔穴中分别滴入一些稀盐酸、白醋、稀 NaOH 溶液、石灰水、蒸馏水，用你制备的酸碱指示剂检验物质的酸碱性，记录实验结果并填入表中，选出你认为最灵敏的酸碱指示剂。

2）用你自制的酸碱指示剂，检验厨房、洗漱间一些物质溶液的酸碱性

3）鉴别真假葡萄酒

【探索·交流】

（1）白色点滴板是不透明的，不适宜做演示实验的仪器。不如直接用试管实验。还可用废旧的医药塑料包装板代替。这种包装也有一个个小的凹坑，而且是无色透明的，用实物投影仪投影，效果非常好。

（2）自制 pH 试纸。

植物花瓣色素在酸性条件下显示以红色为主的色系；在中性条件下显示以无色或与紫色相近的色系；在碱性条件下显示以绿色、黄色为主的色系。由于植物色素跟酸反应，生成稳定的盐而显红色，pH 增大；在碱性条件下，生成醌型结构，颜色从淡红色变成蓝色。植物花瓣色素在碱性条件下不稳定，容易变色，有些不会变成蓝色而显黄色、草绿色或是与之相近的色系（棕色等），是因为植物体中除含有花色素外，还含有黄酮类（酸性无色，碱性呈黄色），它们在碱性条件下显绿色，黄褐色是所含丹宁造成的。

尽管植物的细胞液是酸性或弱酸性的，但也有蓝色和紫色的花。这是由于花色素形成金属络合物、醌型的碱性盐，或者是色素跟丹宁、黄酮等形成分子化合物。

有许多植物色素在不同 pH 的溶液里会呈现不同的颜色。因此，每个地方都可以就

地取材,自制一些酸碱指示剂。例如,从紫色卷心菜中提取酸碱指示剂:取约 250g 紫色卷心菜,洗净后切碎,放在大烧杯内,加水到浸没 1/2 菜叶,加热煮沸 10min,并不断搅拌菜叶。再把煮后的卷心菜汁滤入一只容器中,放置到室温后装瓶。得到的紫色卷心菜滤汁可以用作酸碱指示剂。也可以把滤纸剪成条状,浸在紫色卷心菜汁内,浸透后取出晾干,再次浸泡、晾干一两遍,得到自制的 pH 试纸。该指示剂的显色情况如下:pH 小于 3 时显红色,pH 在 3~5 时显浅紫色,pH 在 6~7 时显蓝色,pH 在 8~9 时显青绿色,pH 在 10~12时显绿色,pH 大于 13 时显黄色。

第4单元　物质的测定与定量分析

化学实验根据实验结果的性质不同可分为定性实验和定量实验。定性实验主要研究物质的性质、变化等内容,其特点是回答"有没有"或者"是不是"的问题;定量实验侧重研究物质的性质、组成和影响因素之间的数量关系,以测定物质的组成、含量等为主要目的,对实验中某些"量"具有准确要求,其特点是回答"是多少"的问题。

在工农业生产和日常生活中,常需要测定某物质的组成或含量,因此我们需要用定量实验的方法,借助一些实验仪器进行定量测定和分析。中学化学实验中定量实验较定性实验而言所占的比例相对较少,但这些实验不仅能加深学生对化学基础知识的理解,培养他们定量实验操作技能、提高对数据处理的能力,还可以训练他们研究物质的科学方法,养成严谨的科学态度。本单元旨在提高定量实验的基本操作技能,使实验结果在该实验条件下达到相对准确,减少误差;学会分析和处理实验数据;对实验操作引起的误差或失败的原因作出客观的判断与合理的解释;能够将以上定量实验的思想与方法,适当迁移运用到某些类似的定量实验中去,解决一些原理和操作较简单的定量问题。

■ 实验 15　硝酸钾溶解度的测定和溶解度曲线的绘制

溶质在一定量溶剂中的溶解量是有限度的,科学上我们既可以用物质溶解性的大小粗略的对物质的溶解能力作定性表述,也可以用溶解度来定量表述物质的溶解能力。在一定温度下,某固态物质在100g溶剂中达到饱和状态时所溶解的质量称为该物质在这种溶剂中的溶解度。硝酸钾是一种溶解度较大的盐,20℃时,硝酸钾的溶解度为31.6g,并且随温度的升高硝酸钾的溶解度逐渐增大。本实验以硝酸钾为例探究物质溶解度的测定方法和溶解度曲线的绘制。

【思考与设计】

硝酸钾是一种无色透明斜方晶系结晶或白色粉末(图3-37),在水中的溶解度随温度的升高而增大。

(1)查阅溶解度有关的知识,思考并讨论实验室测定硝酸钾溶解度的方法。

(2)结合初中化学教材中关于溶解度的相关内容,思考本实验在中学化学教学中的地位与作用。

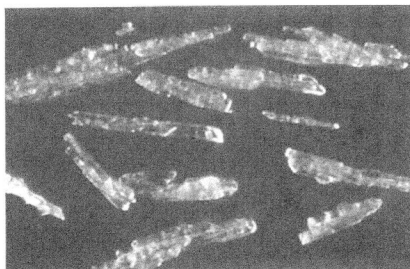

图 3-37　硝酸钾晶体

(3)和同学一起讨论并设计一种实验室测定硝酸钾溶解度的实验方案,画出实验装置图,分析影响实验结果的可能因素,并提出解决方法。

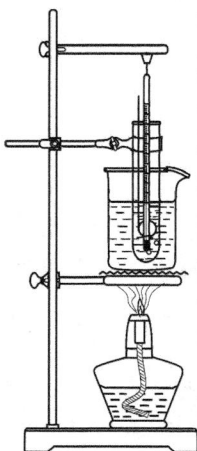

图 3-38　硝酸钾溶
解度的测定

【实验材料】

托盘天平、250mL 烧杯、大试管、环形搅拌器、玻璃棒、温度计、酒精灯、10mL 量筒、铁架台(带铁圈和铁夹)、蒸发皿、石棉网、坩埚钳、药匙、试管刷、水浴锅、干燥器、硝酸钾(化学纯)、蒸馏水。

【实验案例】

1)结晶析出法

这种方法是固定溶质和溶剂二者的质量,测定制成的溶液处于饱和状态——开始析出结晶时的温度,从而计算出所测量温度下的溶质的溶解度。

溶解度＝溶质的质量/溶剂的质量×100(g),利用此式求得的数值就是$(t_1+t_2)/2$ 温度下该溶质的溶解度。

(1) 分别准确称取 3.5g、1.5g、1.5g、2.0g、2.5g 硝酸钾,将称好的 5 份硝酸钾放在实验台上,并作标记。在一支大试管中加入 3.5g 硝酸钾,并加入 10mL 蒸馏水。

(2)水浴加热大试管(图 3-38),边加热边搅拌至硝酸钾完全溶解(注意水浴温度以刚刚溶解硝酸钾为宜)。自水浴中取出大试管,用玻璃棒轻轻搅拌并摩擦试管壁,同时观察温度计的读数。当刚开始有晶体析出时,立即记下此时的温度 t_1。

(3) 把试管再放入水浴中加热,使晶体全部溶解,然后重复两次上述实验步骤的操作,分别测定开始析出晶体时的温度 t_2、t_3。

(4) 依次向试管中再加入 1.5g、1.5g、2.0g、2.5g 硝酸钾(使试管中依次共有硝酸钾 5.0g、6.5g、8.5g、11.0g),每次加入硝酸钾后都重复溶解、结晶实验步骤的操作,并将晶体开始析出时的温度记录下来(表 3-26)。

表 3-26　结晶析出法测硝酸钾溶解度

依次加入硝酸钾的质量/g					
试管中硝酸钾的总质量/g					
晶体开始析出时的温度/℃	t_1				
	t_2				
	t_3				
溶解度/g					

(5) 根据所得数据,以温度为横坐标,溶解度为纵坐标,绘制溶解度曲线(图 3-39)。

2)溶质质量法

实验原理:这种方法是在一定温度下,取一定量的饱和溶液,测定蒸发掉水分后析出晶体质量。根据饱和溶液的质量和所析出的晶体质量,就可以算出在一定温度下溶质的溶解度。

(1)准确称量洁净干燥的蒸发皿,记下蒸发皿的质量(W_1),放在干燥器中备用。在 200mL 小烧杯中加入 20mL 蒸馏水,再加入约 25g 研细的硝酸钾,用玻璃棒充分搅拌,放置 2~3min。

（2）将烧杯中上面澄清的硝酸钾饱和溶液 $2\sim3mL$ 倒入称量好的蒸发皿中，然后再用托盘天平称量（W_2）。把蒸发皿放在盛有沸水的烧杯（或水浴锅）上加热，直到蒸发皿中溶液蒸干。再把蒸发皿放在石棉网上继续用酒精灯加热，当水分完全蒸发后，停止加热，稍冷后，将蒸发皿放入干燥器中冷却，冷却到室温后再称量（W_3）。

（3）将所测数据进行整理，求出在温度 t_1 时硝酸钾的溶解度。

溶解度＝溶质的质量/溶剂的质量×100（g）
　　　　＝（W_3-W_1）/（W_2-W_3）×100（g）

利用此式可以计算出硝酸钾在 t_1℃时的溶解度。

（4）对盛硝酸钾溶液的小烧杯继续缓缓加热，加热温度控制在每分钟大约上升1℃。当温度较 t_1 高10℃左右，记下饱和溶液的温度（t_2），然后按（2）操作步骤进行称量，按（3）进行计算，可求出 t_2 时硝酸钾的溶解度。

用同样方法进行测量和计算，可以求出 t_3、t_4…不同温度下硝酸钾的溶解度。利用 t_1、t_2、t_3…和相应的溶解度数据可绘制成硝酸钾的溶解度曲线图。

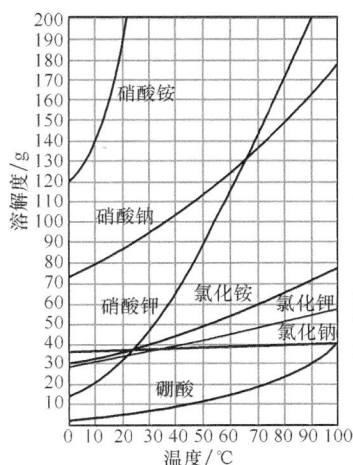

图 3-39　几种盐的溶解度曲线

【指导与建议】

（1）为了使测量结果准确，称取硝酸钾晶体的质量和量取倒入试管的蒸馏水的体积应尽量准确。

（2）水浴加热时，烧杯里的水面不能低于试管里的液面。温度计应插在溶液的中部，使所示的温度具有代表性。

（3）使试管里的液体升温时应采用水浴加热，而不能用酒精灯直接加热。因为测定硝酸钾的溶解度，温度是在 $0\sim100$℃进行的（表 3-27）。用酒精灯直接给试管加热，这样很难控制在 0℃、10℃、20℃、30℃、40℃、50℃、60℃、70℃、80℃、90℃、100℃这几个温度上，而水浴加热不但可以保持某一温度的相对稳定，而且可以使试管受热均匀。

表 3-27　硝酸钾在不同温度下的溶解度

温度/℃	0	10	20	30	40	50	60	70	80	90	100
溶解度/g	13.3	20.9	31.6	45.8	63.9	85.5	110.0	138	169	202	246

【教学分析】

在初中化学教材中硝酸钾溶解度的测定实验设计在溶解度知识之后，在做本实验之前学生对物质的溶解度的认识限于相对大小的阶段，通过本实验有利于学生对溶解度的定义有一个定量的认识。本实验原理相对比较简单，但实验过程较长，实验中要求学生准确判断晶体析出的温度。对中学生而言，本实验的主要目的是学习用不同的方法测定固体的溶解度，分析产生误差的原因；加深对溶解度概念的认识，初步学会溶解度曲线的绘制；练习使用温度计和水浴加热的实验操作技能。对高等师范院校的学生而言，本实验的主要目的是在掌握溶解度测定方法的基础上,认真思考并设计如何在中学化学教学中组织实施这一实验的教学,以落实应当达到的教学目的。

实验 16 中和热的测定

许多化学变化过程都伴随着热效应,即有热量的释放或吸收,中和反应也一样。在一定温度、压力和浓度下,1mol 的 H^+ 和 1mol OH^- 完全发生中和反应时放出的热称为中和热。从中和热的定义可得出:中和热是由水合氢离子和水合氢氧根离子结合生成 1mol 水时所放出的热量。

【思考与设计】

(1)我们利用什么原理来测定酸、碱反应的中和热?

(2)中和热与反应热是否相同?它们之间有什么区别和联系?

(3)中和反应过程中伴随着哪些能量的变化?

(4)讨论分析本实验成功的关键点有哪些?

【实验材料】

500mL 烧杯、100mL 烧杯、温度计、50mL 量筒(2 个)、泡沫塑料或纸条、泡沫塑料板或硬纸板(中心有两个小孔)、环形玻璃搅拌棒、0.50mol/L 盐酸、0.55mol/L NaOH 溶液。

【实验案例】

实验原理:盐酸和氢氧化钠溶液是强酸、强碱,它们的中和反应离子方程式为

$$H^+ + OH^- =\!=\!= H_2O \qquad \Delta H_{中和} = -57.3kJ/mol$$

一元强酸、强碱的 $\Delta H_{中和}$ 与酸碱的种类无关,各种一元强酸、强碱反应时,具有相同的 $\Delta H_{中和}$。取一定浓度、体积的 NaOH 溶液及一定浓度、体积的 HCl 溶液,在真空量热计中反应,根据混合溶液的质量、反应前后溶液温度的差值、反应混合溶液的比热容及中和热定义,就得出本实验中和热的计算式。

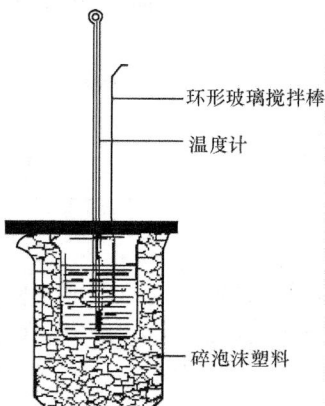

图 3-40 中和热的测定

环形玻璃搅拌棒
温度计
碎泡沫塑料

$$\Delta H_{中和} = \frac{4.18(t_2 - t_1)}{0.025}(kJ/mol)$$

(1)在大烧杯底部垫泡沫塑料(或纸条),使放入的小烧杯杯口与大烧杯杯口相平。然后再在大、小烧杯之间填满碎泡沫塑料(或纸条),大烧杯上用泡沫塑料板(或硬纸板)作盖板,在板中间开两个小孔,正好使温度计和环形玻璃搅拌棒通过,如图 3-40 所示。

(2)用一个量筒量取 50mL 0.50mol/L 盐酸,倒入小烧杯中,并用温度计测量盐酸的温度,记入表 3-28。然后把温度计上的酸用水冲洗干净。

(3)用另一个量筒量取 50mL 0.55mol/L NaOH 溶液,并用温度计测量 NaOH 溶液的温度,记入表 3-28,计

算盐酸和氢氧化钠起始的平均温度 t_1。

（4）把温度计和环形玻璃搅拌棒放入盛有盐酸的小烧杯中，并把量筒中的 NaOH 溶液一次倒入小烧杯（注意不要洒到外面）。用环形玻璃搅拌棒轻轻搅动溶液，并准确读取混合溶液的最高温度，记为终止温度 t_2，记入表 3-28。

（5）重复实验两次，取测量所得数据的平均值作为计算依据。

表 3-28　中和热的测定

实验次数	起始温度/℃			终止温度 t_2/℃	温度差(t_2-t_1)/℃
	NaOH	HCl	平均值 t_1		
1					
2					
3					

【指导与建议】

（1）本实验所用酸碱溶液必须是稀溶液，因为在其浓溶液中，没有足够的水分子，酸碱不能完全电离为自由移动的离子。在中和反应过程中会伴随着酸或碱的电离及离子的水化，电离要吸收热量，离子的水化要放出热量，不同浓度时这个热量就不同，中和热的值也会不同。

（2）实验过程中所用的体系绝热性要良好，酸碱加入反应体系时要迅速。

（3）搅拌要均匀，太快或太慢都会影响实验的准确性。

（4）实验中，中和 50mL 0.5mol/L 盐酸，加入 50mL 0.55mol/L 的氢氧化钠（稍过量）是为了保证盐酸能够被完全中和。

【教学分析】

本实验的实验操作属于基本操作层次，但中和热测定原理较难理解，学生只有理解了"为什么要这样做"的原理，才能对中和热这个概念有较深的认识，同时在进行操作时能做到准确、规范。为此，本实验注意引导学生理解测定中和热的原理和对实验过程及结论的分析，并把一些在实际运用过程中易出现的错误（如中和热与反应热的关系、中和热与反应物用量的关系等）让学生分析、思考和讨论。本实验对中学生而言，旨在掌握利用实验室条件，设计测定中和热的方法；掌握中和热测定的方法与技能。对高等师范院校学生而言，本实验的主要目的在于在掌握测定中和热的方法与技能的基础上，认真思考并设计在中学化学教学中如何组织实施这一实验的教学。

【拓展资源】

一定量的盐酸和氢氧化钠溶液发生中和反应，反应热计算公式如下：

$$Q = mc\Delta t$$
$$= (V_{酸}\rho_{酸} + V_{碱}\rho_{碱})c(t_2 - t_1)$$

式中，Q 为中和反应放出的热量；m 为反应混合液的质量；c 为反应混合液的比热容；Δt 为反应前后溶液温度的差值。

一元酸、一元碱的体积均为 50mL，它们的浓度分别为 0.50mol/L 和 0.55mol/L。由于是稀溶液，且为了计算简便，近似认为，所用酸、碱溶液的密度均为 1g/cm³，且中和后所得溶液的比热容为 4.18J/(g·℃)。50mL 0.50mol/L 的盐酸与 50mL 0.55mol·L^{-1}氢氧化钠反应后生成 0.025mol 水,最后得出本实验中和热计算公式:

$$\Delta H_{\text{中和}} = \frac{4.18(t_2 - t_1)}{0.025}(\text{kJ/mol})$$

实验 17　阿伏伽德罗常量的测定

阿伏伽德罗常量是以意大利科学家阿伏伽德罗命名的,国际单位制规定 0.012kg 碳-12(^{12}C)所含的碳原子数为阿伏伽德罗常量,它是化学和物理学中一个很重要的常量。1mol 任何微观粒子中都含有阿伏伽德罗常量个微粒,其具体数值与测定的方法和所用仪器的精密度有关,目前测得的比较精确的数值是(6.022 045±0.000 031)×10^{23} mol^{-1}。化学中通常使用 6.02×10^{23} 这一近似值。

阿伏伽德罗常量可用多种不同的方法进行测定,如单分子膜法、电解法、X 射线、布朗运动法等。这些方法的理论依据各不相同,但结果却几乎一样。本实验采用单分子膜法来测定阿伏伽德罗常量的数值。

【思考与设计】

(1)查阅文献资料,分析讨论实验室中常用的测定阿伏伽德罗常量的方法及每种方法的实验原理。

(2)思考为什么将"阿伏伽德罗常量的测定"实验选入高中化学课本?分析中学化学教材,明确本实验在中学化学教学中的地位与作用。

(3)本实验采用单分子膜法测定阿伏伽德罗常量,根据实验原理分析影响实验结果的可能因素,并思考相应的解决方法。

【实验材料】

250mL 容量瓶、胶头滴管(60～80 滴/mL)、5mL 移液管(带刻度和胶头)、胶头滴管(>130 滴/mL)、10～20mL 医用注射器、玻璃水槽(圆形,直径约 33cm)、培养皿(直径 9cm)、直尺、卡尺、5mL 或 10mL 量筒(0.1mL 刻度)、100mL 烧杯、分析天平、称量瓶、50mL 烧杯、玻璃棒、硬脂酸(分析纯)、环己烷(分析纯)。

【实验案例】

实验原理:本方法是根据硬脂酸能在水的表面形成一层单分子膜的性质而设计。硬脂酸能在水面上扩散而形成单分子层,由滴入硬脂酸刚好形成单分子膜的质量 m 及单分子膜面积 s,每个硬脂酸的截面积 A,求出每个硬脂酸分子质量 m,再由硬脂酸分子的摩尔质量 M,即可求得阿伏伽德罗常量 N_A。

(1)硬脂酸环己烷溶液的制备。在分析天平上用 50mL 小烧杯称取约50～100mg硬脂酸,以少量环己烷溶解后,注入 250mL 容量瓶中,用环己烷冲洗烧杯数次,洗涤液均倒入容量瓶中,最后再往容量瓶中加环己烷至刻度,配成 250mL 硬脂酸环己烷溶液。

(2)准确测定每滴硬脂酸环己烷溶液的体积。取一支清洁干燥的胶头滴管(60～80 滴/mL),吸入硬脂酸环己烷溶液,往小量筒中滴入 100 滴,读出它的体积数(估计到小数点后两位),并计算出一滴硬脂酸环己烷溶液的体积 V_d(mL)。再重复操作两次,取三次结果的平均值。滴时要注意使滴管垂直,并避免空气回吸。

(3)测量水槽中水的表面积。用直尺从三个不同方向量取圆形水槽的内径,取其平均值,计算水的表面积(S)。

把水槽中的水倒掉,用去污粉(必要时用碳酸钠)擦洗水槽内壁,用清水冲洗干净后,重新往水槽中注入清水至标记处。

(4)准确测定在水面上形成硬脂酸单分子膜需要滴入硬脂酸环己烷溶液的滴数。

图 3-41　单分子膜的形成

用上述胶头滴管吸取硬脂酸环己烷溶液,使滴管垂直,保持在水槽的中心位置上方,且管尖离水面约 5cm 高(图 3-41),往水面上滴入一滴硬脂酸环己烷溶液。仔细观察,待滴到水面上的硬脂酸环己烷溶液全部扩散和环己烷已挥发而看不到珠滴时(不得用嘴吹),再滴入第二滴。如此逐滴滴入,直到滴入一滴后,硬脂酸环己烷溶液在水面上不再扩散而呈透镜状油珠,并在半分钟内都不消失时,表示硬脂酸单分子膜已经形成并完全覆盖水面,停止滴入。记下滴入的滴数。

在每次吸取硬脂酸环己烷溶液后,要立即盖上盛硬脂酸环己烷溶液的试剂瓶的瓶塞,避免环己烷挥发使溶液浓度发生变化。滴液时,捏胶头的力要均匀,避免空气回吸。

重复测定:把水槽中的水倒掉,用 Na_2CO_3 粉擦洗水槽,洗去沾在水槽上的硬脂酸,用清水仔细冲洗干净后,再往水槽中注入清水至标记处。重复以上操作,再做两次实验,取三次结果的平均值。

(5)数据处理。根据测得的数据,算出阿伏伽德罗常量。

(6)用一支大于 130 滴/mL 的胶头滴管(或注射器)和上面实验用的圆形水槽重复以上实验步骤,进行实验。

(7)用一只较小的容器(如培养皿),分别用 60~80 滴/mL 的胶头滴管和大于 130 滴/mL 的胶头滴管(或注射器)重复做这个实验,探讨容器的大小和每滴硬脂酸环己烷溶液体积的大小对实验结果的影响。

【指导与建议】

(1)实验测得的阿伏伽德罗常量 N_A 在 $(5\sim7)\times10^{23}$ 范围内为成功。

(2)因为环己烷是易挥发的溶剂,配好待用的硬脂酸环己烷溶液一定要严加密封,防止环己烷的挥发。在使用过程中要随时加塞塞住,以防止环己烷的挥发,造成浓度的变化。

(3)测定每滴硬脂酸环己烷液时需连续滴液,形成单分子膜时需间歇滴液,同时滴管内液体的多少,手捏胶头力度的大小这些因素,均可导致液滴的不均匀。因此,在使用胶头滴管滴液时,均要采取垂直滴入法,以保证液滴大小均匀。

(4)水槽洗涤不干净,将会造成很大的误差,因此每做完一次实验,一定要把水槽洗涤干净。

(5)在形成单分子膜的过程中,应保持水面平静,防止单分子膜重叠。

【教学分析】

本实验是高一化学中的选做实验,难度大,准确度要求较高,方法操作比较简单,花费时间不长,是测阿伏伽德罗常量比较完善的课堂演示方法;但可变因素颇多,如水槽中水的波动,水槽直径的测量,滴管的校正都会影响到最后的结果,这也正是培养学生严谨科学态度的良好载体。

对中学生而言,本实验的主要目的就是学习用单分子膜法测定阿伏伽德罗常量的原理和方法。对高等师范院校学生而言,本实验的主要目的在于明确测定阿伏伽德罗常量的意义;了解用不同方法测定阿伏伽德罗常量的原理,并掌握做好本实验的操作技能;探索做好这个实验的关键,认真思考和设计在中学化学中如何组织实施这一实验的教学。

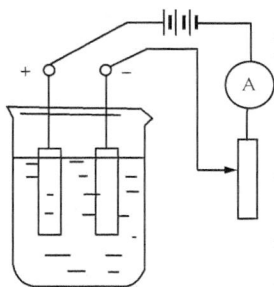

【拓展资源】

电解法测定阿伏伽德罗常量

图 3-42　电解法测定阿伏伽德罗常量

实验原理:用两块铜片作阴极和阳极,以硫酸铜溶液为电解质进行电解(装置如图 3-42)。两极反应如下:

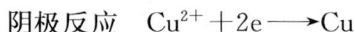

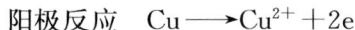

阴极反应　$Cu^{2+} + 2e \longrightarrow Cu$

阳极反应　$Cu \longrightarrow Cu^{2+} + 2e$

在阴极上,Cu^{2+} 得到电子析出金属铜使铜片质量增加;在阳极上,金属铜溶解成 Cu^{2+} 使铜片质量减少。

若电流强度为 $I(A)$,则在 $t(s)$ 内,通过的总电量为

$$Q = It(C)$$

如果在阴极上铜片的质量增加 $m(g)$,则每增加 1g 质量所需的电量为 $\frac{It}{m}(C/g)$。

铜的摩尔质量为 63.5g/mol,所以电解析出 63.5g 铜所需的电量为 $\frac{It}{m} \times 63.5(C)$。

已知一个 1 价离子所带电量(1 个电子的电荷)是 $1.60 \times 10^{-19}C$,1 个二价离子所带的电量是 $2 \times 1.60 \times 10^{-9}C$,所以 1mol 铜所含的原子个数为

$$N_A = \frac{It \times 63.5}{m \times 2 \times 1.6 \times 10^{-19}}(mol^{-1})$$

式中,N_A 为阿伏伽德罗常量。

实验步骤:

(1)铜电极制作。取两块纯的铜片(3cm×5cm),用细砂纸打磨除去表面的氧化物,用自来水冲洗后再用蒸馏水冲净。

在 100mL 烧杯中加入约 80mL 1mol/L 硫酸铜溶液并加入 2mL 浓硫酸,使电极浸入溶液约 2/3,电极之间的距离约为 1.5cm,控制直流电压为 10V,电阻为 90~100Ω。接通电路,再调节电阻使电流约为 100mA。

(2)调好电流强度后,断开电路,取下作阴极的铜片,擦干,再用细砂纸打磨一次,然后用蒸馏水洗净,最后用少量乙醇清洗晾干,在分析天平上称出其质量(称准至 0.001g)。

(3)把称好的铜片重新装接到阴极上,接通电源,同时开始计时并注意随时调整电阻,使电流始终稳定在 100mA 进行电解。

(4)通电 1h 之后打开电源,取下阴极铜片,先用去离子水冲洗,再用少量乙醇洗净晾干后在天平上称量。

根据所测数据,计算阿伏伽德罗常量(表 3-29)。

表 3-29 电解法测阿伏伽德罗常量

电极质量	阴极增量 m/g	阳极增量 m'/g
	电解前质量： 电解后质量： $m=$	电解前质量： 电解后质量： $m'=$
电解时间 t/s		
电流强度 I/A		
N_A	$\dfrac{It\times63.5}{m\times2\times1.6\times10^{-19}}=$	$\dfrac{It\times63.5}{m'\times2\times1.6\times10^{-19}}=$

实验 18 硫酸铜晶体结晶水含量的测定

很多离子型的盐类从水溶液中析出时,常含有一定量的结晶水,结晶水与盐类结合得比较牢固,但受热到一定温度时,可以脱去结晶水的一部分或全部。$CuSO_4\cdot5H_2O$ 俗称胆矾、蓝矾,是蓝色斜方晶体(图 3-43),在常温常压下很稳定,也不易风化和潮解。加热至 102℃时失去两分子结晶水,113℃时失去四分子结晶水,250℃时失去全部结晶水而成无水物。根据硫酸铜晶体的这一化学性质,可以用加热的方法使其逐步失去结晶水,从而测定晶体中结晶水的含量。

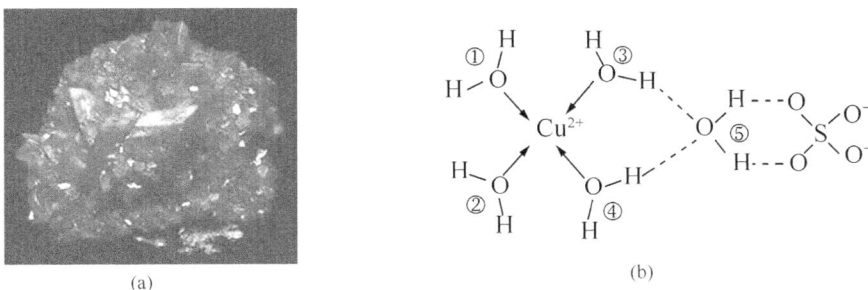

图 3-43 五水硫酸铜晶体(a)和五水硫酸铜平面结构图(b)

【思考与设计】

(1)根据你所掌握的硫酸铜晶体相关知识,思考测定硫酸铜晶体中结晶水含量的实验原理。

(2)根据实验原理,请进行实验过程设计,和同学们一起探讨准确测定结晶水含量的关键操作及可能导致结晶水含量值偏高或偏低的因素。

【实验材料】

烧杯、玻璃棒、瓷坩埚、坩埚钳、酒精灯、三脚架、泥三脚架、干燥器、托盘天平、研钵、药匙、硫酸铜晶体。

【实验案例】

实验原理:加热一定质量的硫酸铜晶体,装置如图 3-44 所示,使其失去全部结晶水,得

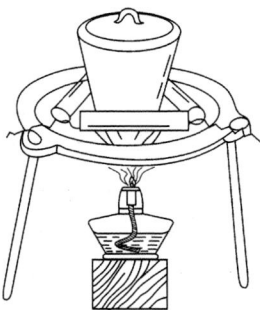

图 3-44　加热硫酸铜晶体

到 $CuSO_4$ 和结晶水的质量,计算 1mol 硫酸铜晶体中含有结晶水的物质的量,以确定硫酸铜晶体的分子式,可按下式计算:

$$\frac{W_{CuSO_4}}{M_{CuSO_4}} : \frac{W_{H_2O}}{M_{H_2O}} = 1 : x$$

式中,W_{CuSO_4} 为失水后硫酸铜的质量;M_{CuSO_4} 为硫酸铜的摩尔质量;W_{H_2O} 为晶体中所含结晶水的质量;M_{H_2O} 为水的摩尔质量;x 为 1mol 硫酸铜晶体中含结晶水的物质的量。

1)结晶水质量的测定

准确称量清洁干燥的瓷坩埚(带玻璃棒)的质量(设为 m_1),用此坩埚称取约 2g 已经研碎的硫酸铜晶体,记下坩埚和硫酸铜晶体的总质量(m_2),用酒精灯缓慢加热。用玻璃棒轻轻搅拌硫酸铜晶体,直到蓝色硫酸铜晶体完全变成白色粉末,且不再有水蒸气逸出,将坩埚迅速转移至干燥器内冷却。待坩埚在干燥器里冷却后,将坩埚放在天平上称量,记下坩埚和无水硫酸铜的总质量(m_3)。把盛有无水硫酸铜的坩埚再加热,然后放在干燥器里冷却后再称量,记下质量,到连续两次称量的质量差不超过 0.1g 为止。

2)结晶水含量的计算

根据实验数据计算硫酸铜晶体里结晶水的质量分数和化学式中 x 的实验值。

$$\frac{(m_3 - m_1)}{M_{CuSO_4}} : \frac{(m_2 - m_3)}{M_{H_2O}} = 1 : x$$

如果 x 的值在 4.9~5.1,可以认证实验成功。如用结晶水质量分数来计算,其值应为 32%~40%。

【指导与建议】

(1)加热硫酸铜晶体时应用酒精灯缓慢加热,同时用玻璃棒轻轻搅拌,以防硫酸铜晶体局部受热而喷溅。

(2)失去结晶水的硫酸铜粉末易吸收空气中的水分而造成实验误差,应该将其放至干燥器中冷却。

(3)要使实验获得较准确的结果,操作的关键是加热要保证晶体全部失水,但又不能造成 $CuSO_4$ 的分解,判断的标志是粉末全白、无蒸汽逸出、无蓝色或黑色。另外,冷却后的称量应准确,且两次称量的质量差不超过 0.1g。

(4)$CuSO_4 \cdot 5H_2O$ 加热至 102℃时失去两分子结晶水,113℃时失去四分子结晶水,258℃时失去全部结晶水而成无水物。$CuSO_4 \cdot 5H_2O$ 受热时逐步失去结晶水的过程可表示如下:

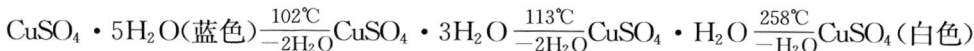

$$CuSO_4 \cdot 5H_2O(蓝色) \xrightarrow[-2H_2O]{102℃} CuSO_4 \cdot 3H_2O \xrightarrow[-2H_2O]{113℃} CuSO_4 \cdot H_2O \xrightarrow[-H_2O]{258℃} CuSO_4(白色)$$

当硫酸铜全部变成白色粉末时,应停止加热,因为无水硫酸铜加热至 650℃高温,可分解为黑色氧化铜、二氧化硫及氧气(或三氧化硫)。最后得到黑色的粉末。

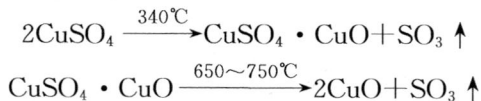

$$2CuSO_4 \xrightarrow{340℃} CuSO_4 \cdot CuO + SO_3 \uparrow$$

$$CuSO_4 \cdot CuO \xrightarrow{650\sim750℃} 2CuO + SO_3 \uparrow$$

【教学分析】

相对定性实验而言,定量实验对实验步骤操作的准确度要求较高。本实验的关键是准确测定结晶水的质量,实验时要确保晶体全部失水,但又不能造成 $CuSO_4$ 的分解。实验一方面要训练学生掌握实验中的加热、搅拌、恒重、冷却等基本操作技能,还要培养学生数据分析的能力,探究导致结晶水含量测定值偏高或偏低的原因,进行误差分析。

本实验对中学生而言,旨在利用实验室条件,设计测定硫酸铜晶体中结晶水含量的方法;掌握测定晶体中结晶水含量的方法与技能。对高等师范院校学生而言,本实验的主要目的在于在掌握测定晶体中结晶水含量的方法与技能的基础上,认真思考并设计在中学化学教学中如何组织实施这一实验的教学。

【探索·交流】

(1)硫酸铜晶体结晶水含量测定实验误差分析(表 3-30)。

表 3-30　硫酸铜晶体结晶水含量测定实验误差分析

能引起误差的一些操作	因变量		x
	$m(CuSO_4)$	$m(H_2O)$	
称量的坩埚不干燥	—	增大	偏大
晶体表面有水	—	增大	偏大
晶体不纯,含有不挥发杂质	增大	—	偏小
晶体未研成细粉末	—	减小	偏小
粉末未完全变白就停止加热	—	减小	偏小
加热时间过长,部分变黑	减少	—	偏大
加热后在空气中冷却称量	—	减小	偏小
加热过程中有少量晶体溅出	减小	—	偏大
两次称量相差>0.1g	—	减少	偏小

(2)做此实验如果没有瓷坩埚、坩埚钳、铁架台等仪器,可用试管和试管夹代替(图 3-45)。步骤如下:

(i)用天平准确称量出干燥试管的质量,然后称取2g已研碎的硫酸铜晶体并放入试管中。硫酸铜晶体应铺在试管底部。

(ii)把装有硫酸铜晶体的试管用试管夹夹住,使管口向下倾斜,用酒精灯慢慢加热。应先从试管底部加热,然后将加热部位逐步前移,至硫酸铜晶体完全变白;当不再有水蒸气逸出时,仍继续前移加热,使冷凝在试管壁上的水全部变成气体逸出。

图 3-45　用试管加热硫酸铜晶体

(iii)待试管冷却后,在天平上迅速称出试管和 $CuSO_4$ 的质量。

(iv)加热,再称量,至两次称量误差不超过 0.1g 为止。

实验 19　乙醇分子结构的测定

乙醇(俗称酒精)是一种无色、透明,有特殊香味的液体。它的用途很广,可用来制作各种酒类饮品、乙酸、燃料、有机溶剂等,医疗上也常用体积分数为 $70\%\sim75\%$ 的乙醇作消毒剂。工业上一般用淀粉发酵法或乙烯直接水化法制取乙醇。发酵法是用含淀粉的谷类、薯类等农产品,经过水解、发酵制得乙醇。乙烯直接水化法,就是在加热、加压和有催化剂存在的条件下,乙烯与水直接反应制得乙醇。

【思考与设计】

已知乙醇分子中含有碳、氢、氧三种元素,通过实验测出乙醇的分子式为 C_2H_6O,可以认为乙醇是在乙烷分子中添加一个氧原子形成的。思考下列问题:

(1)乙醇分子可能的结构式有几种?讨论并设计探究乙醇分子结构式的实验(图3-46)。

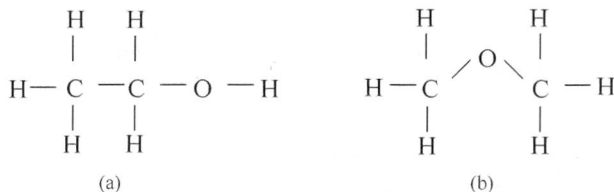

图 3-46　乙醇分子的两种可能结构

(2)结合中学实验条件你能否选择一种简单、合理的实验来测定乙醇的结构。说出你选择这种实验方法的依据。

(3)乙醇有哪些化学性质,你计划利用哪种性质进行实验,原因是什么?

(4)探究实验的基本过程是什么,怎样组织学生进行探究乙醇分子结构的实验教学活动。

【实验材料】

铁架台、25mm×220mm 具支试管,玻璃水槽、500mL 量筒、10mL 量筒、胶头滴管、无水乙醇、金属钠。

【实验案例】

实验原理:乙醇分子式是 C_2H_6O,符合这一组成的结构式有两种: CH_3CH_2OH 和 CH_3OCH_3。为了确定乙醇的结构式,可以利用一定量的乙醇和过量的钠反应,准确测出所产生的氢气体积,再换算成 1mol 的乙醇所能产生的氢气体积来确定被置换出几摩尔的氢原子,从而确定乙醇的分子结构式。

$$2CH_3CH_2OH + 2Na \longrightarrow 2CH_3CH_2ONa + H_2 \uparrow$$

1)收集一定质量钠与乙醇反应所生成的氢气

(1)取一支具支试管,将带有胶头滴管的橡皮塞塞紧具支试管管口,再用橡皮管把排气导管与支管相连接,排气导管与水槽中倒立的量筒相通。装置如图 3-47 所示,组装仪器并检查装置的气密性。

(2)称取 3g 除去氧化膜和煤油的金属钠,切成小块,放入锥形瓶中。加 5～6mL 二甲苯,边加热边振动,待钠熔化后,离开火焰,剧烈振荡,冷却形成小颗粒钠珠。取出钠珠,用滤纸吸干二甲苯,然后倒入具支试管中待用。用 5mL 注射器,吸取 3mL 无水乙醇,再把注射器的针头插入配在具支试管口的橡皮塞的中央。用手推压注射器,一次准确地加入 2.9mL 无水乙醇直接与钠珠反应,产生的氢气通过排水集气源源不断地进入大量筒中,最后把大量筒放正,准确地量出量筒上的气体体积,即氢气体积的数值。

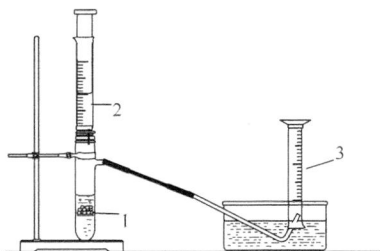

图 3-47   测定乙醇结构式的实验装置
1.钠;2.无水乙醇;3.量筒

(3)记下当时的气压和室温,换算成标准状况下的体积,再算出 1mol 乙醇能置换出多少摩尔的氢气,从而确定乙醇的结构式。

2)计算乙醇分子中生成氢气的氢原子个数

(1)在量筒中总共收集到 V_1(mL)的气体,即可说明实验中产生了 V_1(mL)的氢气。实验时室温 $T_1 = 20.8^\circ\text{C} = 293.95\text{K}$,大气压 $P_1 = 101.330\text{kPa}$。

(2)换算成标况下的氢气体积

$$V_0 = \frac{P_1 V_1 T_0}{T_1 P_0}$$

则生成氢气的物质的量 $n = V_0 \div 22.4$(理论值应生成 550mL 氢气,物质的量为 0.025mol)。

(3)根据方程式

$$2CH_3CH_2OH + xNa \longrightarrow 2CH_3CH_2ONa + \frac{x}{2}H_2\uparrow$$

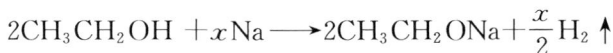

已知乙醇的密度是 0.78g/cm^3,反应消耗乙醇 2.9mL。

乙醇的物质的量为 $\frac{2.9 \times 0.78}{46} = 0.05$

$$\frac{0.05}{1} = \frac{0.025}{\frac{x}{2}} \qquad\qquad x = 1$$

结论:在乙醇分子中只有一个氢原子被钠置换,所以乙醇的结构式为

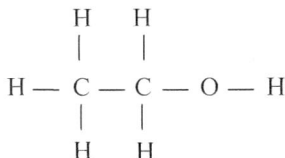

$$\begin{array}{ccccc} & H & & H & \\ & | & & | & \\ H - & C & - & C & - O - H \\ & | & & | & \\ & H & & H & \end{array}$$

【指导与建议】

(1)金属钠表面的氧化膜要全部去掉,煤油要擦拭干净,切金属钠时,动作要尽量迅速以防氧化。另外,不必切得太碎。

(2)吸取乙醇体积要准确,滴加乙醇的速度不能太快,要防止乙醇溅在管壁上,还要防止反应剧烈使乙醇蒸发。

（3）实验完毕，具支试管中剩余的物质要收回，或者先往具支试管里倒入一些乙醇，使未反应掉的金属钠反应完了，然后再用水处理，绝不能直接用水冲洗试管中的剩余物。

（4）一定要使乙醇尽可能反应完。反应到后阶段，在间断微热过程中，要反复自然冷却试管，使气化的乙醇冷凝下来，直到使乙醇与钠完全反应为止。

【教学分析】

乙醇是学生比较熟悉的生活用品，又是典型的烃的衍生物，在此基础上探究其分子结构的实验，能够激发学生的学习兴趣。本实验有利于帮助建立"结构—性质—用途"的有机物学习模式，对学生了解学习和研究有机物的一般方法，形成一定的分析和解决问题的能力有着重要的意义。本实验对于中学生而言旨在利用实验条件，设计测定乙醇结构式的方法。掌握测定乙醇结构式的方法和技能。对师范生而言，要求学生掌握乙醇与钠的反应，并运用反应产生的氢气计量，来确定乙醇的结构式。在掌握测定乙醇结构式的方法和技能基础上总结乙醇结构式定量测定实验的成功关键。通过乙醇结构式测定的探究性实验，培养科学探究方法，提高科学探究能力。

【探索·交流】

乙醇分子结构的测定实验其他装置图（图 3-48）。

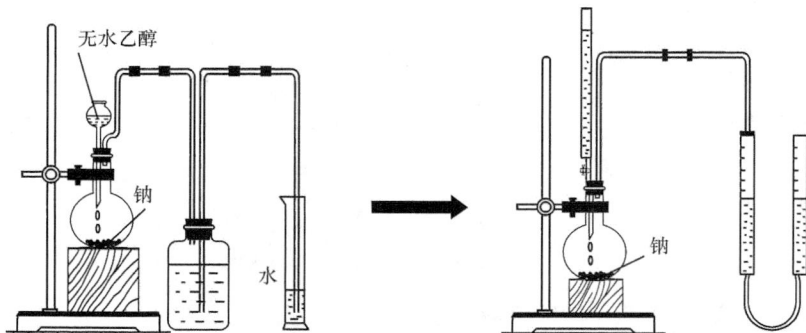

图 3-48　乙醇分子结构测定参考装置

实验 20　食醋中乙酸含量的测定

食醋是日常饮食中的一种常用调味品，它不但可以改善食物的口味、提高食欲、帮助消化；而且还具有软化血管、滋润皮肤、消除疲劳等保健功能。食醋含有乙酸、乳酸、酒石酸、柠檬酸、蛋白质等多种有机化合物，它的酸味主要由其中的乙酸等有机酸产生。

【思考与设计】

目前我国食品卫生质量标准规定：食醋分为酿造食醋和配制食醋两类，商品在销售中必须注明类型，其中酿造食醋总酸含量不得低于 3.5g/100mL，食醋中总酸含量是指每 100mL 食醋中含酸（以乙酸计）的质量。食醋中乙酸含量的高低是衡量其质量的重要标准之一。根据你所学的知识思考下列问题：

（1）你能设计出几种测定家庭所用食醋中乙酸含量的方法，其原理各是什么？

（2）从你设计的方法中选择一种适合中学生操作的实验方法，说明理由。

（3）运用此种方法进行实验的关键点有哪些，怎样减少实验中的误差。

（4）如何让学生体验化学实验在食品检验中的重要价值？

食醋是人工发酵酿造的调味品，组成极为复杂，而且不同品牌的食醋因制造工艺不同成分也有差别。食醋中除水以外的主要成分是乙酸（CH_3COOH），此外还有其他有机酸、糖类、醇类、醛酮、酯类、酚类及各种氨基酸和一些无机物等微量成分。其中含一些色素成分，使食醋呈棕色（白醋除外）。但乙酸的含量还是远多于其他成分的含量，约 $50\sim100mg/mL$。

【实验材料】

50mL 烧杯、分析天平、250mL 容量瓶、250mL 锥形瓶、50mL 移液管、50mL 碱式滴定管、20mL 移液管、250mL 烧杯、0.1mol/L NaOH 标准溶液、酚酞指示剂、食醋样品。

【实验案例】

实验原理：食醋的主要组分是乙酸（$K_a=1.8\times10^{-5}$），此外还含有少量其他有机酸，如乳酸等。可以用 NaOH 标准溶液滴定，测出酸的总含量。实际测得的结果是食醋的总酸度，因乙酸含量最多，故常用乙酸含量表示。主要反应为

$$NaOH+HAc\Longrightarrow NaAc+H_2O$$

反应产物 NaAc 为弱酸强碱盐，化学计量点时 $pH\approx8.7$，滴定突跃在碱性范围内，若使用在酸性范围内变色的指示剂如甲基橙，将引起很大的滴定误差（该反应化学计量点时溶液呈弱碱性变色的指示剂变色时，溶液呈弱酸性，则滴定不完全）。因此，应选择在碱性范围内变色的指示剂酚酞（$8.0\sim9.6$）。

食醋中乙酸含量一般为 $\geqslant3.5\%$，浓度较大，且有一定的色泽，如果直接滴定会影响滴定终点颜色的判断，所以滴定前应将乙酸进行稀释。

1）乙酸含量的测定

（1）用 25mL 移液管吸取市售食醋样品 25mL，置于 250mL 锥形瓶中加水稀释至刻度，摇匀得待测食醋溶液。将待测食醋溶液加入经润洗过的酸式滴定管中待用。

（2）从酸式滴定管中放出 VmL（约为 25.00mL 左右）食醋溶液于锥形瓶中，加入 $2\sim3$ 滴酚酞指示剂待用。

（3）将 0.1mol/L 的 NaOH 标准溶液加入经用标准液润洗过的碱式滴定管，排除里边的气泡，使液面位于"0"刻度或"0"刻度以下。

（4）用 NaOH 标准溶液滴定锥形瓶待测的食醋溶液，边滴边摇动锥形瓶，眼睛注视锥形瓶中溶液颜色的变化。当溶液的颜色变为粉红色并保持 30s 不褪即为终点。记录 NaOH 标准溶液消耗的体积 V_1。再重复滴定两次，分别记录数据。

2)乙酸含量计算

$$x = \frac{V_1 cM}{V} \times \frac{250}{25} \times 100$$

式中，x 为 100mL 食醋中所含乙酸的质量(g/100mL)；V_1 为测定待测乙酸溶液消耗的 NaOH 标准液的体积(mL)；c 为 NaOH 标准溶液的浓度(mol/L)；M 为乙酸的摩尔质量(g/mol)；V 为乙酸试样的体积(mL)。

结果的表述：报告算术平均值的三位有效数。在重复性条件下获得的两次独立测定结果的绝对差值不得超过算术平均值的 10%。

3)数据记录及处理(表 3-31)

表 3-31　乙酸含量测定

次数 项目	1	2	3
V_{HAc}			
c_{NaOH}/(mol/L)			
V_{NaOH}始/mL			
V_{NaOH}终/mL			
V_{NaOH}/mL			
c_{HAc}/(mol/L)			
$\bar{c}_{HAc}$/(mol/L)			
相对平均偏差			

【指导与建议】

(1)本实验为强碱滴定弱酸，滴定突跃在碱性范围内，所以只能选用碱性范围变色的酚酞作指示剂，不能选用甲基橙或甲基红。

(2)食醋中乙酸的含量一般为 3%～5%，浓度较大，滴定前要适当稀释，同时也使食醋本身颜色变浅，便于观察终点颜色的变化。

(3)注意碱滴定管滴定前要赶走气泡，滴定过程中不要形成气泡。

(4)NaOH 标准溶液滴定 HAc，属强碱滴定弱酸，CO_2 的影响严重，注意除去所用碱标准溶液和蒸馏水中的 CO_2。

【教学分析】

用中和滴定法测定食醋中乙酸的含量是高中化学中的一个重要定量实验。该实验以测定家庭常用调味品食醋中乙酸的含量为目的，主要训练学生用移液管准确移取溶液、酸碱式滴定管的正确使用、中和滴定的基本操作等实验技能和定量分析数据的能力。同时由于本实验和生活联系比较紧密，还应注意以此为契机提高学生将化学知识应用于生产生活中的意识，培养学生学以致用的科学品质。

实验 21　酸碱中和滴定曲线的绘制

利用中和反应,用已知浓度的酸(或碱)来测定未知浓度的碱(或酸)的实验方法称为酸碱中和滴定。酸碱滴定曲线是以酸碱滴定过程中滴加碱(或酸)的量为横坐标,以溶液 pH 为纵坐标,绘制溶液 pH 随滴加碱(或酸)的量而变化的曲线。它描述了滴定过程中溶液 pH 的变化情况,特别是滴定终点附近溶液 pH 的突变情况。

【思考与设计】

为了能够精确地测量溶液的 pH,将酸碱中和反应的具体过程直观地展示出来。采用手持技术用 pH 传感器实时指示溶液 pH 的变化,可以清楚的记录每一滴碱液滴下后溶液 pH 的具体变化,比较精确地绘制 pH-V 曲线。思考下列问题:

(1)在滴定过程中碱液滴加的速率对滴定曲线的绘制有没有影响,如何控制碱液的滴加速率使绘制出的曲线更准确。

(2)酸和碱液浓度的大小对滴定突跃会有怎样的影响?

(3)讨论利用手持技术进行实验,选择什么样的方式方法能达到演示实验的要求。

资料卡片

　　pH 传感器是一种用于测定溶液 pH 的仪器。其原理是由一对电极组成,工作时两个电极插入待测溶液,组成一个原电池,该原电池与一个精密电位计连接,用以测量其电动势。待测溶液所产生的电动势随着溶液的 pH 的不同而变化,所测定溶液的电动势经过数字适配器和数据采集器转换成 pH 数值显示并被计算机记录下来。

　　pH 传感器测定范围为 pH＝ 0～14。

pH传感器

【实验材料】

pH 传感器、50mL 酸式滴定管、50mL 碱式滴定管、100mL 锥形瓶、铁架台、滴定管夹、烧杯、玻璃棒、磁力搅拌器、蒸馏水、0.1000mol/L 盐酸溶液、0.1000mol/L NaOH 溶液、pH 为 4 或 7 的磷酸盐缓冲溶液。

【实验案例】

实验原理:本实验用常见的强碱 NaOH 和常见的强酸 HCl 进行中和滴定,用碱滴定酸,反应方程式为

$$NaOH + HCl = NaCl + H_2O$$

因生成的盐为 NaCl,所以滴定终点时的 pH 应为 7(常温下)。采用手持技术仪器(主要包括数据采集器与 pH 传感器),通过计算机处理数据,让学生更好地理解中和滴定的实质为

$$H^+ + OH^- = H_2O$$

向酸(或碱)溶液中滴加碱(或酸)溶液,混合溶液 pH 发生变化,使用 pH 传感器检测混合溶液在滴定过程中 pH 的变化情况,并借助计算机以图像形式显示出来,即可得到

酸碱中和滴定曲线。

(1)如图 3-49 所示连接系统,并用 pH 为 4 或 7 的标准缓冲溶液校正 pH 传感器,按照酸碱中和滴定实验要求准备好滴定装置及滴定管中的酸、碱溶液,调整好液面并记录读数。

(2)用碱式滴定管从锥形瓶中取 20mL 的 NaOH 溶液,并加入 2~3 滴酚酞溶液。

(3)将 pH 传感器浸入待滴定的 NaOH 溶液中,打开磁力搅拌器调节转速使搅拌磁粒不要碰到 pH 传感器,准备滴定。

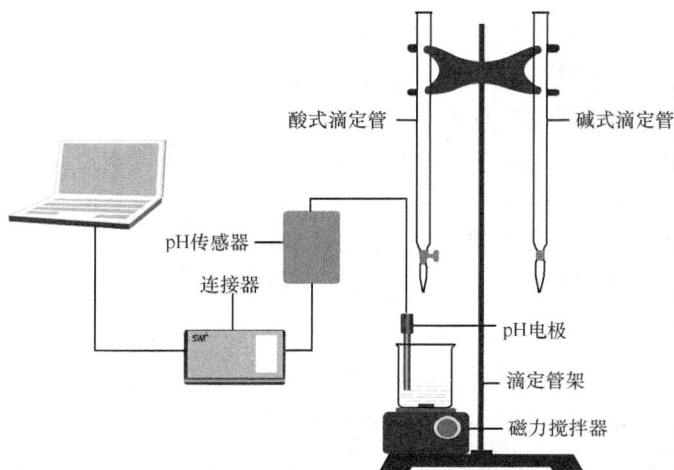

图 3-49 利用传感器进行中和滴定的实验装置

(4)启动实验系统软件并点击开始,用酸式滴定管逐渐向盛有 NaOH 溶液的锥形瓶中滴加 HCl 溶液,滴加过程中及时读取并记录计算机显示的 pH 和相应的 HCl 溶液的体积。开始时和滴定终点之后,每次滴加 HCl 溶液的量可以稍大些;在滴定终点附近,每次滴加 HCl 溶液的量小些。

(5)应用 Microsoft Excel 的数据处理功能,以滴定时间为横坐标,以溶液 pH 为纵坐标,绘制溶液 pH 随滴加酸(或碱)的量而变化的曲线,如图3-50所示。

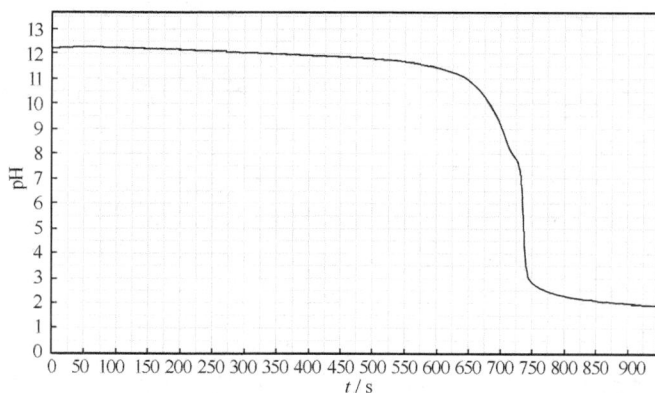

图 3-50 盐酸滴定氢氧化钠中和滴定曲线

【指导与建议】

(1)滴定过程中,反应的液面应完全浸没 pH 电极,如果液面太低,应加入适量蒸馏水。

(2)滴定速率刚开始可以适当快点,快到突跃点时不能过快,应半滴半滴地滴加。滴定过程中锥形瓶应尽量不要碰到滴定管,在接近终点的时候,要注意放慢滴定速率,以便读出 pH。

(3)每次滴加 HCl 溶液,应不断搅拌,当数据采集器上的读数稳定后,可记下滴定的 pH。

(4)酸和碱的浓度相差不宜太大,越小越好,否则实验将较难控制,结果的误差较大。

【教学分析】

掌握用 pH 计测定中和反应过程中溶液 pH 的变化方法,绘制滴定曲线是高中生化学实验基本技能之一。学生在学习酸碱中和滴定以后,对滴定过程 pH 变化规律的理解还限于定性描述,通过本实验要求学生从定量方面来理解中和滴定过程中 pH 的变化。对于师范生而言,本实验要求了解滴定的整个详细的变化过程,掌握 pH 的变化规律。

综合探究Ⅶ:叶绿体色素的提取和分离

在食品行业,人们常加入一些色素来增加食品的色泽,使其更加诱人。色素有合成色素和天然色素之分,合成色素一般没有营养价值,食用过量还会严重危害人体健康;天然色素则不同,它的安全性较高,有的还兼具营养作用。天然色素是直接从动植物组织中提取出来的,如高等植物的叶绿体中就含有叶绿素和类胡萝卜素两类色素,通过特定的分离技术可将其中的色素提取和分离出来。

色谱法是一种重要的分离分析多组分混合物的技术,它利用不同物质在不同相态的选择性分配,以流动相对固定相中的混合物进行洗脱,混合物中不同的物质会以不同的速率沿固定相移动,最终达到分离的效果。本实验采用色谱法中的纸色谱法将滤纸作固定液的载体,把叶绿体滤液点在滤纸上,用层析液将其展开,其中的各种色素会在滤纸的不同位置显现达到分离的目的。

【思考与设计】

叶绿体是绿色植物细胞内进行光合作用的结构,其中主要含有叶绿素、胡萝卜素、叶黄素等色素,这些色素都不溶于水,而溶于乙醇、丙酮等有机溶剂。思考下列问题:

(1)提取和分离叶绿体中的原理和方法是什么?

(2)设计实验方案探究叶绿体中具体有几种色素?

(3)叶绿素比较不稳定,在提取过程中应采取哪些操作防止叶绿素被破坏?

(4)纸层析法分离混合物的操作要点有哪些?

【实验材料】

干燥的定性滤纸条、试管、棉塞、试管架、研钵、玻璃漏斗、烧杯、尼龙布、洁净的书写钢笔、剪刀、药匙、量筒、天平、直尺;幼嫩、鲜绿的菠菜叶、无水乙醇、层析液[V(石油醚):

V(丙酮)＝9∶1]、二氧化硅、碳酸钙。

【实验案例】

1)叶绿体色素的提取

用天平称取 5g 鲜绿的菠菜叶,剪碎置于研钵中,加入二氧化硅(1g)、碳酸钙(1g)及 5mL 无水乙醇,进行充分的研磨至匀浆状态。取单层尼龙布折叠,放入漏斗,把漏斗放入架在试管架中的试管上并用棉塞将试管口堵严,将研磨好的菠菜叶加到漏斗中过滤得到滤液。

2)叶绿体色素的分离

将干燥的滤纸剪成长 10cm、宽 1cm 的滤纸条,并在一端剪去两个角。在距减去两角一端 1cm 处,用铅笔画一条横线,如图 3-51 所示。用洁净的书写钢笔蘸取色素滤液,沿铅笔细线缓慢画线,重复四五次。

将滤纸条(有滤液细线的一端朝下)沿烧杯(50mL)内壁插入烧杯底部,另一端自然倒向对侧,斜靠在烧杯内壁。再用吸管吸取层析液向小烧杯中滴入 5mL 层析液,用培养皿盖住小烧杯[图 3-52(a)]。

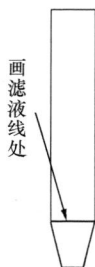

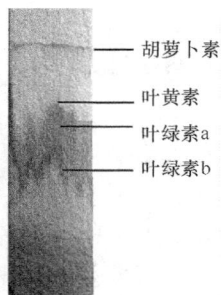

图 3-51　用滤纸制作的纸层析条　　图 3-52　叶绿体提取(a)及提取后的四条色素带(b)

3)结论及分析

由于叶绿体中的四种色素在层析液中溶解度不同,溶解度高的随层析液在滤纸上扩散得快;溶解度低的随层析液在滤纸上扩散得慢。纸层析法据此将四种色素分离开。10min 后,将滤纸取出风干,观察色素带及其颜色[图 3-52(b)],做好记录(表 3-32)。

表 3-32　纸层析法实验记录

色素名称			
颜色			
所在位置			
色谱带宽度			
含量			

【指导与建议】

(1)本实验所选植物叶片应是机械组织、纤维素较少、叶绿素含量高的种类,如菠菜、韭菜、萝卜叶等,选材时应注意选择鲜嫩、色浓绿的叶片。以菠菜叶为例,实验时可先把菠菜放在 45℃ 的烘箱里烘 30min 左右,减少菠菜的含水量,利于色素的分离和提取。

(2) 提取色素时,研磨加少许二氧化硅,目的是为了研磨充分,有利于色素的提取;加少许碳酸钙的目的是为了防止研磨过程中,叶绿体中的色素受到破坏。

(3) 剪去滤纸的两个角,是为了加快中间色素的扩散速度,减慢两边色素的扩散速度,获得比较理想的色素带。画滤液细线时,应以细、直、颜色浓绿为标准,重复画线时必须等上次画线干燥后再进行,重复四五次。

(4) 分离色素时,滤纸条上的滤液细线不能接触到层析液,防止色素溶解在层析液中,导致色素带不清晰。层析液都是易挥发且有一定毒性,层析时要加盖,减少有机溶剂挥发。

【拓展资源】

培养皿法分离色素

分离色素时除条形纸层析法外,还可以采用圆形滤纸结合培养皿进行,称为培养皿法。此方法不用滤纸条,也不划滤液细线,操作如下:取直径为 10cm 的干燥圆形定性滤纸,用毛细吸管吸取色素滤液,在滤纸的中央点成圆形的色素斑,重复四五次。然后取一枚缝衣针,穿一条细棉线,在棉线末端打个结,将针穿过滤纸上的色素斑中心,在距线结约 4cm 处剪断棉线。取直径 10cm 的培养皿一套,向培养皿底中加入 5mL 层析液。把上述圆形滤纸扣在培

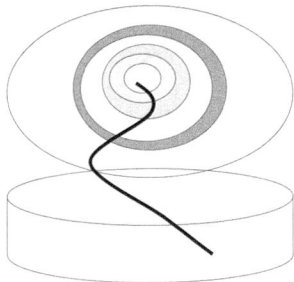

图 3-53　培养皿法

养皿底上面,无线结的一面朝下,棉线则浸没在层析液中。再将培养皿盖盖在滤纸上(图 3-53)。

采用该方法,可以看到色素随层析液由线结处向周围均匀扩散。因此,得到的四条色素带呈同心环状,由内而外分别是黄绿色、蓝绿色、黄色和橙黄色,十分清晰。而且层析时,滤纸上的色素不会没及层析液中,点色素斑比划滤液细线容易得多,实验效果非常显著。结果证明:此法分离色素,色素量大,分层清晰,四种色素分离出鲜明的四圈色素环,效果显著;操作过程较易掌握,失误较少。

综合探究Ⅶ:水质　化学需氧量的测定

水是一种宝贵的自然资源,人类生活和生产活动需要从天然水体中抽取大量的淡水,并把使用过的生活污水和生产废水排回天然水体中。由于这些污(废)水中含有大量的污染物质,它们的排入污染了天然水体的水质,降低了水体的使用价值,也影响着人类对水体的再利用。

目前常用的判断水污染的指标有酸碱度(pH)、水温、生化需氧量(BOD)、化学需氧量(COD)、溶解氧(DO)、氮、磷及重金属(如汞、镉、铬、铅等)、大肠菌群数等。其中 COD 是英文 chemical oxygen demand 的缩写,中文名称为"化学需氧量"或"化学耗氧量",是指

利用化学氧化剂(如重铬酸钾)将水中的还原性物质(包括有机物、亚硝酸盐、硫化物、亚铁盐等无机物)氧化分解所消耗的氧量,以每升多少毫克氧表示(O_2 mg/L)。它反映了水体受到还原性物质污染的程度。COD越高,表明水体中还原性物质(如有机物)含量越高,而还原性物质可降低水体中溶解氧的含量,导致水生生物缺氧乃至死亡,水质腐败变臭。另外,苯、苯酚等有机物还具有较强的毒性,会对水生生物和人体造成直接伤害。因此,我国将COD作为重点控制的水污染物指标。

我国GB 3838—2002《地表水环境质量标准》规定,生活饮用水源COD浓度应小于20mg/L,一般景观用水COD浓度应小于40mg/L。

【思考与设计】

如何测定天然水体或污水的化学需氧量? 我国于1989年制定了重铬酸钾标准法GB/T 11914—89,规定了水中化学需氧量的测定方法,测得的值称为COD_{Cr},简称COD。对于地表水、地下水、饮用水和生活污水,可用高锰酸钾作氧化剂进行测定GB/T 11892—89,该法在以往的水质监测分析中,称为化学需氧量的高锰酸钾法(COD_{Mn})。但是,由于这种方法在规定条件下,水中有机物只能部分被氧化,为了有别于重铬酸钾法的化学需氧量,我国新的环境水质标准中,把高锰酸钾法测定值改称高锰酸盐指数作为水质的一项指标,而仅将酸性重铬酸钾法测得的值称为化学需氧量。请依据所采水样,参照GB/T 11914—89和GB/T 11892—89设计测定水样化学需氧量的实验方案,对水样进行分析,将实验结果与我国GB 3838—2002《地表水环境质量标准》或GB 8978—1996《污水综合排放标准》对照,对水质情况作出判断。

【实验材料】

250mL锥形瓶、10mL移液管、50mL酸式滴定管、10mL量筒、100mL量筒、烧杯、电子分析天平、洗耳球、胶头滴管、铁架台、水浴锅、酒精灯、容量瓶、玻璃全回流装置、电加热炉(板)、硫酸银(化学纯)、硫酸汞(化学纯)、重铬酸钾(优级纯或基准)、硫酸亚铁铵、高锰酸钾(化学纯)、乙二酸钠(基准试剂)、浓硫酸($\rho=1.84$g/mL)、蒸馏水、水样。

【实验案例】

1)COD_{Cr}的测定

在水样中加入一定体积的$K_2Cr_2O_7$标准溶液,加入H_2SO_4、Ag_2SO_4(催化剂),回流,将水样中还原物质氧化,过量的重铬酸钾以试亚铁灵作指示剂,用硫酸亚铁铵$(NH_4)_2Fe(SO_4)_2$标准溶液回滴水样中未被还原的$K_2Cr_2O_7$,计算水样的化学需氧量COD_{Cr}。

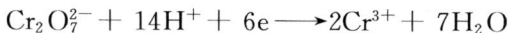

$$Cr_2O_7^{2-} + 14H^+ + 6e \longrightarrow 2Cr^{3+} + 7H_2O$$
$$Cr_2O_7^{2-} + 14H^+ + 6Fe^{2+} \longrightarrow 2Cr^{3+} + 6Fe^{3+} + 7H_2O$$

若水样中Cl^-浓度 > 30mg/L,则预先加$HgSO_4$

$$Hg^{2+} + 4Cl^- \longrightarrow HgCl_4^{2-}$$

终点:蓝绿 → 红棕。

实验步骤:

(1)取20.00mL混合均匀的水样(或适量水样稀释至20.00mL)置于250mL带磨口的回流锥形瓶中,准确加入10.00mL重铬酸钾标准溶液及数粒小玻璃珠或沸石,连接磨口回流冷凝管,从冷凝管上口慢慢加入 30mL 硫酸-硫酸银溶液,轻轻摇动锥形瓶使溶液混匀,加热回流 2h(自开始沸腾时计时,图 3-54)。

(2)冷却后,用 90mL 水冲洗冷凝管壁,取下锥形瓶。溶液总体积不得少于 140mL,否则因酸度太大,滴定终点不明显。

(3)溶液再度冷却后,加 3 滴试亚铁灵指示液,用硫酸亚铁铵标准溶液滴定,溶液的颜色由黄色经蓝绿色至红褐色即为终点,记录硫酸亚铁铵标准溶液的用量。

(4)测定水样的同时,取 20mL 重蒸馏水,按同样操作步骤作空白实验。记录滴定空白时硫酸亚铁铵标准溶液的用量。

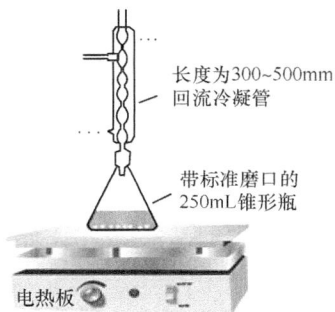

长度为300~500mm 回流冷凝管

带标准磨口的 250mL 锥形瓶

电热板

图 3-54　COD_{Cr} 测定装置

水中耗氧量的计算公式:

$$COD_{Cr}(O_2, mg/L) = (V_0 - V_1)c \times 8 \times 1000/V$$

式中,c 为硫酸亚铁铵标准溶液的浓度(mol/L);V_0 为滴定空白时所消耗的硫酸亚铁铵标准溶液的体积(mL);V_1 为滴定水样时所消耗的硫酸亚铁铵标准溶液的体积(mL);V 为水样的体积(mL)。

用 0.250mol/L 的重铬酸钾溶液可测定 COD 值大于 50mg/L 的水样;用 0.025mol/L的重铬酸钾溶液可测定 COD 值 5~50mg/L 的水样,但准确度较差。

2)高锰酸盐指数的测定

(1)碱性高锰酸钾法。

碱性法适用于水样中 Cl^- 含量>300mg/L($c_{Cl^-} > 300$mg/L)的水样。

在碱性溶液中:

$$MnO_4^- + 2H_2O + 3e \longrightarrow MnO_2 + 4OH^-$$

(2)酸性高锰酸钾法。

酸性法适用于 $c_{Cl^-} < 300$mg/L 的水样,在酸性溶液中,加入过量的 $KMnO_4$ 溶液,加热使水中有机物充分与之作用后,剩余的 $KMnO_4$ 用一定量、过量的 $Na_2C_2O_4$ 还原,再用 $KMnO_4$ 标准溶液返滴定过量的 $Na_2C_2O_4$ 至微红色为终点,由此计算出水样的耗氧量。

在煮沸过程中,$KMnO_4$ 和还原性物质作用:

$$MnO_4^- + 8H^+ + 5e \longrightarrow Mn^{2+} + 4H_2O$$

剩余的 $KMnO_4$ 用 $Na_2C_2O_4$ 还原,再用 $KMnO_4$ 标准溶液返滴定过量的 $Na_2C_2O_4$,滴定反应为

$$2MnO_4^- + 5C_2O_4^{2-} + 16H^+ \longrightarrow 2Mn^{2+} + 10CO_2 + 8H_2O$$

本法只适用于地表水、地下水、饮用水和生活污水,不适用于工业废水。要求水样中 Cl^- 含量不超过 300mg/L,必要时可加入 Ag_2SO_4,可使 Cl^- 生成沉淀,通常加入 Ag_2SO_4 1.0g,可消除 200mg Cl^- 的干扰。当高锰酸盐指数 10mg/L 时,应少取水样并经稀释后再测定。

实验步骤:视水质污染程度准确移取 100mL 水样于 250mL 锥形瓶中,加 H_2SO_4 5mL (必要时可加入少许 Ag_2SO_4 固体,以除去水样中少量的 Cl^-),并准确加入 10.00mL

0.01mol/L 高锰酸钾标准溶液,将锥形瓶放入沸水浴中加热 30min(从水浴重新沸腾起计算,加热过程中若观察到红色褪去,应适量补加高锰酸钾溶液),水浴液面要高于锥形瓶内的液面,使其中的还原性物质被充分氧化。取出后,溶液应为浅红色,立即准确加入 0.01mol/L 乙二酸钠标准溶液 10.00mL,红色应完全褪去。然后在 70～80℃下用高锰酸钾溶液滴定至微红色,30s 内不褪色即为终点(终点时溶液温度不应低于 60℃)。记录高锰酸钾溶液用量。

取水样 100mL(原样或经稀释)于锥形瓶中

$\quad$ | ←(1∶3)H₂SO₄ 5mL

混匀

$\quad$ | ←0.01mol/L 高锰酸钾标准溶液(1/5 KMnO₄) 10.0mL

沸水浴 30min

$\quad$ | ←0.01mol/L 乙二酸钠标准溶液(1/2 Na₂C₂O₄)10.00mL

褪色

$\quad$ | ←0.01mol/L 高锰酸钾标准溶液回滴(V_1)

终点微红色

高锰酸钾溶液浓度的标定:用 100mL 水代替样品做空白实验,滴定完毕的溶液加入 10.00mL 乙二酸钠溶液。如果需要,将溶液加热至 80℃。用高锰酸钾溶液继续滴定至刚出现粉红色,并保持 30s 不褪色。记录高锰酸钾溶液的消耗量 V_2。

高锰酸盐指数(I_{Mn})以每升样品消耗毫克氧数来表示(O_2,mg/L)

$$I_{Mn}=\frac{\left[(10+V_1)10/V_2-10\right]c\times 8\times 1000}{100}$$

式中,V_1 为滴定水样时,消耗高锰酸钾溶液体积(mL);V_2 为标定时,所消耗高锰酸钾溶液体积(mL);c 为草酸钠标准溶液(0.010mol/L);8 为氧(1/2 O)的摩尔质量。

水质 高锰酸盐指数的测定 GB 11892—89

Water quality-Determination of permanganate index

(GB 11892—89 1990-07-01 实施)

本标准参照采用国际标准 ISO 8467—1986《水质 高锰酸盐指数的测定》。本标准规定了测定水中高锰酸盐指数的方法。本标准适用于饮用水、水源水和地面水的测定,测定范围为 0.5～4.5mg/L。对污染较重的水,可少取水样,经适当稀释后测定。本标准不适用于测定工业废水中有机污染的负荷量,如需测定,可用重铬酸钾法测定化学需氧量。

【指导与建议】

(1)硫酸银-硫酸试剂配制。

向 1L 浓硫酸中加入 10g 硫酸银,放置 1～2 天使之溶解,并混匀,使用前小心摇动。

（2）重铬酸钾标准溶液。

浓度为 $c(1/6 \ K_2Cr_2O_7)=0.250mol/L$ 的重铬酸钾标准溶液：将 12.258g 在 105℃干燥 2h 后的重铬酸钾溶于水中，稀释至 1000mL。

浓度为 $c(1/6 \ K_2Cr_2O_7)=0.0250mol/L$ 的重铬酸钾标准溶液：将 0.250mol/L 的溶液稀释 10 倍而成。

（3）硫酸亚铁铵标准溶液。

浓度为 $c[(NH_4)_2Fe(SO_4)_2·6H_2O]≈0.10mol/L$ 的硫酸亚铁铵标准滴定溶液：溶解 39.5g 硫酸亚铁铵 $[(NH_4)_2Fe(SO_4)_2·6H_2O]$，加入 20mL 浓硫酸，待其溶液冷却后稀释至 1000mL。临用前，必须用重铬酸钾标准溶液准确标定此溶液的浓度。

浓度为 $c[(NH_4)_2Fe(SO_4)_2·6H_2O]≈0.010mol/L$ 的硫酸亚铁铵标准滴定溶液：将 0.10mol/L 的硫酸亚铁铵标准滴定溶液稀释 10 倍，用重铬酸钾标准溶液标定。

（4）试亚铁灵（邻菲咯啉）指示剂溶液。

溶解 0.7g 七水合硫酸亚铁 $(FeSO_4·7H_2O)$ 于 50mL 的水中，加入 1.5g 邻菲咯啉，搅动至溶解，加水稀释至 100mL，存于棕色瓶内。

（5）乙二酸钠标准溶液的配制。

乙二酸钠标准溶液储备液 $(1/2Na_2C_2O_4=0.1mol/L)$：将 $Na_2C_2O_4$ 置于 100～105℃下干燥 2h 后，冷却。准确称取 0.6705g 于小烧杯中，加入适量的蒸馏水溶解后，转移至 1000mL 容量瓶中，加水定容，摇匀即可。

乙二酸钠标准溶液使用液 $(1/2Na_2C_2O_4=0.01mol/L)$：吸取 10.00mL 上述溶液移入 100mL 容量瓶，用水稀释至标线。

（6）0.01mol/L 高锰酸钾标液的配制与标定。

市售的 $KMnO_4$ 常含有少量杂质，如 Cl^-、SO_4^{2-} 和 NO_3^- 等。另外由于 $KMnO_4$ 的氧化性很强，稳定性不高，在生产、储存及配制成溶液的过程中易与其他还原性物质作用，如配制时与水的还原性杂质作用等。因此，$KMnO_4$ 不能直接配制成标准溶液，必须进行标定。

高锰酸钾储备液 $(1/5KMnO_4=0.1mol/L)$：称取 3.2g $KMnO_4$ 固体溶于 1.2 L 水中，加热至沸腾并保持在微沸状态 1h，在暗处放置过夜，用 G—3 玻璃砂芯漏斗过滤存于棕色瓶中保存。使用前用 0.1000mol/L 的乙二酸钠标准储备液标定，求得实际浓度。

高锰酸钾使用液 $(1/5 \ KMnO_4=0.01mol/L)$：吸取一定量的上述高锰酸钾溶液，用水稀释至 1000mL，并调节至 0.01mol/L 准确浓度，存于棕色瓶中。使用当天应进行标定。

（7）H_2SO_4（1∶3）。

一份体积的浓硫酸徐徐加入三份体积的水中。趁热滴加高锰酸钾溶液至呈微红色。

（8）水样加入高锰酸钾溶液加热后，若紫红色消失说明什么？应如何采取措施？

红色消失说明样品的还原性物质过高，$KMnO_4$ 的量不够，需补加 $KMnO_4$。

（9）水样的采集和保存应注意哪些事项？

水样的采集应注意：①具有代表性；②取样时不要污染；③尽量不改变水样的成分。为了抑制微生物的繁殖，可适当加入硫酸酸化。

水样的储存应注意：①应尽快分析，必要时在 0～5℃保存，48h 内测定；②采集污染水样时可适当稀释,以防微生物繁殖过快。

【探索·交流】

(1)化学需氧量COD_{Cr}和高锰酸盐指数是采用不同的氧化剂在各自的氧化条件下测定的,难以找出明显的相关关系。一般来说,重铬酸钾法的氧化率可达90%以上,而高锰酸钾法的氧化率为50%左右,两者均未将水样中的还原性物质完全氧化,因此都是一个相对参考数据。

(2)重铬酸钾标准法(GB 11914—89)制定于1989年,所以用现在的标准衡量存在很多缺点:如耗时太多,每测定一个样需回流2h;批量测定困难;分析费用较高;测定过程中,回流水的浪费惊人;毒性的汞盐易造成二次污染等。请查阅有关资料,找出测定化学需氧量的其他方法,并加以比较。

中华人民共和国国家标准

GB 3838—2002 代替 GB 3838—88,GHZB1—1999

地表水环境质量标准

2002-04-28 发布 2002-06-01 实施

水域功能和标准分类

依据地表水水域环境功能和保护目标,按功能高低依次划分为五类:

Ⅰ类。主要适用于源头水、国家自然保护区。

Ⅱ类。主要适用于集中式生活饮用水地表水源地一级保护区、珍稀水生生物栖息地、鱼虾类产卵场、仔稚幼鱼的索饵场等。

Ⅲ类。主要适用于集中式生活饮用水地表水源地二级保护区、鱼虾类越冬场、洄游通道、水产养殖区等渔业水域及游泳区。

Ⅳ类。主要适用于一般工业用水区及人体非直接接触的娱乐用水区。

Ⅴ类。主要适用于农业用水区及一般景观要求水域。

对应地表水上述五类水域功能,将地表水环境质量标准基本项目标准值分为五类,不同功能类别分别执行相应类别的标准值。水域功能类别高的标准值严于水域功能类别低的标准值。同一水域兼有多类使用功能的,执行最高功能类别对应的标准值。

第5单元　化学平衡　电化学　反应速率

化学反应是化学研究的重要内容之一,任何一个化学反应都涉及两方面的问题:一是反应进行的方向和程度如何,即化学反应的平衡问题;二是化学反应进行的快慢如何,即化学反应的速率问题,这是既有区别又有联系的两个方面。对这两个问题的研究无论是在理论上还是在实践上,无论是对日常生活还是对工农业生产和科学研究都有十分重要的意义。

溶液和胶体是我们日常生活及自然界中常见的,与我们的生活及环境有着密切的联系。随着科学技术的进步,其应用领域也在不断扩大。了解、研究溶液及胶体的性质,以便我们能更好地利用它们,使我们的生活更加美好。

本单元主要包括:浓度、温度、压强对化学平衡的影响、胶体的制备和性质、电解质溶液的性质等实验内容。

实验22　浓度、温度、压强对化学平衡的影响

在化学研究及化工生产中,经常要考虑如何使反应物尽可能多的转化为所需要的产物,提高原料的转化率,这就是化学反应进行的程度问题,即化学平衡。化学平衡只有在一定条件下才能保持。当一个可逆反应达到平衡后,如果改变反应的条件,如浓度、温度、压强等,平衡就会破坏,从而建立一个新的平衡。这就是法国科学家勒夏特列(Le Chatelier)在1888年发现的闻名于世界的"勒夏特列原理"。那么浓度、温度和压强是怎样影响化学平衡的呢?

本实验旨在实验室条件下,设计研究浓度、温度、压强对化学平衡影响的实验。

【思考与设计】

(1)影响平衡的外界条件有哪些?

(2)如何选择合适的化学反应体系,使得条件改变易于控制,且现象改变明显,易观察?

(3)如何做到仅改变反应体系中某一种反应条件,而其他条件尽量保持不变,即控制单一变量?

【实验材料】

试管、$K_2Cr_2O_7$溶液、蒸馏水、H_2SO_4溶液、NaOH溶液、$FeCl_3$溶液、KSCN溶液、注射器、圆底烧瓶、烧杯、小试管、酒精灯、铜片、浓硝酸。

【实验案例】

1. 浓度对化学平衡的影响

方案一:已知在$K_2C_2O_7$溶液中存在着以下平衡

$$Cr_2O_7^{2-} + H_2O \rightleftharpoons 2CrO_4^{2-} + 2H^+ \quad (K_2C_2O_7 为橙色, K_2CrO_4 为黄色)$$

通过改变平衡体系中酸或碱的浓度进行验证。

方案二：已知在 $Fe(SCN)_3$ 溶液中存在着以下平衡：

$$Fe^{3+} + 3SCN^- \rightleftharpoons Fe(SCN)_3 (红色)$$

通过改变平衡体系中 Fe^{3+} 或 SCN^- 的浓度进行验证。

【指导与建议】

(1)选择上述两个反应体系作为研究对象是因为浓度改变后现象明显,易于得出结论。

(2)此实验简单易行,可以考虑设计成学生分组实验。

(3)为了更好地观察到实验现象,要发挥对比法在此实验中的教学功能。

(4)善于从多角度思考问题,可从四个角度——增大或减小反应物浓度、增大或减小生成物浓度来设计实验。

【教学分析】

1)关于方案一

(1)因为是要控制单一变量,所以必须尽可能保证体系中某一种物质浓度改变,而其他物质浓度保持不变,所以选用蒸馏水整体稀释的方案是不科学的。通过外加酸或碱的方法改变体系中 H^+ 的浓度时,要考虑酸或碱的浓度要足够大,以使外加酸碱的体积不足以引起溶液体积的较大变化。所以 $K_2Cr_2O_7$ 溶液、H_2SO_4 溶液、$NaOH$ 溶液的浓度大小是本实验成败的关键。

(2)要较好地观察到实验现象,建议采用三支试管即 $K_2Cr_2O_7$ 溶液、加酸后、加碱后对比现象的方法来观察。

(3)组织本实验教学时,可以采用教师提供不同浓度的试剂,先让学生设计方案,讨论后再进行实验的教学方式,实验结果记录可以采用表 3-33 所示方式。

表 3-33　$K_2Cr_2O_7$ 溶液中的离子平衡

编号	1	2	3
步骤	原 $K_2Cr_2O_7$ 溶液	加 H_2SO_4 后	加 $NaOH$ 后
现象			

2)关于方案二

(1)本实验的关键是第一次获得的 $Fe(SCN)_3$ 溶液浓度要小,然后滴加浓的 $FeCl_3$、$KSCN$ 溶液时才会有明显的颜色变化。

(2)因为 $Fe(OH)_3$ 的溶解度非常小,滴加 $NaOH$ 溶液后发生反应

$$Fe^{3+} + 3OH^- \longrightarrow Fe(OH)_3 \downarrow$$

使溶液中的 Fe^{3+} 浓度降低,混合液的颜色变浅。$NaOH$ 溶液不要加入过多,只要使溶液的颜色变浅即可。

(3)实验结果记录可以采用表 3-34 所示方式。

表 3-34　Fe(SCN)$_3$ 溶液中的离子平衡

编号	1	2
步骤(1)	滴加浓 FeCl$_3$ 溶液	滴加浓 KSCN 溶液
现象		
步骤(2)	滴加 NaOH 溶液	滴加 NaOH 溶液
现象		
结论		

2. 温度、压强对化学平衡的影响

1) 温度对化学平衡的影响

方案一:取 200mL 圆底烧瓶两只,分别通入 NO$_2$-N$_2$O$_4$ 的混合气体,用带导管的橡皮塞塞紧(必要时涂些凡士林或石蜡),两只烧瓶用橡胶管连通(图 3-55)。左侧烧瓶放入热水中,右侧烧瓶放入冷水中,观察现象。然后将两只烧瓶互换,再观察现象。

方案二:取一支 15mm×150mm 小试管,充满 NO$_2$ 气体,塞紧橡皮塞,将其交替浸入热水和冷水中,观察现象(也可将 NO$_2$-N$_2$O$_4$ 混合气体熔封在小试管中,供长期使用)。

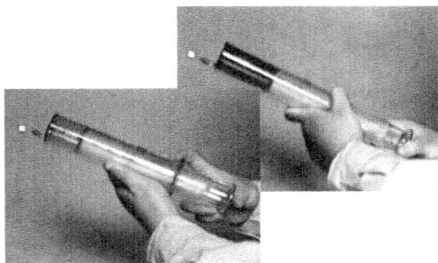

图 3-55　温度对化学平衡的影响

2) 压强对化学平衡的影响

取 100mL 注射器,吸取少量的 NO$_2$ 和 N$_2$O$_4$,然后用胶塞将针头封口,将活塞往外拉,观察针筒内气体颜色的变化;再将活塞往里推,观察针筒内气体颜色的变化(图3-56)。

〖指导与建议〗

(1)本实验可按演示实验进行设计和操作。

(2)NO$_2$ 的制备。利用铜与浓硝酸的反应制取 NO$_2$(图 3-57)。

图 3-56　压强对化学平衡的影响

反应的化学方程式为

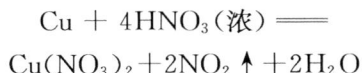

$$Cu + 4HNO_3(浓) == Cu(NO_3)_2 + 2NO_2\uparrow + 2H_2O$$

浓硝酸与铜的反应非常剧烈,为了防止多余的 NO$_2$ 逸出污染空气,实验时,可用一条尼龙丝系住铜片,通过胶塞吊在试管里,需要制取 NO$_2$ 时,把铜片浸入硝酸液面下,待红棕色气体充满试管后,立即拉起尼龙丝,使铜片离开液面,同时塞紧胶塞。

(3)本实验的反应原理。在一般条件下存在着下

图 3-57　NO$_2$ 的制备

列平衡：

$$2NO_2（红棕色）\underset{升温}{\overset{降温}{\rightleftharpoons}}N_2O_4（无色）$$

$$2NO_2（红棕色）\underset{减压}{\overset{加压}{\rightleftharpoons}}N_2O_4（无色）$$

（4）混合气体 NO_2-N_2O_4 熔封管的制作方法。先取一个小试管，用喷灯在离管口 1/4 处加热烧软后，拉细至直径 5mm 左右，将 NO_2 气体通入试管中，充满后，塞好橡皮塞，用喷灯在拉细处小心加热熔封。

熔封后的试管可以长期保存使用，实验时不需再重新制备混合气体，且使用方便。

（5）将一支试管交替放入冷热水中的实验，有一个缺点，即加热后管内压强也同时略有改变，但不会影响实验效果。

（6）在做压强对平衡的影响实验时，注射器活塞压进的位置，以注射器的一半体积为宜，拉出的位置可以超过满刻度，但不能太靠外，以免脱出。

活塞压进时，混合气体颜色深浅变化的现象比较明显，拉出时，颜色变化不是很明显，可以反复实验几次，以便观察。无论压进、拉出，都要十分迅速，因为平衡移动引起的颜色变化仅在十分之几秒就停止，必须引导学生抓住瞬间的变化，认真观察。

为了更能说明问题，实验时可用同样大小的注射器吸入颜色深钱及体积均相同的溴蒸气作为参照物加以比较。

〖教学分析〗

（1）本实验重在引导学生通过实验观察总结归纳得出结论。

（2）可借助化学平衡常数 K 予以理论上的分析。

（3）引导学生归纳总结勒夏特列原理，了解勒夏特列的化学研究历史。

（4）思考设计更简单直观的实验。

〖探索·交流〗

（1）探究 NO_2 不同的制备方法，如何控制 NO_2 的泄漏和污染，哪种方法更适合在实验室使用？

（2）设计更简单直观的实验方案。

实验 23　胶体的制备和性质

清晨，茂密的森林醒来了，一道道光柱透过枝叶照到地面上，这是自然界中常见的现象，也是胶体的一种性质，胶体在自然界尤其是生物界普遍存在，它与人类的生活及环境有着密切的联系，应用很广，且随着技术的进步，其应用领域越来越广。

胶体很早以来就引起了人类和科学家的注意，直到 19 世纪中叶，对各种胶体和悬浮液才有了更系统的研究。世界胶体化学奠基人是英国的化学家格雷阿姆，对胶体化学有突出贡献的科学家还有奥斯特瓦尔德（Ostwald）、弗兰德利希（Freundlich）、哈第（Hardy）、贝希霍德（Bechhold）和韦曼（Weimarn）等，我国的傅鹰教授作为我国胶体化学的奠基人也做出了重要贡献。

本实验旨在实验室条件下,探讨制备几种胶体的方法及研究胶体所具有的各种性质。

【思考与设计】

(1)根据已有知识,你在生活中见过哪些胶体? 哪些现象与胶体的性质有关?

(2)在实验室中如何制备 $Fe(OH)_3$、AgI 和 H_2SiO_3 胶体? 在制备胶体过程中,如何使分散质粒子以纳米级形式分散到分散剂中,而不是以沉淀形式析出?

(3)如何利用丁铎尔效应、渗析、聚沉、电泳等实验验证胶体的性质? 胶体的这些性质都有哪些应用?

【实验材料】

烧杯、试管、激光笔、低压直流电源、石墨电极、酒精灯、半透膜、玻璃棒、U 形管、$FeCl_3$ 固体、饱和 $FeCl_3$ 溶液、0.01mol/L $AgNO_3$ 溶液、1.0mol/L 盐酸、尿素、Na_2SiO_3 溶液(饱和 Na_2SiO_3 溶液按 1:2 或 1:3 体积比用水稀释)、0.01mol/L KNO_3 溶液、0.1mol/L $NaCl$ 溶液、0.1mol/L $MgSO_4$ 溶液、蒸馏水、0.01mol/L KI 溶液、1% 明胶溶液。

【实验案例】

1)胶体的制备

(1)$Fe(OH)_3$ 胶体的制备。

在 50mL 小烧杯中加入 20mL 蒸馏水,加热至沸,然后在沸水中逐滴加入饱和 $Fe(OH)_3$ 溶液 5~6 滴,继续煮沸,待溶液呈红褐色后,停止加热即得 $Fe(OH)_3$ 胶体。

(2)AgI 胶体的制备。

取一支大试管,加入 0.01mol/L 的 KI 溶液 10mL,然后用胶头滴管逐滴滴入 8~10 滴 0.01mol/L 的 $AgNO_3$ 溶液,边滴边振荡即得 AgI 胶体。

(3)硅酸胶体的制备。

在试管中加入 3~5mL Na_2SiO_3 溶液,再用胶头滴管逐滴加入稀盐酸,边加边振荡,即得硅酸胶体。

(4)淀粉胶体的制备。

将 1g 可溶性淀粉溶解于 50mL 蒸馏水中,加热至沸,冷却即为淀粉胶体。

2)胶体的性质

(1)丁铎尔效应。

利用激光笔产生的激光束或暗箱中的一束强光分别通过胶体溶液、盐溶液、蒸馏水(图 3-58),观察并解释产生的现象。

(2)渗析。

用半透膜制成一个袋,向其中注入淀粉胶体 10mL、食盐溶液 5mL,然后用线将半透膜的上口缚好,系在玻璃棒上,然后将半透膜袋悬挂于盛有蒸馏水的烧杯中(图 3-59)。几分钟后,用两支试管各取烧杯中的液体 5mL,分别注入少量的 $AgNO_3$ 溶液和碘水,观察发生的现象并解释原因。

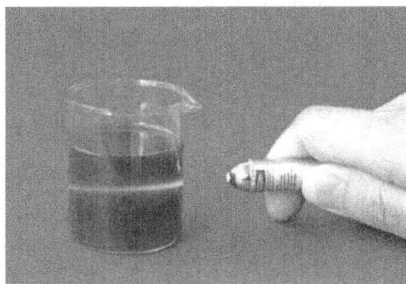

图 3-58　丁铎尔现象

淀粉胶体和
食盐溶液

半透膜
蒸馏水

图 3-59　胶体渗析

（3）胶体的电泳。

将 120mL 蒸馏水放在烧杯中加热至沸，加入 0.4g $FeCl_3$ 固体，溶解后再加入 6.3g 尿素，冷却后注入 U 形管中，然后在 U 形管的两端胶体溶液的上面沿管壁分别缓慢注入 0.01mol/L 的 KNO_3 溶液约 1cm 高，插入两只石墨电极（使之浸入 KNO_3 溶液中），通入 24V 左右的直流电约 10min，观察在阳极区和阴极区附近胶体颜色的变化（图 3-60），说明什么问题？

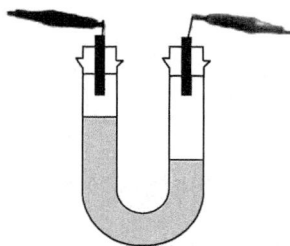

图 3-60　胶体电泳

（4）胶体的聚沉。

在三支试管中分别加入 3mL $Fe(OH)_3$ 溶胶、$Fe(OH)_3$ 溶胶、硅酸溶胶，再向第一支试管中加入 $MgSO_4$ 溶液，振荡，观察现象；再向第二支试管中加入硅酸溶胶，振荡，观察现象；给第三支试管加热，观察现象。

（5）胶体的保护。

用三支试管各取 3mL 的 $Fe(OH)_3$ 溶胶，分别加入 1mL 1%明胶（动物胶）溶液，充分振荡，再分别向第一支试管中加入 $MgSO_4$ 溶液、第二支试管中加入硅酸溶液，振荡，观察现象；给第三支试管加热，观察现象。

【指导与建议】

（1）本实验可按演示实验进行设计和操作。

（2）胶体制备的原理。

胶体是分散质颗粒在 1～100nm 的分散系。利用化学反应生成某物质的过饱和状态，而凝聚成胶体粒子的方法称为化学凝聚法。

$$FeCl_3 + 3H_2O \xlongequal{} Fe(OH)_3（胶体）+ 3HCl$$
$$KI + AgNO_3 \xlongequal{} AgI（胶体）+ KNO_3$$
$$Na_2SiO_3 + 2HCl \xlongequal{} H_2SiO_3（胶体）+ 2NaCl$$

配制胶体溶液时，必须用蒸馏水，以免水中的电解质杂质破坏胶体的形成。硅酸胶体的形成应考虑溶胶的浓度和溶胶的 pH，硅酸溶胶的 pH 在 6 左右为宜。

（3）在丁铎尔效应实验中激光笔应从烧杯侧面垂直射入。

(4)几种半透膜的制备。

半透膜可用玻璃纸、膀胱膜、肠衣、羊皮纸或其他代用品。

用玻璃纸制作渗析袋:取一张 15cm×15cm 的玻璃纸,用水润湿,铺在蒸发皿上并慢慢倒入胶体溶液,用线把玻璃纸绑在玻璃管上,再将此袋悬挂起来,浸入蒸馏水中。

用蛋壳制半透膜:取一个鸭蛋或鸡蛋,从大头打破,倒出蛋清和蛋黄,用温水洗净蛋壳内壁,将小头浸入 1∶1 盐酸溶液中,溶去全蛋壳的 1/4 或 1/3,内外用温水洗净,再用蒸馏水冲洗几次即可。

用火棉胶(柯罗酊)制作渗析袋:取市售的 5‰ 胶棉液 2～3mL 倒入干燥的锥形瓶(150mL)内,不断转动,使瓶的内壁和瓶口都均匀地沾上一层胶棉液(多余的倒回原试剂瓶中),然后倒放静止 15min 左右,由于溶剂不断蒸发,干后形成一层薄膜。从瓶口剥开薄膜,再沿瓶壁和薄膜的夹缝间注入蒸馏水,薄膜与瓶壁脱离,轻轻取出薄膜袋浸在蒸馏水中备用。

(5)胶体的电泳。

电源和电压的选择:胶体电泳选用 0～30V 的稳压直流电源,电压选择 24～30V 为宜。通电约 5min 后,两端胶体溶液的液面差约 1cm。若用干电池作电源,电压至少选用 9～15V。由于电压较低,需较长时间才能看到两端的液面差。

胶体溶液的浓度对胶体电泳的速度影响不大,但溶液的用量对电泳速度有一定影响。在电压相同的条件下,胶体溶液越多,使电极间距离相对加大,电泳速度相应减慢。

胶体的电泳实验中加入尿素的作用是增大密度,有利于界面清楚。电极直接接触胶体溶液,会产生电解反应,甚至破坏胶体而产生聚沉。在胶体上面加 KNO_3 溶液是起导电作用的,而 KNO_3 溶液与胶体之间有一清晰的界面是作好电泳实验的关键之一。

胶体电泳实验也可使用隔膜电极。在电泳实验中,如果电极直接接触胶体溶液,会产生电解反应,甚至破坏胶体而发生胶体聚沉。使用装有隔膜的电极可避免上述现象的发生。

隔膜电极的制作方法:取内径 4～6mm 的玻璃管截成长 10～12cm 的两段,断口熔圆,上部套上一段胶管以代替胶塞。在 20mL 蒸馏水中加入适量食用面粉和少量饱和 KNO_3 溶液加热制成较稀的糊糊。用脱脂棉球浸取新制的面粉糊,塞入电极管的下端,棉球在电极管口部要外凸成弧形(防止电极插入时,管口有气泡影响导电)。

用 $Fe(OH)_3$ 胶体做电泳实验时,选用 30V 的直流电源,通电 3～5min 后,阳极一端的液面约下降 1cm,并且阴极区的颜色逐渐变深,说明 $Fe(OH)_3$ 胶体带正电荷。

【教学分析】

(1)对于丁铎尔效应,要把学生在初中学过的悬(乳)浊液、溶液的有关知识及日常生活中接触到的有关事实、现象等联系起来,把胶体与溶液作对比,使学生在观察、比较的过程中认识胶体本身的特殊性。观察丁铎尔效应时,可以同时把溶液和胶体都放在入射光的"通道"上,比较哪一种液体有丁铎尔效应。通过比较,使学生抓住粒子直径大小这个关键,正确认识溶液、悬浊液和胶体的本质特征。

(2)关于胶体的聚沉,首先应让学生认识胶体具有介稳性,主要是因为同种胶粒带同种电荷,而同种电荷会互相排斥,要使胶体聚沉,就要克服排斥力,消除胶粒所带的电荷。让学生展开讨论,提出消除胶体所带电荷的方案,从中肯定合理的方案。

(3)关于渗析实验,尽量安排在演示实验之后,让学生设计方案来验证实验结论。

(4)结合胶体的性质,帮助学生了解生活中常见的有关胶体的现象并加以合理解释。

(5)让学生了解国内外化学家对胶体研究的历史,并了解胶体在生产、生活中的重要应用。

【探索·交流】

(1)做电泳实验时,为什么要在 $Fe(OH)_3$ 胶体上面加入稀硝酸钾溶液? 如何滴加才不致搅浑溶液,保持 KNO_3 和胶体间有清晰的界面?

(2)电压的高低与 U 形管的大小和胶体的用量不同,对胶体电泳实验效果有何影响?

(3)如果将碳棒电极直接插入胶体中,通以直流电,能否清楚地看到电泳现象?

(4)如何保护胶体?

(5)探究不同电极材料对胶体电泳实验效果的影响。

实验 24　电解质溶液的性质

在日常生活中,我们经常见到和用到各种溶液。浩瀚的大海,蜿蜒的河水,我们吃的多种食物、各种水果,饮料等都是溶液;各种生物的新陈代谢也离不开溶液。那么作为溶液中重要类型的电解质溶液具有什么性质呢?

【思考与设计】

在日常生活中,什么样的物质能够导电? 物质导电的原因有哪些? 化学溶液能不能导电呢? 如果化学溶液可以导电,导电的原理会是怎样的呢?

相同浓度的酸、碱、盐溶液的导电能力是不是相同? 为什么?

相同浓度的盐酸和乙酸(或氢氧化钠和氨水)的导电能力是不是相同? 为什么?

电解质溶液还具有什么特性呢?

【实验材料】

烧杯、U 形管、低压直流电源、滑线变阻器、金属电极(铂或代用电极)、碳电极、灯泡、电压表、电流表、滴液漏斗、导线、粗铜丝、0.5mol/L 的 HCl、0.5mol/L 的 NaOH、0.5mol/L 的 NaCl、0.5mol/L 的乙酸溶液、0.5mol/L 的氨水溶液、琼脂、酚酞试液、2.0mol/L NaOH 溶液、2.0mol/L HCl、6mol/L HCl、饱和 $CuCl_2$ 溶液、饱和 KCl 溶液、10%NaOH 溶液、1.0mol/L HCl、1.0mol/L HAc。

【实验案例】

1)溶液导电性实验

如图 3-61 所示,在 5 个烧杯中分别倒入 100mL 0.5mol/L 的 HCl、0.5mol/L 的 NaOH、0.5mol/L 的 NaCl、0.5mol/L 的乙酸溶液和 0.5mol/L 的氨水溶液,再分别插入两个电极,电极插入的深度要一致,约 1.5~2.5cm,用导线和 6V 的小灯泡按照装置连接起来,接通直流电源,电压调至 12~15V,检查线路无误后,打开开关,观察灯泡的明暗情况。

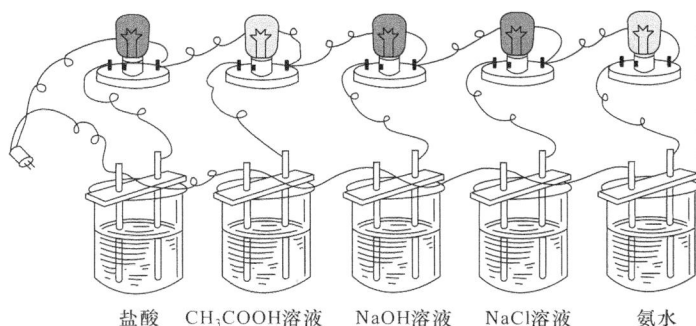

盐酸　　CH₃COOH溶液　　NaOH溶液　　NaCl溶液　　氨水

图 3-61　溶液导电性实验

2）离子迁移实验

(1)在盛有 50mL 水的烧杯中加入 1g 琼脂,加热溶解,然后加入 5g KCl 固体和 10 滴酚酞试液,再滴入几滴 NaOH 溶液,使其呈红色,将烧杯微热,并充分搅拌。

(2)将制好的红色液体倒入 U 形管的底部,待其冷凝后,向 U 形管的右侧管注入红色液体至距管口约 5cm 处。

(3)向烧杯中剩余的红色液体中加入 2.0mol/L 的盐酸,至液体变为无色为止,再滴加几滴盐酸使溶液呈酸性,然后将该溶液注入 U 形管的左侧管至与右侧管液体相同的高度。

(4)取 2mL 饱和 $CuCl_2$ 溶液,加入 5mL 水,再加入几滴稀盐酸制成蓝色溶液,将其注入 U 形管右侧已凝固的红色液体上面。

(5)取 5mL 饱和 KCl 溶液,加入 0.5mL 10％的 NaOH 溶液,充分混合后倒入 U 形管左侧管已凝固的液体上面。

(6)将金属电极插入 U 形管两侧的溶液中(右管连接电源正极,左管连接负极),与直流电源相连,控制 20V 电压,通电后观察管内颜色的变化。通过管内变色部分的距离大小,判断 H^+、OH^-、Cu^{2+} 的迁移速度。

3）相同浓度强弱电解质电离度比较实验

(1)测量 1mol/L 盐酸和乙酸的 pH。

(2)将两只锥形瓶中分别加入等体积、等浓度(1mol/L)的盐酸和乙酸,在两个气球中分别加入经砂纸打磨过的长度相同的镁条,然后将气球套在锥形瓶口,同时将气球中的镁条送入锥形瓶中(图 3-62),观察、比较气体鼓起的快慢等现象并记录。

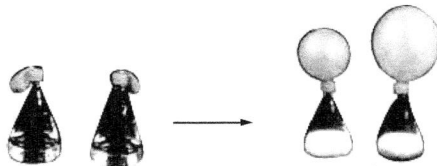

图 3-62　电解质反应速率比较

4)浓度对弱电解质电离度的影响实验

(1)将冰醋酸加入大烧杯中,其用量以冰醋酸液面刚好浸没露出的电极为宜,接通电源,观察灯泡现象(图3-63)。

(2)取出电极用清水冲洗干净,再用蒸馏水冲几次,然后将电极再插入盛蒸馏水的烧杯中,接通电源,观察灯泡现象(图3-63)。

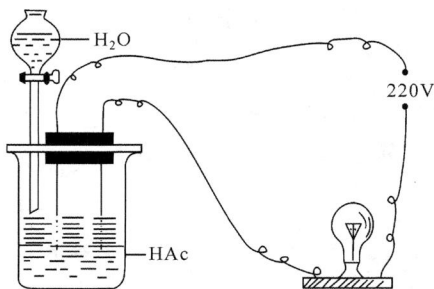

图3-63　浓度对弱电解质电离度的影响

(3)再将电极插入盛冰醋酸的烧杯中,接通电源,从漏斗中慢慢将蒸馏水加入烧杯中,观察灯泡明暗变化情况。

(4)继续加入蒸馏水,观察灯泡明暗变化情况。

5)电镀锌

(1)电镀槽的准备。用250mL烧杯作电镀槽,锌片作阳极,镀件作阴极,分别悬挂在两根较粗的铜导线上。

(2)镀件的处理。先用砂纸将镀件磨光,再用10%NaOH溶液浸泡去油,取出用清水洗净,再放入10%盐酸溶液中去锈,最后用清水洗净备用。

(3)电镀液的配制。NH_4Cl 50g、$ZnCl_2$ 6g、CH_3COONa 10g(用作缓冲剂,控制电镀液的pH在5~6)、洗涤剂数滴用蒸馏水配制成200mL电镀液。

(4)电镀。接通直流电源,电压控制在3~5V,电流密度在0.01~0.03A/cm²,电流密度不宜过大,否则镀层粗糙。电镀约10~15min。

【指导与建议】

(1)上述实验可按演示实验进行设计和操作。

(2)做离子迁移实验时,从管中凝胶颜色的变化可以说明离子的移动方向。该实验中,凝胶颜色的变化说明 Cu^{2+}、H^+ 从阳极向阴极方向移动;OH^- 从阴极向阳极方向移动。从变色部分距离的大小可以推断出各种离子的迁移速度是不同的:$H^+ > OH^- > Cu^{2+}$。

离子迁移速度的绝对值用迁移度表示,离子迁移的距离与电场强度 E(V/cm)、时间(s)成正比。表3-35中是一些离子在25℃的迁移度。

表3-35　一些离子在25℃的迁移度

离子	迁移度	离子	迁移度
H^+	36.30×10^{-4}	OH^-	20.25×10^{-4}
K^+	7.6×10^{-4}	SO_4^{2-}	8.27×10^{-4}
Ba^{2+}	6.59×10^{-4}	Cl^-	7.91×10^{-4}
Na^+	5.19×10^{-4}	NO_2^-	7.40×10^{-4}
Li^+	4.01×10^{-4}	HCO_3^-	4.61×10^{-4}

(3)使用琼脂的作用是增加溶液的密度,使实验界面更加清晰;可以用其他物质代替琼脂,需满足的条件是:①非电解质;②与混合液中物质均不反应;③溶于水;④无色物质,

如蔗糖、尿素可以作为代替物。

(4)在电镀实验中,为了防止由于电解液导电能力强,电流过大,烧坏低压电阻,通电前,先让滑线电阻器维持高电阻,接通电源后再调小,直至获得所需条件,电镀时要控制好电流密度,电流密度过大则镀层粗糙或镀件边角发黑,电流密度过小则电镀太慢或镀层太薄。

电镀液的配制是实验成功的关键。几种电镀液的配方见表 3-36。

表 3-36　几种电镀液的配制方法

配方 1		配方 2		配方 3	
$ZnCl_2$	15g/L	$ZnCl_2$	25g/L	$ZnCl_2$	10g/L
NaOH	100g/L	NH_4Cl_2	250g/L	NH_4Cl_2	60g/L
三乙醇胺	50g/L	CH_4 COONa	100g/L	柠檬酸	10g/L
DE 添加剂	1mL/L	"海鸥"洗涤剂少量		浓氨水加至 pH 为 5.8	
茴香醛	0.3mL/L			"海鸥"洗涤剂	1.5mL/L

【教学分析】

在普通高中化学课程标准"内容标准"化学 1 主题 3"常见无机物及其应用"部分要求:知道酸、碱、盐在溶液中能发生电离,通过实验事实认识离子反应及其发生的条件。为此,我们安排导电性实验和离子迁移实验,帮助学生理解电解质的概念。

选修 4 主题 3"溶液中的离子平衡"部分要求:能描述弱电解质在水溶液中的电离平衡,了解酸碱电离理论;还要求:认识盐类水解的原理,归纳影响盐类水解程度的主要因素,能举例说明盐类水解在生产生活中的应用。建议实验探究:测定不同盐溶液的 pH,说明这些盐溶液呈酸性、中性或碱性的原因。我们通过相同浓度盐酸和乙酸性质对比实验,帮助学生正确区分强电解质和弱电解质。通过浓度对弱电解质电离平衡的影响研究实验,帮助学生深入理解弱电解质的电离和水解平衡是一种特殊的化学平衡,遵循化学平衡移动规律。

选修 4 主题 1"化学反应与能量"部分要求:了解化学反应中能量转化的原因,能说出常见的能量转化形式;还要求:体验化学能与电能相互转化的探究过程,了解原电池和电解池的工作原理,能写出电极反应和电池反应方程式。建议实验探究:电能与化学能的相互转化。为此我们安排了电镀锌的实验。

总体来讲,"溶液导电性实验"和"离子迁移实验"帮助学生理解溶液导电、离子、电离等基本概念;"相同浓度强弱电解质电离度比较实验"帮助学生区分强弱电解质;"浓度对弱电解质电离度的影响实验"帮助学生探究弱电解质电离的影响因素;"电镀锌"探究发生在电解质溶液中的电化学反应。其中,"相同浓度强弱电解质电离度比较实验"是在原教材基础上的新增内容,这个实验可以帮助学生进一步理解强弱电解质的区别。因此,探究电解质溶液性质的系列实验就变得更加完整。

【探究·交流】

(1)影响离子迁移速度的因素有哪些?

(2)根据你的经验,你认为相同浓度的氢氧化钠溶液和氨水溶液的电离程度有无差异？请提出你的假设并设计实验验证。

(3)影响弱电解质电离度的因素有哪些,如何操作才使学生观察到灯泡先暗,后亮,又变暗的三个现象。

实验 25 影响化学反应速率的因素

在学生积累了大量影响化学反应速率现象的感性认识之后,有必要从理论上给予升华,让学生实现从现象到本质,进而利用理论指导实践,完成一次认识上的飞跃。要明确反应物的本质决定了反应速率,在讨论浓度、压强、温度及催化剂等外界条件对化学反应速率影响的同时,应引导学生利用有效碰撞理论模型加以解释,以加深学生对实验现象的理解。

本实验旨在实验室条件下,设计研究浓度、温度、催化剂对化学反应速率影响的实验。

【思考与设计】

(1)结合生活实际,思考影响化学反应速率的外界条件有哪些?

(2)如何选择合适的化学反应体系,使得条件改变易于控制,且现象改变明显,易观察?

(3)如何做到仅改变反应体系中某一种反应条件,而其他条件尽量保持不变,即控制单一变量?

【实验材料】

试管、0.01mol/L $KMnO_4$ 酸性溶液、0.1mol/L $H_2C_2O_4$ 溶液、0.2mol/L $H_2C_2O_4$ 溶液、秒表、0.1mol/L $Na_2S_2O_3$ 溶液、0.1mol/L H_2SO_4 溶液、5% H_2O_2 溶液、0.1mol/L $FeCl_3$ 溶液、0.1mol/L $CuSO_4$ 溶液、$MnSO_4$ 固体、淀粉溶液、碘水。

【实验案例】

1. 浓度改变对化学反应速率的影响

取两支试管,各加入 4mL 0.01mol/L $KMnO_4$ 酸性溶液,然后向一支试管中加入 0.1mol/L $H_2C_2O_4$ 溶液 2mL,记录溶液褪色所需的时间;向另一支试管中加入0.2mol/L $H_2C_2O_4$ 溶液 2mL,记录溶液褪色所需的时间。

实验中发生了以下反应:

$$2KMnO_4 + 5H_2C_2O_4 + 3H_2SO_4 == K_2SO_4 + 2MnSO_4 + 10CO_2\uparrow + 8H_2O$$

〖指导与建议〗

(1)选择上述反应体系作为研究对象是因为浓度改变后现象明显,易于得出结论。

(2)尽可能增加学生动手做实验的机会,加深体验。

(3)可以自行设计、开发实验,以增强教学效果。例如,用两张滤纸条蘸 $FeSO_4$ 的浓溶液,其一置于空气中,另一置于 O_2 中,观察纸条颜色变化的快慢。

(4) $KMnO_4$ 溶液的浓度不要大,否则溶液颜色过重,需要乙二酸的量及褪色时间都要发生相应变化。$KMnO_4$ 溶液要用浓硫酸酸化,每 4 份 $KMnO_4$ 溶液加 1 份浓硫酸为宜。

（5）为保证 $KMnO_4$ 溶液的紫红色彻底褪去,本实验中乙二酸用量分别过量了 1 倍和 3 倍,可以调整乙二酸用量,探求更好的实验效果。

〖教学分析〗

（1）本实验开始时溶液褪色较慢,由于反应中生成的 Mn^{2+} 具有催化作用,随后褪色会加快。

（2）有效碰撞理论:对于某一反应来说,在其他条件不变时,反应中活化分子的百分数是一定的,而单位体积内活化分子的数目与单位体积内反应物的总数成正比,即与反应物的浓度成正比。反应物浓度增大,活化分子数也增多,有效碰撞的概率增加,反应速率也就增大了。

2. 温度改变对化学反应速率的影响

取两支试管各加入 5mL 0.1mol/L $Na_2S_2O_3$ 溶液;另取两支试管各加入 5mL 0.1mol/L H_2SO_4 溶液;将四支试管分成两组(各有一支盛有 $Na_2S_2O_3$ 溶液和 H_2SO_4 溶液的试管),一组放入冷水中,一组放入热水中,经过一段时间后,分别混合并搅拌。记录出现浑浊的时间。

实验中的化学方程式为

$$Na_2S_2O_3 + H_2SO_4 == Na_2SO_4 + SO_2\uparrow + S\downarrow + H_2O$$

〖指导与建议〗

（1）本实验所用的冷水用自来水即可,若用冰水混合物温度更低,出现浑浊的时间更长,更利于比较。

（2）为了便于比较,使浑浊程度相同,可在试管背后做一个黑色标记,以其被遮住为准。

（3）可组织学生开展科学探究,利用 1mol/L KI 溶液、0.1mol/L H_2SO_4 溶液和淀粉溶液,探究溶液出现蓝色的时间与温度的关系。

〖教学分析〗

加热的作用可以归纳为两个方面:一方面是通过提高温度使分子获得更高的能量,活化分子百分数提高;另一方面是因为含有较高能量的分子间的碰撞频率也随之提高。这两方面都使分子间有效碰撞的概率提高,因此反应速率增大。

3. 催化剂对化学反应速率的影响

（1）设计实验,比较 $FeCl_3$ 和 $CuSO_4$ 对 H_2O_2 分解速率的影响。

（2）设计实验,观察 $MnSO_4$ 对 $KMnO_4$ 酸性溶液与 $H_2C_2O_4$ 溶液反应体系的影响。

（3）设计实验,比较硫酸溶液、唾液对淀粉水解的催化效果。

〖指导与建议〗

（1）上述三个实验,可组织学生开展科学探究,自行设计方案验证。

（2）在实验(1)中,要注意控制变量思想的应用,并选择恰当的参考变量来观察现象,既可以通过定性比较,也可以设计成定量比较方案(可参考图 3-64)。

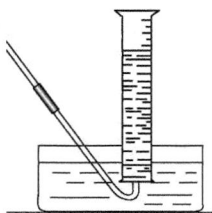

图 3-64　定量设计

〖教学分析〗

（1）由于 Mn^{2+} 对 $KMnO_4$ 的氧化作用有催化功能，因此加入 Mn^{2+} 的试液中的颜色褪色明显快些。反应机理可能如下：

$$Mn(VII) + Mn(II) \longrightarrow Mn(VI) + Mn(III)$$
$$Mn(VI) + Mn(II) \longrightarrow 2Mn(IV)$$
$$Mn(IV) + Mn(II) \longrightarrow 2Mn(III)$$

$Mn(III)$ 与 $C_2O_4^{2-}$ 生成一系列配合物，$MnC_2O_4^+$、$Mn(C_2O_4)_2^-$、$Mn(C_2O_4)_3^{3-}$ 等，它们慢慢分解为 $Mn(II)$ 和 CO_2。

$$MnC_2O_4^+ \longrightarrow Mn^{2+} + CO_2 + \cdot CO_2^-$$
$$Mn(III) + \cdot CO_2^- \longrightarrow Mn^{+2} + CO_2$$

总反应为

$$2MnO_4^- + 5C_2O_4^{2-} + 16H^+ \longrightarrow 2Mn^{2+} + 10CO_2 \uparrow + 8H_2O$$

（2）淀粉在酸的催化下可以水解生成葡萄糖

$$(C_6H_{10}O_5)_n + nH_2O \xrightarrow{\triangle} nC_6H_{12}O_6$$

如果欲达到使淀粉水解完全的目的，需要很长时间；在淀粉溶液中加入碘水后，淀粉溶液变蓝。实验时，把另一支试管中事先备好的唾液倒入淀粉和碘水的混合溶液中，稍加振荡，蓝色迅速褪去。这是由于唾液中含有一种淀粉酶，它在很温和的实验条件下，具有很高的催化活性。

本实验进一步说明了催化剂有选择性。

（3）催化剂能加快化学反应速率，是因为它能改变反应的路径，使发生反应的活化能降低，如图 3-65 所示。显然有催化剂时的活化能 E_2 比无催化剂时的活化能 E_1 降低了很多，这样一来，就使反应体系中含有的活化分子百分数提高，从而使有效碰撞的概率提高，反应速率增大。

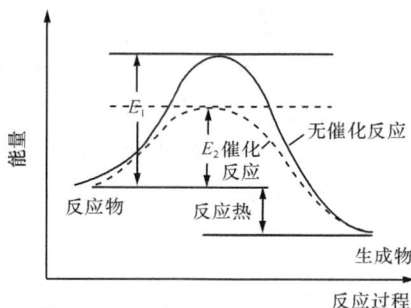

图 3-65　催化剂作用机理

第6单元　有机化学实验

在人类已知的化合物中,有机化合物占了绝大多数,与生命活动密切相关的有机化合物广泛存在于人类居住的地球上,使地球充满生机与活力。近年来,新合成的有机化合物数以千万计,极大地丰富了我们的物质世界,满足了日益增长的社会需求,提高了人们对物质及其变化的认识。当今,有机化合物的应用已深入人类生活的各个领域,因此学习有机化合物,对提高学生的科学素养有着重要的意义。本单元主要学习一些生活中常见的有机化合物的制备和性质实验,并就相应有机化合物实验的教学进行探讨,给出实验教学建议。同时,通过实验设计和一些资源平台,了解有机化合物与生活、健康、能源等问题的密切关系。

实验 26　乙酸乙酯的合成

大多数的酯有令人愉快的香味,存在于植物的花和果实中。许多的花香和水果香都是由酯引起的,如乙酸异戊酯有香蕉味、正戊酸异戊酯有苹果的香味。由菠萝取得的香精中含有乙酸乙酯,所以酯广泛应用于香料、化妆品、食品、饮品、白酒和葡萄酒中,一些酯除有香味外,还是人体不可缺少的营养品。对以上提到的酯的应用,大部分来自于天然的花、果实和树叶中,但从大自然中提取的酯总是有限的,人们弄清楚这些香精的成分和结构以后,不再满足于自然的赐予,开始研制并合成更多的香料。那么如何在实验室中合成乙酸乙酯? 实验室制备与工业生产要考虑的因素一样吗? 有哪些区别?

【思考与设计】

实验室制备乙酸乙酯是在浓硫酸作催化剂并加热的条件下,乙酸与乙醇作用发生反应(酯化)生成乙酸乙酯,该反应是一个可逆反应。请思考:

(1)浓硫酸在反应中的作用只是催化剂吗?

(2)在实验中如何创造条件促使酯化反应向生成更多目标产物(生成物)的方向进行?

(3)根据反应物的性质及反应条件思考选用什么仪器作为反应发生装置呢? 如何分离产生的乙酸乙酯呢?

【实验材料】

试管、试管夹、铁架台、酒精灯、单孔橡胶塞、导管、烧杯、分液漏斗、量筒、直尺、无水乙醇、冰醋酸、浓硫酸、浓盐酸、饱和 Na_2CO_3 溶液、饱和 $NaCl$ 溶液。

【实验案例】

1)蒸馏法

在一支大试管里加入 4mL 乙醇和 3mL 冰醋酸,再缓慢加入 2mL 浓硫酸,振荡使混合均匀,按图3-66所示连接装置。用酒精灯加热至沸腾(防止暴沸),当试管内混合液只剩下原溶液的 1/3 时停止加热。

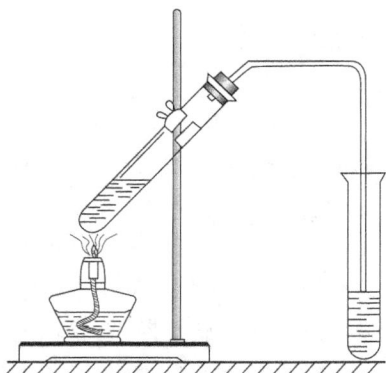

图 3-66　蒸馏法制备乙酸乙酯的装置　　　　图 3-67　回流法制备乙酸乙酯的装置

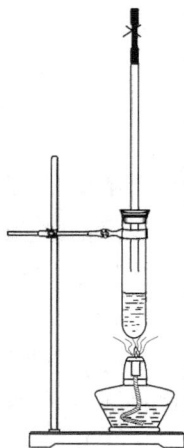

2）回流法

在一支大试管中注入 3mL 乙醇、2mL 冰醋酸和 2mL 浓硫酸,振荡使混合均匀,按图 3-67 所示连接装置(图中长玻璃导管的作用是什么?)。用酒精灯加热试管,或放在沸水浴锅中加热 3～5min 后,取出试管冷却(或放在冰水中冷却)。

【指导与建议】

(1)蒸馏法中,为防止倒吸,导气管插入试管中至液面上方 1～2cm 处即可。

(2)回流法中制得的乙酸乙酯可以用饱和 NaCl 溶液进行分离和纯化。

(3)饱和 Na_2CO_3 溶液可以使生成的酯分离出来,但由于都是无色液体,液面不明显,为了看清酯和水层的界面,加入在少量水层和酯层中溶解度不同的有色试剂,即可看清界面。

试试看

(1)在收集酯的试管的饱和 Na_2CO_3 溶液中加入几滴酚酞指示剂,则下层饱和 Na_2CO_3 溶液呈红色,上层酯层为无色。

(2)在收集酯的试管中加入少许碘,则上层为褐色,下层为无色,若加入少量硫酸铜,则上层为无色,下层为蓝色。

【教学分析】

现行教材在有机化合物的学习上,具有明显的阶段性和学习水平要求,分为必修和选修两个阶段,初步建立和系统学习两种水平。对于乙酸乙酯并不像乙醇、乙酸两种物质,作为醇和酸的代表物在必修阶段具体学习其物理、化学性质,乙酸乙酯只是作为乙酸酯化反应的产物出现,但酯却是烃的衍生物中一类重要的化合物。教材旨在通过乙醇和乙酸反应生成乙酸乙酯和水这个反应,初步建立酯化反应这个概念,并初步了解酯的结构特点,以及醇、羧酸和酯之间的转化关系。

由于酯化反应是学生接触到的第一个可逆有机反应,建议此实验的教学,应该依据学生之前所学的"化学反应的快慢和限度"的知识,对影响反应速率和反应进行程度的条件,进行深入的分析、探讨,在此基础上,确定酯化反应的实验装置及操作要点,提高实验的成功率。这样,既复习了有关"化学反应限度"的知识又加深了对酯化反应的概念及酯的结构的认识,为后续有关酯类化合物的学习奠定基础。

【探索·交流】

(1)在实验中浓 H_2SO_4、饱和 Na_2CO_3 溶液各起什么作用?

(2)应根据哪种物质的用量计算产率? 如何计算?

(3)如何采取适当的方法和措施提高乙酸乙酯的产率?

(4)通过对酯化反应机理的研究可知,在酯化反应中起催化作用的是 H^+,又由于浓 H_2SO_4 具有强氧化性,随着反应的进行,反应装置中溶液的颜色逐渐变黄,甚至变黑,影响对实验的观察,那么能否用其他的酸如盐酸或是稀硫酸来代替浓 H_2SO_4 呢?

(5)有人说在喝酒的时候,在白酒里加一些醋,喝起来又香又不醉人。从化学反应的角度分析,可能吗? 白酒的香味是从哪里来的?

实验 27　乙醛的制备和性质

醛类是重要的有机化合物,由于醛基很活泼,醛可以发生多种化学反应,在有机化合物合成和官能团转化中起着重要作用。其中,乙醛是脂肪醛的代表物,由乙醛开始学习醛类的组成、结构、性质,符合学生由浅入深的认识规律,而且,在中学化学学习的含氧衍生物(乙醇、乙酸)中,乙醛是乙醇和乙酸相互转化的中心环节,也是后面学习糖类知识的基础。

> 说到醛,人们可能首先想到的就是甲醛的毒性和居室的环境污染,但实际上大多数的醛没有毒,而且有特殊的香味,和酯一样可以作香精、食品、饮品的添加剂。有香味的醛类化合物主要是一些芳香族化合物,如柠檬醛有柠檬香味,苯甲醛有苦杏仁的香味、香草醛有诱人的香味,还有一些醛类发出肉桂香、紫丁香味,这些醛类被用来作香料和调味品。

【思考与设计】

在实验室中,乙醛是通过乙醇的催化氧化而制得的,其最典型的性质就是对氧化剂的敏感性,一些弱氧化剂就可以将其氧化为乙酸,这也是醛基的特征反应,可以用该特征反应鉴别是否有醛类物质生成。根据上述原理,为了达到更好的教学目标,请思考以下问题:

(1)根据科学性原则和现象明显的原则,选择具体的反应物质及仪器,组装反应发生装置。

(2)思考选用什么物质来检测生成的产物是否为乙醛?

(3)预测乙醛的性质实验中会出现哪些现象,然后进行实验探究,最后对实验中的现象进行解释,加深对乙醛性质的认识。

【实验材料】

烧杯、具支试管、小试管、玻璃管、导管、酒精灯、铁架台、铁夹、气唧、橡皮塞、橡皮管、火柴、无水乙醇、铜丝、5％重铬酸钾溶液、银氨溶液、10％ NaOH 溶液、2％ $CuSO_4$ 溶液、6mol/L 稀硫酸溶液、蒸馏水、玻璃丝。

【实验案例】

1）空气氧化法

取 20mm×200mm 玻璃管一根，下端配有弯头导气管的单孔皮塞，上端配有附螺旋状铜丝导气管的单孔皮塞，用铁架台固定好，如图 3-68 所示，连接好仪器装置。

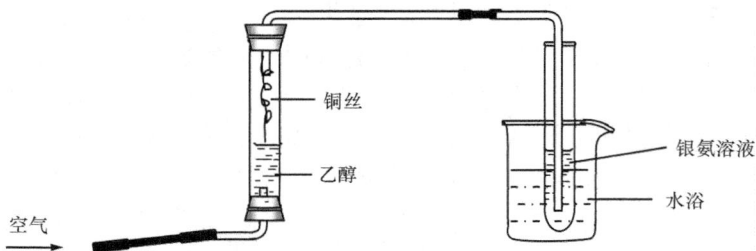

图 3-68   空气氧化法制乙醛的实验装置

取一支试管，向其中注入 2mL 银氨溶液，然后将试管放入盛有 60～70℃水的大烧杯（或水浴锅）中。

取下附有螺旋状铜丝的橡皮塞，注入无水乙醇，加热螺旋铜丝至红热状态，放入管内塞紧皮塞，用气唧鼓入空气，调节鼓入气流的速度，保持铜丝呈红热状态。几分钟后，观察并记录实验现象。

2）乙醛的还原性

（1）银镜反应。

在一支洁净的试管中，加入 1mL 2％ $AgNO_3$ 溶液，边振荡边滴加 2％的氨水，直至最初产生的沉淀恰好消失，便得到银氨溶液；再滴入 3 滴 40％的乙醛溶液，振荡后将试管置于 60～70℃的水浴中进行反应。观察并记录实验现象。

（2）与新制 $Cu(OH)_2$ 溶液的反应。

在试管里加入 10％的 NaOH 溶液 2mL，滴入 2％ $CuSO_4$ 溶液 1mL，混匀，得到新制的 $Cu(OH)_2$ 悬浊液；再加入 40％的乙醛溶液 1mL，振荡并加热。观察并记录实验现象。

【指导与建议】

（1）空气氧化法实验中，乙醇必须用无水乙醇，否则当鼓入空气时不能保持铜丝红热，放热现象不明显。

（2）银镜反应中必须注意以下几个问题：①所用试管必须洁净；②配制银氨溶液时氨水不能过量；③水浴温度控制在 70℃左右；④银氨溶液现用现配，不能久置。

（3）在乙醛与新制 $Cu(OH)_2$ 溶液的反应中，必须注意以下几个问题：①NaOH 要过量，必须保证碱性环境（pH≥11），溶液中的 $Cu(OH)_2$ 或 $[Cu(OH)_4]^{2-}$ 才起氧化作用；②反应中乙醛和硫酸铜溶液的体积比不能小于 1∶1，才有利于 Cu_2O 的生成；③要均匀受热,避免局部过热。

【教学分析】

在高中化学教材中乙醛的制备实验和性质实验是分开教学的。乙醇在铜或银的催化下与氧气反应生成乙醛的实验出现在必修 2 中,是学习乙醇还原性的重要内容。而乙醛的结构和性质是选修 5 中重点学习的内容。通过乙醛的银镜反应和与新制氢氧化铜反应的实验,既可以说明醛基具有强还原性,能被弱氧化剂所氧化,也可以通过此反应,引导学生认识醛基与酮羰基的区别,让学生进一步体会到分子中基团间的相互作用对物质性质的影响,掌握鉴别醛基的方法。此外,通过乙醛的制备及性质实验可以使学生理解醇、醛、羧酸等烃的衍生物间的相互转化关系,并能够通过化学反应实现三者之间的相互转化。

因为本实验的影响因素众多,任何两名学生的操作,导致的实验现象有可能不同,这就需要教师在实验中注意引导学生对实验现象的观察,并从氧化、还原角度思考出现各种现象的原因。

【探索·交流】

根据上述乙醛制备的原理及实验教学要求,有人设计了以下实验方案:

(1)制备 $Na_2[Cu(OH)_4]$ 试纸。

取 20% 的 NaOH 溶液约 2mL 于试管中,滴加 5% $CuSO_4$ 溶液 4～5 滴,振荡后可制得澄清的绛蓝色 $Na_2[Cu(OH)_4]$ 溶液;用胶头滴管将该溶液滴在事先剪好的圆形滤纸上,浸透。

(2)取一长 12cm 的两通玻璃管,在离左管口 4～5cm 处用药匙放入适量 CuO 粉末,离右管口 2cm 处放入无水 $CuSO_4$ 粉末。

(3)将脱脂棉浸泡在 5mL 无水乙醇溶液中,待脱脂棉完全浸透时,用镊子夹取放在玻璃管距左管口约 2cm 处,立即塞紧胶塞。

(4)将玻璃管右管口略向下倾斜后固定在铁架台上,用镊子夹取 $Na_2[Cu(OH)_4]$ 试纸贴住玻璃管右管口。

(5)用酒精灯对玻璃管进行预热,然后在有 CuO 粉末的玻璃管位置集中加热,再把酒精灯移往脱脂棉处慢慢加热脱脂棉,注意观察这三次加热试纸颜色变化情况。

请你根据演示实验教学基本要求及实验在化学教材中的地位和作用,对该实验方案进行点评?

实验 28　纤维素的水解和酯化

纤维素是自然界中广泛存在的一种多糖,是构成植物细胞壁的基础物质。纤维素的化学性质较稳定,一般不溶于水和有机溶剂,但在特定条件下也会发生水解反应,而且由于纤维素分子中约有几千个葡萄糖单元($C_6H_{10}O_5$),其中每个葡萄糖单元都含有三个醇羟基,这就使得纤维素具有醇的性质,能发生酯化反应和醚化反应。通过酯化反应和醚化反应可以为纤维素大分子中引入新的基团,从而改变原有纤维素的性质,生成在工业上具有极大应用价值的、不同性质的纤维产品,其中用途最广的当属纤维素的硝酸酯(硝化纤维)。

【思考与设计】

纤维素的化学性质较稳定,但在浓硫酸的作用下,会发生水解反应生成具有还原性的物质,也会和浓硝酸发生硝化反应生成纤维素硝酸酯。为了达到教学目标,请思考:

(1)浓硫酸具有吸水性也具有脱水性,在纤维素的水解实验中,如果浓硫酸表现为脱水性,则纤维素会碳化,势必影响实验效果,也会形成学生思维上的障碍,那么实验中如何避免纤维素碳化呢?

(2)在硝化纤维的制备实验中,如何操作才能避免脱脂棉完全溶解?

(3)纤维素的酯化反应中,硝化时间的长短对实验结果有哪些影响?

【实验材料】

小烧杯、试管、玻璃棒、大烧杯、温度计、酒精灯、铁架台、试管夹、石棉网、胶头滴管、pH 试纸、火柴、棉花、滤纸、脱脂棉、80%浓硫酸溶液、10% NaOH 溶液、2% CuSO₄ 溶液、浓硝酸溶液、蒸馏水、无水乙酸溶液。

【实验案例】

1)纤维素的水解

称取 0.2g 滤纸于干净的小烧杯中,向滤纸上滴加几滴水($V_{H_2O} = ?$),然后继续向其中加入适量的浓硫酸溶液($V_{H_2SO_4} = ?$),至使滤纸完全润湿为止。用玻璃棒将滤纸搅成糊状,使纤维素初步水解成无色黏稠液体,接着将该无色液体置于 65℃的水浴中加热 2~3min,当水解液呈亮棕色即可取出,冷却备用(此处也可以进行过滤处置)。

向上述水解液中加入 3 滴 2%的 CuSO₄ 溶液,并加入过量的 10%NaOH 溶液直至产生氢氧化铜沉淀[搅拌溶液 Cu(OH)₂ 沉淀不消失],再滴加 2 滴,然后加热煮沸溶液,观察并记录实验现象。

2)纤维素的酯化

(1)取 1 份浓硝酸和 3 份浓硫酸于烧杯中混合均匀,待混合液温度冷却到 30℃以下时,向其中投入 1g 脱脂棉,硝化 10min。取出用冷水洗涤,直到最后洗出的液体不显酸性为止。将硝化纤维取出拧干,再用无水乙酸洗涤,脱水拧干,然后晒干或晾干(不能用火烘干)。

(2)分别用脱脂棉和一小团制备好的硝化棉,将火柴头包裹住,然后将其放在石棉网上用火柴点燃,观察并记录实验现象。

【指导与建议】

(1)硫酸的浓度控制在 60%~70%为宜,浓度偏大容易使纤维素碳化变黑,浓度偏小不能使纤维素发生水解。

(2)一般室温在 20℃以上时,纤维素水解液可不必在水浴中进行加热,只要静置 1~2min 即可得到亮棕色的水解液。

(3)CuSO₄ 溶液的用量不宜过多,最多用 2~3 滴,而氢氧化钠的用量则宜多不宜少,因为醛基的还原性,要在强碱性溶液中才能表现出来。

(4)硝化后的脱脂棉一定要用水将酸冲洗干净,否则硝化棉很快就会变质。

(5)为了使纤维素尽可能转化为三硝基纤维素,硝化时间可适当延长,约 1h 左右。

(6)冲洗干净的硝化纤维,绝对不能用火直接烘干,而要阴干。

【教学分析】

纤维素是食物的重要组成部分,是一种多糖,关于纤维素这一内容的教学,大致遵循课程标准的基本要求,分为两个阶段来完成。

首先,在必修 2 的教学中,课程标准要求"知道纤维素的组成和主要性质,认识其在日常生活中的应用"。而必修阶段有机物的教学原则是就物质讲物质,不涉及具体的官能团反应。因此,在学习中,注意引导学生知道纤维素是一种多糖,结构简式为$(C_6H_{10}O_5)_n$,多糖可发生水解反应,其终产物为葡萄糖,并联系纤维素的存在介绍纤维素在生命活动及工业生产中的重要作用。

其次,在选修阶段,课程标准要求"认识纤维素的组成和性质特点,并举例说明纤维素在生物质能源开发上的重要作用","实验探究纤维素的水解产物"。由于选修阶段,系统讲述官能团的反应,因此可以从纤维素的特定官能团出发去预测其性质,并通过设计探究性实验来检验。此外,由于纤维素可以通过绿色植物的光合作用制得,是可再生的生物能源。在教学中要引导学生认识到,通过化学反应在纤维素中引入新的基团,改变纤维素的特性,就能制得在工业生产中具有广泛应用价值的纤维素产品,而这种纤维素改性研究,在化学研究中,具有深远的研究意义和广泛的研究前景。

【探索·交流】

(1)探索实验成功的关键。

(2)在纤维素的水解实验中当溶液中出现蓝色的 $Cu(OH)_2$ 沉淀后,为什么还要向溶液中多滴加 2 滴 NaOH 溶液?

(3)用无水乙酸洗涤硝化纤维的目的是什么?

实验 29　糖类、蛋白质的性质

糖类和蛋白质是食物中的基本营养物质,与有机体的生命活动休戚相关。糖类是人体组织的重要组成部分,也是人体活动所需能量的主要来源。对于一个中等劳动量的成年人来说,每天需要消化的糖类为 300~420g。蛋白质是一切生命的物质基础,是肌体细胞的重要组成部分,动物的肌肉、皮肤、毛发等的主要成分都是蛋白质。了解糖类和蛋白质对于生命活动和人体健康的关系,学习它们的性质对于每一个人都至关重要。

【思考与设计】

本实验是关于糖类和蛋白质性质的一个总结性实验,为了让学生对糖类和蛋白质的性质有全面、准确的认识,在设计并实施实验时,请注意思考以下几个问题:

(1)结构决定性质,通过回忆葡萄糖、蔗糖和麦芽糖的结构,思考这三种糖是否具有还原性? 选择什么物质可以检测其还原性? 实验的观测点在哪?

(2)根据选择的反应物的性质及反应条件,选择何种仪器较为适当?

(3)蛋白质盐析和变性的区别是什么? 选择什么样的物质可以使蛋白质发生盐析? 选择什么样的物质可以使蛋白质发生变性? 每类物质各列举出三四个例子并进行实验

探究。

【实验材料】

试管、滴管、大烧杯、温度计、铁架台(带铁圈)、量筒、玻璃棒、火柴、纱布、蔗糖、葡萄糖、麦芽糖、银氨溶液、10%NaOH溶液、$(NH_4)_2SO_4$饱和溶液、2%$CuSO_4$溶液、6mol/L稀硫酸溶液、蒸馏水、0.5%的淀粉溶液、土豆、红薯、碘酒、鸡蛋、乙醇、浓硝酸、1根毛发、1根羽毛。

【实验案例】

1)糖类的性质

(1)葡萄糖、蔗糖和麦芽糖的还原性实验探究。

(i)铜镜反应。

向1支洁净的试管中倒入1mL 20%的葡萄糖溶液,然后向其中加入2mL新制的氢氧化铜溶液,混合均匀后,加热至沸腾。观察并记录实验现象。

(ii)银镜反应——与土伦试剂的反应。

向1支洁净的试管中倒入1mL 20%的葡萄糖溶液,然后向其中加入2mL新制的银氨溶液,混合均匀后,将试管置于60~70℃的水浴中进行反应。观察并记录实验现象。

根据葡萄糖的还原性探究实验方案,分别设计并实施蔗糖和麦芽糖的还原性探究实验方案。

(iii)解释与结论(表3-37)。

表3-37 糖的性质

	新制氢氧化铜溶液		新制银氨溶液	
	现象	解释及结论	现象	解释及结论
葡萄糖溶液				
蔗糖溶液				
麦芽糖溶液				

(2)淀粉的显色反应。

取1支试管,向其中加入1mL 0.5%的淀粉溶液,然后再向其中加入1~3滴碘酒溶液,振荡。观察并记录实验现象。

2)蛋白质的性质

(1)取1支试管加入2mL蛋白质溶液,再向其中缓慢滴加饱和的$(NH_4)_2SO_4$溶液,仔细观察发生的现象。然后再向试管中加入蒸馏水,继续观察发生的现象。

(2)向三支试管中各加入3mL蛋白质溶液,加热第一支试管,观察并记录实验现象;向第二支试管里加入1mL $CuSO_4$溶液,观察发生的现象;向第三支试管里加入1mL乙醇的水溶液,观察发生的现象。然后,再分别向三支试管里加入蒸馏水,观察并记录实验现象。

(3)取1支试管向其中加入3mL蛋白质溶液,再往试管中滴入几滴浓硝酸,观察发生的现象。

(4)取1根头发(或羽毛),放在酒精灯上灼烧,闻气味。

【指导与建议】

(1)0.5%淀粉溶液的配制。称取 1.0g 可溶性淀粉,加入 10mL 蒸馏水,搅拌下注入 200mL 沸腾的蒸馏水中,再微沸 25min,放置。取上层清液待用,此溶液于使用前制备。

(2)淀粉溶液可以用富含淀粉的食物,如土豆或红薯代替,也可以看到明显的实验现象。

(3)蛋白质溶液的配制。取一个鸡蛋,将其蛋黄与蛋白分离,将蛋白流入盛有 100mL 经煮沸过的冷蒸馏水的烧杯中,搅拌均匀,然后用湿纱布过滤,滤液即为蛋白质溶液。

【教学分析】

学生在前面已经学过了乙醛的特征反应,再学习糖类的主要性质时,要先从糖类物质的结构入手,引导学生去预测糖类的性质,如能否发生反应、可能观察到的现象有哪些、发生了怎样的反应、由哪些现象推知等,然后再动手组织学生去探究。对于蛋白质性质的教学应在学生已有生物学知识及生活常识的基础上,引导学生展开讨论、展示、交流活动,在此基础上,推测蛋白质可能具有的性质,然后再组织学生进行实验探究,由于蛋白质的性质实验操作简单、现象明显、宜近距离观察,因此建议采用边讲边实验的方式进行。此外,为了让学生更深刻地理解蛋白质的盐析和变性的区别,对这两种实验,宜设计成对比实验的形式。

第7单元　模拟工业实验

工业技术是科学课程所涉及的诸多技术内容中的一类,它像通用技术、信息技术一样,在我国的科学课程体系中占据着较为重要的地位,这种重要性随着新课程的实施得到了进一步的强化。

硝酸和硫酸是重要的工业物资,其产量和技术往往是衡量一个国家化学工业能力的指标之一。本章旨在利用实验室现有条件,模拟工业上制取硝酸、硫酸的过程,掌握工业制取硝酸、硫酸的原理,训练组装及操作大型仪器的能力,同时体会工业生产的设计观念和思想,进一步提高学生的科学技术素养。

■实验30　氨氧化法制硝酸

硝酸是一种重要的原料产品,在制造化肥、炸药、药物等有广泛应用,人类需要大量的硝酸用于满足生存和发展的需要。自然界中的硝酸主要由雷雨天生成的一氧化氮或微生物生命活动放出二氧化氮形成。人类活动也产生氮氧化物,全世界人为污染源每年排出的氮氧化物也会形成硝酸。

人们很早就用浓硫酸分解硝石来制取硝酸,后来人们又将空气通过电弧合成一氧化氮,再进一步加工成硝酸,但都未实现大规模工业化。利用氨作为原料制硝酸的成本很低,当合成氨法诞生,氨产量迅速增大时,氨就成为了硝酸生产的主要原料。

【思考与设计】

1)寻找合适的反应路线

图 3-69 是氮及其化合物间的转化关系,请回忆相关知识,从下图中找到能用于工业制硝酸的反应路线,并就反应的可能性、原料、能量消耗等方面阐述你的理由。

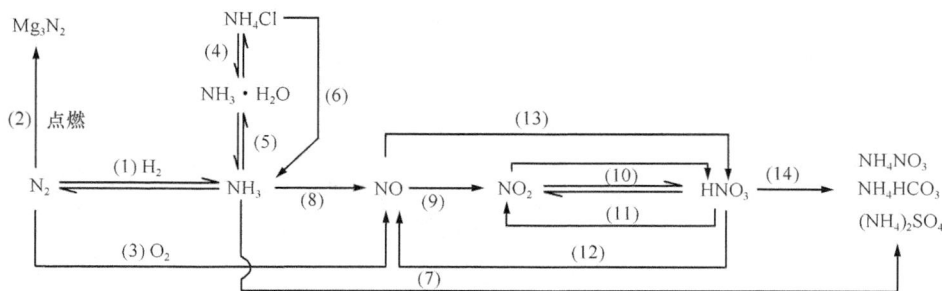

图 3-69　氮及其化合物间的转化关系

2)进行硝酸生产过程设计

请根据你设计的路线,与老师同学讨论后,画出实验装置简图。

3)寻找提高产量的反应条件

氨的催化氧化制硝酸反应是一个很复杂的反应过程。研究表明,不同的反应条件,如温度、压力、催化剂,可以生成不同的氧化产物。请思考如何引领学生选择适合工业生产的温度、催化剂和压力。

4)实现你的设想

请列出实验中易出现的异常现象,考虑如何防止并消除,然后选择仪器和药品,进行硝酸制取的实验。

【实验材料】

粗玻璃管、酒精灯、250mL 锥形瓶或试剂瓶(4 个)、试管、洗气瓶、二连球、玻璃棉、铁架台、浓氨水、$(NH_4)_2Cr_2O_7$、浓 H_2SO_4、二苯胺硫酸溶液、酸洗石棉绒。

【实验案例】

实验原理:氨的催化氧化法制硝酸主要包括以下三个步骤:

(1)氨的催化氧化过程。在催化剂的作用下,将氨氧化为一氧化氮,其反应式为

$$4NH_3+5O_2 \underset{催化剂}{\rightleftharpoons} 4NO+6H_2O （氧化炉中进行）$$

(2)NO 的氧化过程。将前一过程中生成的 NO 进一步氧化成 NO_2,其反应式为

$$2NO+O_2 === 2NO_2（吸收塔中进行）$$

(3)NO_2 被水吸收生成硝酸过程。用水吸收二氧化氮,从而得到产品硝酸,其反应式为

$$3NO_2+H_2O === 2HNO_3+NO（吸收塔中进行）$$

制得的稀硝酸用浓硫酸或硝酸镁作吸水剂进行蒸馏浓缩,可得到更浓的硝酸。

实验室模拟实验装置如图 3-70 所示。

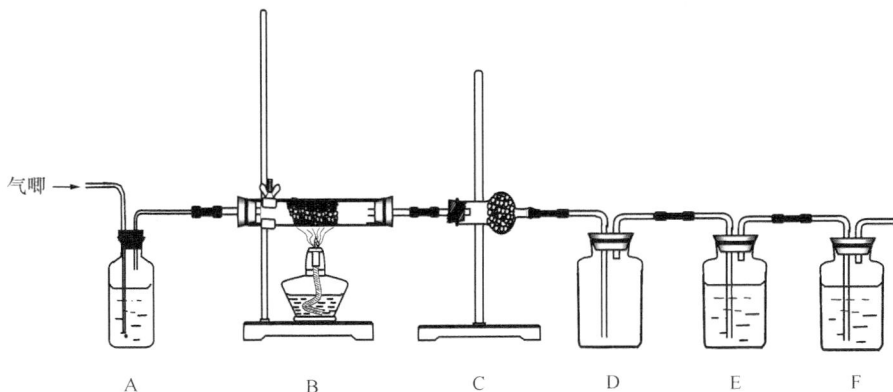

图 3-70 氨氧化法制硝酸的装置

A. 氨水[V(浓氨水):V(水)=1.5:1];B. 催化剂(Cr_2O_3);C. 干燥剂(无水氯化钙);
D. 氧化瓶;E. 吸收瓶(水、石蕊溶液);F. NaOH 溶液

(1)把重铬酸铵[$(NH_4)_2Cr_2O_7$]固体放入蒸发皿中加热分解得到 Cr_2O_3,当重铬酸铵完全分解后,再加热片刻,驱除水分,使 Cr_2O_3 充分干燥。

(2)安装好仪器,检查气密性。将新制的 Cr_2O_3(约 0.2g)与 1g 酸洗石棉绒混匀后装

入玻璃中部,两端用玻璃棉固定。

(3)先用酒精灯预热催化剂 2～3min,当 Cr_2O_3 由绿色变为暗绿色时,按动气唧,缓慢地均匀地鼓气,使氨气和空气的混合气体一起通入干燥的催化管 B 中,混合气体通过催化剂后,催化剂变得红热,此时撤掉酒精灯,逐渐加快鼓气速度(此时气流不宜太猛,保证均匀平稳),催化剂仍将保持红热态,反应继续进行。观察氧化瓶 D 和吸收瓶 E 中的现象。

消除异常现象

(1)如 D 瓶中出现白烟,你觉得原因是什么? 如何防止和消除白烟?

(2)如果 B 和 D 非干燥或受潮,会出现什么异常现象?

(3)在反应开始时,要缓慢鼓气,反应进行中撤掉酒精灯后要加快鼓气速度,如果不这么做,会出现什么异常现象?

【指导与建议】

(1)氨水浓度对实验效果有一定影响,一般而言,在供氨装置中,如果将玻璃管插入氨水中,选用 V(浓氨水):V(水)=1.5:1 的氨水较合适。氨水过浓,氨氧化不完全,会产生白烟,致使红棕色二氧化氮不易看出;氨水过稀,被氧化的氨太少,NO_2 的红棕色也难观察到,并且催化剂发红的现象也不明显。

(2)仪器装置要密封。如果漏气,就会影响效果。因此,当仪器装好后,要做气密性检查。最简单的方法就是用手捂住盛氨水的瓶子,如果在盛石蕊溶液处冒泡,说明不漏气。

(3)催化剂必须用新制备的。取重铬酸铵 2g,放在洁净的石棉网上,上面倒扣一玻璃漏斗,用酒精灯加热。当重铬酸铵开始分解出现暗绿色 Cr_2O_3 时,撤走酒精灯,反应能继续进行,直到分解完全为止。

【教学分析】

氨氧化制硝酸实验反应比较复杂,需要的仪器比较多,是一个难度较大的实验。实验除训练学生掌握演示"氨的催化氧化制硝酸"实验操作的技能外,还应该通过探索不同条件对实验效果的影响,提高对实验装置的选择、评估及改进的能力,从而提高实验研究的初步能力。

工业技术内容的价值不仅在于让学生掌握制取原理,培养学生的实验技能,更在于提升学生的技术素养,在于在教学过程中实现知识、方法、情感的协同发展。氨氧化制硝酸实验中,教师可以引导学生像工程师一样思考,从制订合成路线到选择催化剂、控制温度压力等交由学生分析讨论,从而让学生体会技术设计的思想,思索经济效益、能源耗费、环境保护与社会发展的相互关系,进一步提升学生科学技术素养。

(1)对氨催化氧化过程中温度、压力、催化剂的讨论。

在氨的催化氧化过程中,氨与氧相互作用可生成 NO、N_2O、N_2 等产物(表 3-38)。

表 3-38　不同温度下氨催化氧化产物不同

温度/K	(1)　$4NH_3+5O_2 \Longrightarrow 4NO+6H_2O$　$\Delta H=-907.28kJ/mol$	(2)　$4NH_3+4O_2 \Longrightarrow 2N_2O+6H_2O$　$\Delta H=-1104.9kJ/mol$	(3)　$4NH_3+3O_2 \Longrightarrow 2N_2+6H_2O$　$\Delta H=-1269.02kJ/mol$
300	$K=6.4\times10^{41}$	$K=7.3\times10^{47}$	$K=7.3\times10^{56}$
500	$K=1.1\times10^{26}$	$K=4.4\times10^{28}$	$K=7.1\times10^{34}$
700	$K=2.1\times10^{19}$	$K=2.7\times10^{20}$	$K=2.6\times10^{25}$
900	$K=3.8\times10^{15}$	$K=7.4\times10^{15}$	$K=1.5\times10^{20}$

NO 是生产硝酸的中间产物,因而希望反应能按式(1)进行,其余反应则尽可能被抑制。从上表可知,在任何温度之下,反应平衡常数都很大,说明反应进行的比较完全。由于式(3)的平衡常数最大,如果对反应不加任何控制而任其自然进行,氨和氧的最终反应产物必然以氮气为主,因此想通过热力学改变反应温度获取 NO 是行不通的,只能从反应动力学方面去努力,即寻求一种选择性催化剂,加速反应式(1),同时抑制其他反应的进行。

该实验中有多种催化剂可以使用,催化效果最好的是铂或铂铑合金,但由于价格高,一般实验中不常用。金属氧化物也可作催化剂,如 Cr_2O_3、MnO_2、CuO、Fe_2O_3、V_2O_5 等,不同氧化物的催化活性不同,其活性递变顺序为 Cr＞Co＞Fe＞Cu＞Bi＞Mn＞Ni,在实验中一般选用价格低又易获得的 Cr_2O_3、MnO_2、CuO 作催化剂。铜网或铜丝也可作催化剂,效果也很好。

(2)对一氧化氮氧化过程中压力的讨论。

NO 氧化成 NO_2 是硝酸生产的控制步骤。氨催化氧化后的气体中,主要含 NO、O_2、N_2 和水蒸气,将 NO 继续氧化,便可得到氮的高级氧化物 NO_2、N_2O_3、N_2O_4

$$2NO+O_2 \Longrightarrow 2NO_2 \qquad \Delta H=-112.6\ kJ/mol \qquad (1)$$
$$2NO_2 \Longrightarrow N_2O_4 \qquad \Delta H=-56.9\ kJ/mol \qquad (2)$$
$$NO+NO_2 \Longrightarrow N_2O_3 \qquad \Delta H=-40.2\ kJ/mol \qquad (3)$$

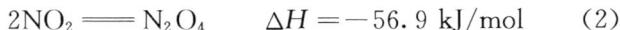

上述三个反应均为放热、体积减小的可逆反应,因而降低温度和增加压力会使反应平衡向右移动,即有利于 NO 的氧化。

【探索·交流】

(1)氨氧化制硝酸的实验装置及操作方法很多,从发表的文章看,该实验不同的装置至少有十余种,请就以下实验设计方案,进行分析(图 3-71)。

(2)工业生产硝酸工艺中,氨催化氧化在常压下进行,而 NO 的氧化要在加压的条件下进行,请结合【拓展资源】、【教学分析】探讨这样做的原因。

【拓展资源】

硝酸工业制法的发展

在硝酸工业的发展史上,有三种制备硝酸的方法:

第一种是产生于 17 世纪的硝石法。它利用钠硝石跟浓硫酸共热而得

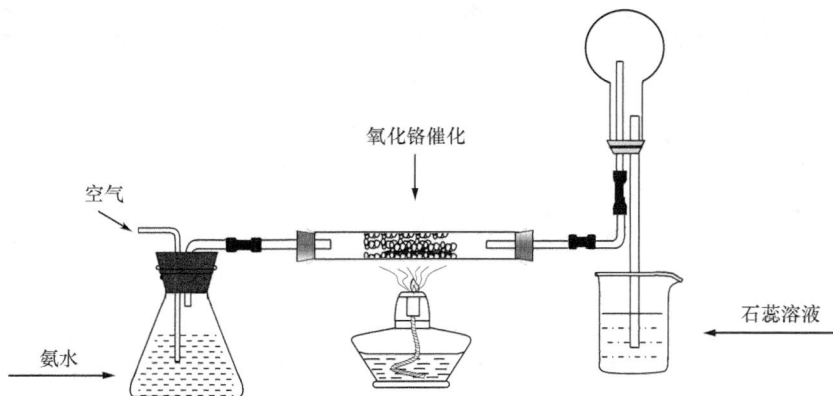

图 3-71　氨氧化制硝酸装置设计

$$NaNO_3 + H_2SO_4(浓) \xrightarrow{加热} NaHSO_4 + HNO_3 \uparrow$$

这种方法产量低,消耗硫酸多,又受到硝石产量的限制,所以已逐步被淘汰。

第二种方法是电弧法。它是利用电弧使空气中的氮气和氧气直接化合成 NO

$$N_2 + O_2 \underset{\text{电弧}}{\xleftarrow{\hspace{1cm}}} 2NO$$

电弧法耗电多,产率低,当氨氧化法出现后,也逐渐被淘汰。

第三种是氨的催化氧化法。这种方法消耗电能少,成本低,产率高。按操作条件不同,可分为常压法、加压法和综合法。

常压法是在常压下进行的,加压法是在 $6 \times 10^5 \sim 9 \times 10^5 \, Pa$ 进行的。综合法是指氨的氧化在常压下进行,NO 的氧化和 NO_2 的吸收在加压($6 \times 10^5 \sim 9 \times 10^5 \, Pa$)下进行。

常压法生产的硝酸中 HNO_3 的质量分数较低,生产设备所需的不锈钢数量较多,但操作方便,铂催化剂损失小,消耗电能较小。加压法生产的硝酸中 HNO_3 的质量分数较高,节省吸收塔数目,但消耗电能较大,铂催化剂损失也较大。综合法则兼有二者的优点。

奥斯特瓦尔德——氨催化氧化制造硝酸的发现者

奥斯特瓦尔德(Ostwald)1853 年生于拉脱维亚,后入德国国籍。少年时代的奥斯特瓦尔德对探索科学发生了浓厚的兴趣。他在父母的支持下制作烟花和爆竹,当烟花终于飞上天空的时候,奥斯特瓦尔德心里得到了极大的满足。

奥斯特瓦尔德 1872 年进入多尔帕特大学学习,1875 年获学士学位,1877 年获硕士学位,1878 年获博士学位,1882 年担任里加大学化学教授。1887 年担任莱比锡大学化学系主任。1932 年 4 月 4 日病逝,享年 78 岁。

奥斯特瓦尔德被誉为物理化学的创始人之一,他主要从事化学动力学和催化方面的研究。在化学动力学方面,他在 1887 年测定了在稀溶液中用碱中和酸时发生的体积变化。他以电离理论研究了溶液的电导和酸的催化作用。1888 年,

奥斯特瓦尔德
(1853—1932)

他提出了"稀释定律"和酸的催化理论,最先将质量作用定律应用于电解质的电离,引入了"解离常数"的概念。这在化学发展史上起了重要作用。在催化方面,1894 年他给催化和催化剂下了现代的定义,1901 年发表了著名的现代催化剂概念,阐明了催化现象和化学动力学的关系。他还提出了"溶度积"的概念。1902 年,他发明了由氨经过催化氧化制造硝酸的方法,后称奥斯特瓦尔德法,并获得专利,具有重大工业价值。他与范霍夫一起创办世界第一份《物理化学》杂志。由于奥斯特瓦尔德在催化作用和化学平衡及化学反应速率等方面的突出贡献,1909 年他成为第九位诺贝尔化学奖的获得者。

第一次世界大战期间,奥斯特瓦尔德迫不得已,提出用极易获得的氨来大量制造硝酸,借以维持德国庞大的军火生产,铸成了他一生中的大错。

■ 实验 31　接触法制硫酸

硫酸是所有酸中最常见的强酸之一。它是一种具有高腐蚀性的强矿物酸,一般为透明至微黄色,有时也会被染成暗褐色以提高人们的警惕性。硫酸具有高沸点并易溶于水,在不同浓度下有不同的特性,因此有不同的应用。浓硫酸具有吸水性、脱水性和强氧化性,它能通过不同的反应对皮肉造成很大的伤害,因此在使用时宜多加小心。硫酸也是许多化工产品的原料,其产量往往标志着一个国家化学工业能力的高低。

> 当硫酸滴到皮肤上后,请不要惊慌,立即用大量水冲洗。如有必要,请医生诊疗。

【设计与思考】

学生在此之前已经学习了硫和含硫化合物的相互转化以及硫酸的性质,有的学生进行了合成氨和硝酸的工业制法的分析和练习,可以说已经初步具备了探索工业制取硫酸的知识基础。本实验可引导学生从原料出发,探讨可能的制取路径,利用实验室条件设计模拟工业上制硫酸的装置,进一步培养组装大型仪器及操作的能力。同时,使学生初步掌握学习化工知识的基本思路,即化学反应原理是化工生产的基础,生产过程为实现化学反应服务,而设备为实现生产过程服务,进一步体会工业设计的思想和观念。

(1)根据已有知识和经验,设计几种制取硫酸的实验方案,分析各方案的可行性。

(2)接触法制取硫酸实验中,实验成功的关键因素是什么? 易出现哪些异常现象? 讨论如何防止并消除这些异常现象?

【实验材料】

细口瓶、燃烧匙、玻璃弯管、粗玻璃管、酒精灯、三通管、250mL 烧杯、弹簧夹、二连球、玻璃棉、铁架台、木块、气唧、硫黄、浓硫酸、$(NH_4)_2Cr_2O_7$、10% NaOH 溶液、酸洗石棉绒、2mol/L $BaCl_2$ 溶液、2mol/L HNO_3 溶液。

【实验案例】

(1)按图 3-72 组装仪器,并检验气密性。

(2)把重铬酸铵[$(NH_4)_2Cr_2O_7$]固体放入蒸发皿中加热分解得到 Cr_2O_3,并以 1.0g 酸

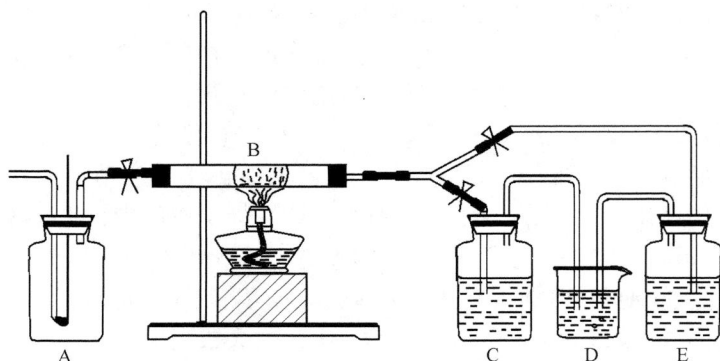

图 3-72　接触法制硫的实验装置

A. SO_2 和 O_2 的混合气体；B. 催化管；C. 浓硫酸；D. 水；E. 氢氧化钠溶液

洗石棉绒混合,装入粗玻璃管,两端堵以玻璃棉。

(3)用酒精灯加热催化剂,再点燃燃烧匙中的硫粉并伸入集气瓶中,塞紧胶塞,立即鼓入氧气或空气,产生的 SO_2 和过量的 O_2 进入玻璃管中进行催化氧化生成 SO_3 。观察 C、D 中的现象。

(4)反应停止后,从盛水的洗气瓶中取少量溶液,加入少量 $BaCl_2$ 溶液,观察现象,再加入少量稀 HNO_3 溶液并观察现象。

【指导与建议】

1)催化剂的选择和制备

可用于本实验的催化剂有许多种,除 Cr_2O_3 外,还有 V_2O_5、Fe_2O_3、CuO 等。各种催化剂的组成不同,其活性温度也不同,因而各种催化剂对 SO_2 的转化温度也不同,见表 3-39。

表 3-39　不同催化剂对 SO_2 转化反应的影响

催化剂	催化温度/℃	SO_2最大转化率/%	催化剂	催化温度/℃	SO_2最大转化率/%
铂石棉	425	99.5	WO_3	670	62.5
V_2O_5	512	90.0	CuO	700	58.7
Cr_2O_3	580	81.0	TiO_2	700	49.0
Fe_2O_3	625	69.5	MnO_2	700	47.0

考虑到各种实际条件的限制,中学一般选择 Cr_2O_3 比较合适,而工业上常用 V_2O_5 作为催化剂。

2)温度与压强的选择

二氧化硫接触氧化是一个放热的可逆反应。根据化学反应速率和化学平衡理论判断,温度较低有利于提高二氧化硫的平衡转化率,但温度较低时催化剂的活性不高,因此在实际生产中,一般选定 $400\sim500℃$ 作为操作温度,二氧化硫的平衡转化率可达到 $93.0\%\sim99.2\%$。

二氧化硫的接触氧化是气体总体积缩小的可逆反应,因此增大气体压强,既能提高二氧化硫的平衡转化率,又能提高化学反应速率(表 3-40)。

表 3-40　压强对 SO_2 平衡转化率的影响

[气体原料成分(体积分数):SO_2 占 71%,O_2 占 11%,N_2 占 82%]

转化率/%　　压强/MPa 温度/℃	0.1	0.5	1	10
400	99.2	99.6	99.7	99.9
500	93.5	96.9	97.8	99.3
600	73.7	85.8	89.5	96.4

考虑到加压必须增大投资以解决增加设备和提供能量的问题,而且在常压下 400～500℃时,SO_2 的平衡转化率已很高,所以硫酸工厂通常采用常压操作。

3)反应中气流速度的控制

反应中的气流速度对实验效果有影响。气流速度过小,转化率虽较高,但单位时间内产生的 SO_3 较少;气流速度过大,部分 SO_2 未被氧化就流走了,转化率很低,其产生的少量 SO_3 未被吸收就随气流排走了,所以混合气体的流速必须适当。

【教学分析】

(1)由于工业技术与学生的生活世界几乎没有关联,也非高考等考试的重点内容,因此有很多老师的处理比较简单,思维上无难度,学生也没兴趣。其实工业技术的教育价值不仅在于它的知识性,更在于技术观念和技术方法。在教学中,教师可以抓住"研究工业制法的过程"的主线,从研究制取硫酸的反应原理出发,再将制硫酸的三个反应过程在实验室中实施,即由反应原理转化为实验室制法,最后在教师的引导下,结合实验室制取硫酸的主要装置得出工业生产的主要设备和生产过程。

(2)以"接触室"为载体,进行化工技术方法和观念的教育。

"接触室"是硫酸工业的核心设备之一,为二氧化硫与氧气提供了反应场所,其结构特征主要表现为:使用了双层催化剂,使用了多组管道,冷热气体的流向相反。这一设备隐含着诸多技术知识、技术观念、技术态度,如图 3-73 所示。

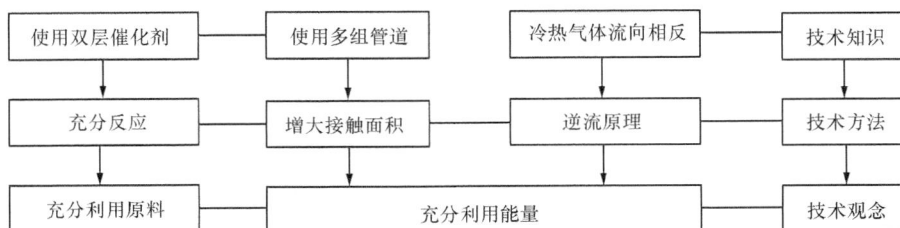

图 3-73　"接触室"中涉及的知识、方法与观念

教学时,首先请学生依据已有基础设计出"接触室"技术方案,由于想法片面,学生只能设计出类似图 3-74(a)的接触室。接着,通过学生之间的交流与合作,学生可能会认识

到需要充分利用反应放出的能量,进而依据逆流原理设计出如图 3-74(b)所示的装置。虽然学生通过相互合作可以使技术方案越来越合理,但很难通过探究活动设计出教材中呈现的技术方案,这时,教师可以直接给出图 3-74(c)理想水平的接触室。

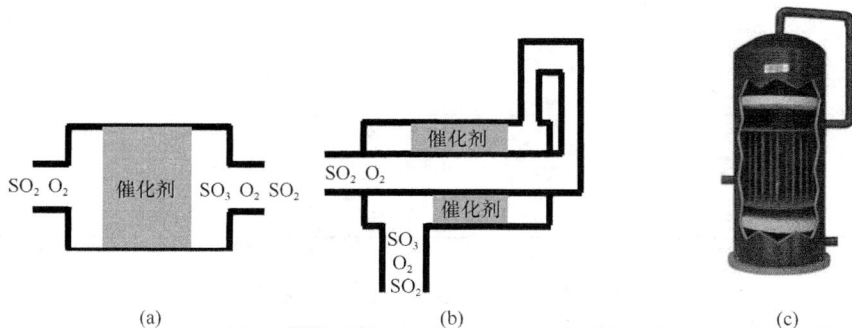

图 3-74 "接触室"设计思路

综上,通过学生自主设计、讨论设计、教师呈现真实的接触室的活动过程,使学生理解并掌握技术方法,形成技术观念,促使他们在将来面对技术问题时作出更理性的思考和更合理的决策。

(3)充分利用多种媒体,加强教学效果。如新课引入时,可用投影显示我国和世界硫酸产量曲线;课中,利用沸腾炉模型模拟沸腾炉中矿石上下翻滚情况,出示最简单最直观的热交换器——冷凝管和热交换器模型说明热交换原理,出示吸收塔模型探讨三氧化硫吸收;在结课时,用录像展示硫酸的整个生产过程。

【拓展资源】

硫酸制造史话

说到硫酸,不少人认为它是现代化工产品,其实古代就生产了。我国炼丹术文集《黄帝九鼎神丹经诀》收录了东汉(公元 25—220 年)末年炼丹术士狐刚子(又名胡刚子)的"出金矿法",其中有"炼石胆取精华法"。所谓"石胆"是指硫酸铜的五水结晶体($CuSO_4 \cdot 5H_2O$),至今在我国还称为"胆矾",因为它是蓝色,跟胆一样。"炼石胆取精华法"就是蒸馏胆矾,制取硫酸。因为硫酸铜的五水结晶体受热分解后,生成氧化铜(CuO)、三氧化硫(SO_3)和水。三氧化硫溶于水就成硫酸。13 世纪,德国天主教神父 Albertus Magnus 在他的著述中提到过蒸馏绿矾($FeSO_4 \cdot 7H_2O$)制取硫酸。

1736 年,英国人瓦德(Ward)建立"大矾工场",开始较大规模地制造硫酸。他采用燃烧硫黄和硝石的混合物制造硫酸,1749 年取得英国专利。1749 年,英国人罗布克(Roebuck)创建"普雷斯顿潘硫酸公司",创造的铅室法取代了瓦德的制造方法。到 1878 年,欧洲硫酸的年产量已达数百万吨。

1831 年,人们开始使用接触法制造硫酸,20 世纪 20 年代,出现了便宜的钒氧化物、氧化铁等催化剂,这些催化剂的使用使硫酸的产量和工艺得到飞速发展。接触法制硫酸分为三个主要阶段(图 3-75),从左到右依次是:①沸腾炉:二氧化硫的制取和净化;②接触室:二氧化硫氧化成三氧化硫;③吸收塔:三氧化硫的吸收和硫酸的生产。

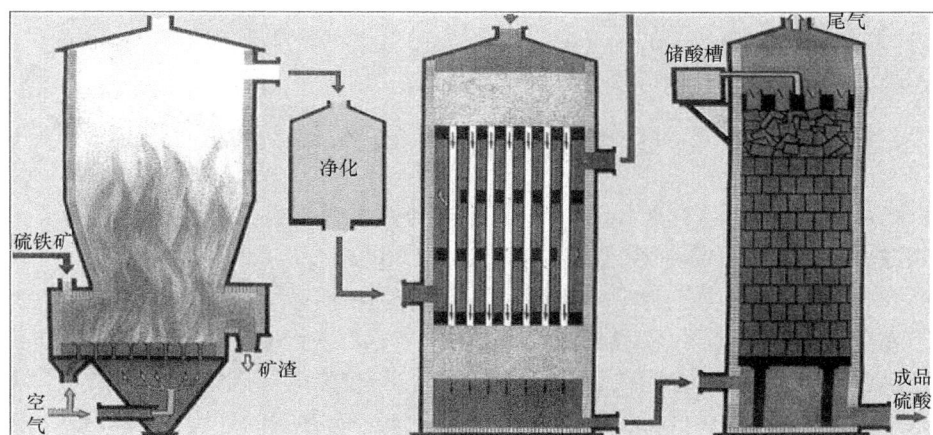

图 3-75 接触法制硫酸的工业生产流程简图

第 8 单元　中学化学综合实践活动设计

　　综合实践活动是学生在教师的引导下,自主进行的综合性学习活动,是基于学生的经验,密切联系学生自身生活和社会实际,体现对知识的综合应用的实践性课程。

　　综合实践活动是以学生为主体开展的活动,学生在活动中主要以实践探究的形式进行学习,整个活动从设计到实施都是以学生学习为中心进行的。教师在活动中的指引作用非常重要,它要求教师应具有较敏感的探究意识和较强的实践能力。只有教师具备问题意识、具备探究的能力、具备指导学生规划和设计活动方案的能力以及实验研究能力,才能较好地指导学生开展探究性活动。

　　本部分以基础训练实验、综合实验和设计实验活动方案三个层次实施实验教学,旨在使学生进一步巩固所学的化学实验基本知识、实验方法和基本操作技能,培养学生对各种化学技能的综合运用及实验研究能力。

实验 32　自制实验器具

　　自制实验器具或装置是教师从教的一项基本技能,历史上许多有卓越成就的科学家,在中学时代就非常喜欢在家里因陋就简地做些家庭小实验,在科学研究过程中也曾发明和自制了很多实验器具或装置。

　　当你的实验教学中某些仪器和药品暂时短缺,生活中哪些物品可用作它的代用品?哪些材料可用于制作实验仪器和药品?

　　本实验练习应用各种材料和代用品,自制一些实验仪器和药品。

【思考与设计】

　　收集各种材料,如废弃的药瓶和盛药片的塑料凹槽、空墨水瓶、圆珠笔芯,一次性针管和输液管、泡沫塑料等。收集厨房中的一些调味品,如食盐、碱面、小苏打、明矾等。家庭药箱中的一些药品,如双氧水、灰锰氧(高锰酸钾)、果导片、酒精、碘酒等。思考这些材料可用于哪些中学化学实验? 如何应用这些材料来制作代用品,或经加工制作成为实验仪器和药品?

【实验材料】

　　锯条、小刀、剪刀、三角锉刀、钳子、透明胶带、盒尺、标签、苯(或甲苯)、薄铁皮、棉纱束、小锤子、聚苯乙烯泡沫塑料、小玻璃药瓶、塑料药瓶、眼药水瓶,一次性针管和输液管、小砂轮、矿泉水瓶或饮料瓶、饮料吸管、空墨水瓶、圆珠笔芯、气门芯、铁丝、带塑料皮导线、玻璃酒瓶、大铁钉、1000W 的电热丝、铜导线、鳄鱼夹、调压变压器(自耦变压器)、滴管、细砂轮、晾晒衣服的木夹、木条、细铁丝、60°角的尖嘴玻璃管(15～20cm)、橡皮塞、两支小试管、六节一号电池、两个五角的铜币、线绳、8%～10%稀氢氧化钠溶液或碳酸钠溶液等。

【实验案例】

1)建立自己的化学实验仪器箱

只要你用心留意你身边的用品和废弃物,它们或许会成为你的实验仪器和药品。用一个带盖的泡沫塑料盒子或硬纸箱子作为你的实验仪器箱。

(1)收集实验仪器的代用品。

收集小玻璃药瓶(代替试管)、青霉素药瓶(代替集气瓶)、盛药片或药丸的塑料凹槽(代替点滴板)、搪瓷杯、玻璃杯或一次性纸杯(可代替烧杯)、小塑料勺(代替药匙)、塑料漏斗(代替漏斗)、小塑料盆(代替水槽)、一次性筷子(代替玻璃棒)、石制的捣蒜罐(代替研钵和杵)等。

(2)自制化学实验仪器。

试管架

用小刀(或剪刀)把聚苯乙烯泡沫塑料板切割成大小为 18cm×24cm、14cm×24cm 的两块板,用作试管架的底板和竖板,再切割 3cm×4cm 的小条若干块。

把少量聚苯乙烯泡沫塑料剪成小颗粒,放入小瓶中。

在小瓶中加入少量苯,用玻璃棒不断搅拌,使聚苯乙烯泡沫塑料细小颗粒溶解在苯中并调成黏稠状,即制得聚苯乙烯黏合剂。为防止苯挥发,应把小瓶的盖子盖好。

用聚苯乙烯黏合剂把切割好的聚苯乙烯泡沫塑料板和小细条粘成试管架(图 3-76)。

将粘好的试管架放在室外晒干,即可作为试管架使用。

用带塑料皮的金属导线也可弯成试管架,插在泡沫塑料板上即可(图 3-77)。

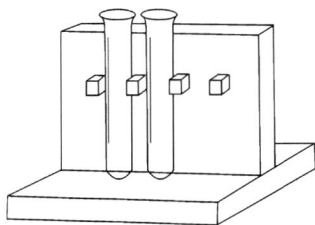

图 3-76　用泡沫塑料自制的试管架　　　　图 3-77　用铝导线自制的试管架

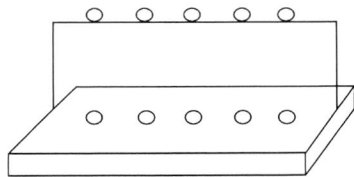

漏斗和烧杯

用矿泉水瓶自制漏斗和烧杯。把一个矿泉水瓶子剪开,矿泉水瓶的上部分可做成漏斗,下部可做成烧杯。

酒精灯

用有盖的空墨水瓶,在盖子中心用烧红的粗铁丝烫一圆洞,插入一段薄铁皮管作灯芯管,用棉纱束作灯芯,再用小玻璃药瓶作灯帽。

燃烧匙

将铜丝(或铁丝)的一端卷成小圆盘,用铁锤轻轻敲打,使其变成扁平丝,把铜丝之间缝隙弥合,再在中心处捏成凹形,把铜丝的另一端弯成燃烧匙的柄即可。

试管夹

将晒衣服的木夹的一片尾端用细铁丝绑上一段木条,就可作为试管夹。

洗瓶

取一个500mL塑料矿泉水瓶,瓶口配单孔胶塞,塞孔插入一根弯成60°角的尖嘴玻璃管(玻璃管的另一端最好能插到瓶底)。瓶内盛蒸馏水,使用时用手挤压瓶子,蒸馏水就从尖嘴喷出。

塑料滴管

将塑料饮料吸管的一端在酒精灯火焰附近稍烤一下,封口,就成为一支塑料滴管。

把废输液管上连接针头细管部分的接口套在软塑料眼药瓶的管口上,距接口下端3~4cm剪断细管,就成为一支非常实用的滴管。

滴瓶

在青霉素药瓶的胶塞上钻一个圆孔。圆孔中插入一支自制的滴管,使用时用手挤压滴管,排出管中的空气,然后插入滴瓶中,松开手就可吸出液体。

长颈漏斗

把废输液管的墨菲滴管上端剪去,成开口,下端根据实验需要剪去多余的输液管部分,一个长颈漏斗就做成了。

量筒

利用大号废注射器的外管,用熔蜡把顶端的小孔堵死,插在泡沫塑料板上,就是一只很实用的小量筒。

储气袋

取一根玻璃导管配上弹簧夹,插入带嘴的球胆、水枕头、小救生圈等就可以做成一个储气袋。从储气袋向外排气时,可以用手轻轻地缓慢挤压,也可以在上面放一本书,书上放上适当的重物,就可以将气体慢慢排出。

把你自制的仪器和代用品装入你的实验仪器箱。

2)收集身边的化学物质

生活中,如果留意,你会发现许多可用于化学实验的物质。

常用的金属:铁钉、铜丝、铝线、焊锡、铅蓄电池铅板、废干电池的锌片等。

厨房调味品:食用精盐、白醋、蔗糖、葡萄糖、碱面、小苏打、明矾、淀粉、植物油等。

家庭药箱中的药品:双氧水、碘酒、酒精、果导片(酚酞片)、高锰酸钾、胃舒平等。

石子(石灰石、大理石)、蛋壳、贝壳,石灰(或食品袋中的生石灰干燥剂)、木炭、硫黄等。

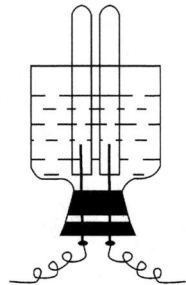

图3-78　自制水电解器

化学肥料:各种氮肥、钾肥、磷肥等。

将你收集到的物品归类,确定其组成及化学名称,做一些常用的化学物质的标本,并把剩余的物质用玻璃药瓶或塑料药瓶装好,贴上标签,装入你的化学实验仪器箱。

3)自制水电解器探究水的组成

取两支小试管,在酒精喷灯上将试管口烧至红软内缩,放在石棉网上晾凉,就制成了两支缩口试管。

在橡皮塞上插上两根大铁钉作为电极,取一个塑料饮料瓶,按图3-78所示,剪去其余的部分,塞上塞子,在钉子帽上接上导线,就做成了一个水电解器。把做成的水电解器放在一只烧杯上,在水电解器中注入稀氢氧化钠溶液或碳酸钠溶液至没过铁钉电极。用滴管往制成的两支缩口试管中加满稀氢氧化钠溶液或碳酸钠溶液,然后将试管倒扣在铁钉电极上。

把六节一号电池串联用纸裹起来,再用线绳绑紧,在电池的两极分别插上两个硬币,连接导线,观察电极上和试管内发生的现象。注意观察两极试管中收集到的气体的体积比。思考试管中生成的是什么气体?

用一根带火星的小木条检验电源正极产生的气体。

用点燃的火柴检验电源负极产生的气体。

4)自制药品

中学化学实验所用的试剂,其纯度要求不高,一般为三级、四级品,有时工业品就可以了。因此,在药品缺乏的情况下可收集材料自己提取或制备。

(1)蒸馏水。

蒸馏水可用纯净水代替。也可通过烧水使水蒸气冷凝的方法制取蒸馏水。

(2)指示剂。

西药"酚酞片"中主要成分是酚酞。中药紫草用酒精浸渍可代替石蕊试剂作指示剂。植物色素也可作酸碱指示剂。将有关汁液用滤纸浸渍,晾干即得试纸。

(3)单质。

锌:可用废干电池壳代替。

铝:可用导线芯、易拉罐、青霉素或链霉素瓶的封口盖、包糖果或香烟的铝箔等代替。涂料店出售的"银粉"实际是铝粉。

铜:可用铜导线芯、废干电池铜帽代替。

铁:可用铁丝、铁皮代替。

锡:可用旧锡器、焊锡代替。

铅:可用废蓄电池铅板代替。

碳:可用木炭粉代替。

硫:硫黄,可在中药店买到。

红磷:火柴盒的涂层中含红磷 31%,硫化锑 42% 及少量玻璃粉。刮下涂层,在其中加入盐酸,得固体残渣即为红磷(其中含少量玻璃粉)。

白磷:在大硬质试管中放入少量红磷,再充满二氧化碳,塞上带气体导管的单孔塞,把气体导管通入盛有冷水的试剂瓶中,加热,待红磷全部升华为白磷后停止加热。把试剂瓶盖好塞子专门保存。

碘:可用碘酒代替。

(4)氧化物和氢氧化物。

过氧化氢:可用医用双氧水代替。

氧化铁:可用颜料铁红代替。

氧化铜:用铜丝在火焰上燃烧,表面可生成氧化铜。

二氧化锰:干电池的黑色物质,主要是二氧化锰和石墨粉,其中还含有氯化铵、氯化锌、糊精等。把黑色物质放在烧杯中加水。一节干电池的黑色物质约需 $50mL$ 水,过滤后

从滤液中可提取 NH_4Cl 和 $ZnCl_2$。将滤出的黑色物用水冲洗几次,放在蒸发皿中,边加热边搅拌,最后用酒精灯灼烧。当石墨粉和其他有机物完全燃烧直至不冒烟并无火星时,再灼烧 5～10min,冷却后即得二氧化锰。

氧化钙和氢氧化钙:生石灰和熟石灰,或用食品袋中的干燥剂(含石灰)代替。

氢氧化钠:把石灰水滴入纯碱溶液中反应,至无沉淀生成为止,滤去沉淀,取其清液即可。

氨水:生石灰与氯化铵混合加热,所得氨气用水吸收。

(5)盐。

高锰酸钾:可用西药灰锰氧代替。

氯化钠:可用食用精盐代替。

碳酸钠:可用碱面代替。

碳酸氢钠:可用小苏打代替。

氯化钾、硫酸铵、碳酸氢铵:对钾肥(氯化钾为主)、硫铵(硫酸铵为主)、碳铵(碳酸氢铵为主)分别进行结晶提纯。

硝酸钾:取墙基部白色蓬松的菌状物(含硝酸钾 70％以上),浸出、分离、结晶、重结晶,可得较纯的硝酸钾晶体。

硝酸银:用硝酸处理保温瓶胆碎片,所得液体为 $AgNO_3$ 溶液。

氯化亚铁:将铁屑用热碱水洗去油污,再用清水洗净,加入盐酸,待氢气完全放出后,过滤。在滤液内加入少量铁钉,即得氯化亚铁溶液。

三氯化铁:将铁红粉 30g 加入 6mol/L 盐酸 100mL,盖上表面皿,加热煮沸,再小火加热约 1h,静置冷却。上层清液为三氯化铁溶液。

硫酸亚铁:用洗净的铁刨花或铁屑约 15g 加在 100mL 热水内,分几次加入浓硫酸 100mL,待氢气放尽后,过滤,浓缩滤液,冷却,可得硫酸亚铁晶体。

硫酸铜:用废铜丝和浓硫酸反应,过滤,浓缩,可得蓝色硫酸铜晶体。

碳酸钙:用石灰石、鸡蛋壳、贝壳等代替。

硫酸铝:可用铝导线与稀硫酸反应制取,也可用明矾直接代替硫酸铝参加反应。

5)利用生活废弃物制作熟悉的分子模型

把泡沫塑料(或黏土、萝卜、土豆等)用小刀切成小球,用锉刀锉光滑,用绘画颜料涂上色,再涂上透明漆,用牙签(或铁丝)按照一定的角度连接就可做成各种你熟悉的分子模型(如 Cl_2、H_2、HCl、H_2O、CH_4、$NaCl$ 等)。

化学史话——玩出来的科学家周同惠

中国科学院院士周同惠是分析化学、药物分析和色谱学专家。他长期致力于将分析化学新技术、新方法用于药物分析,成绩显著。特别是负责筹建中国兴奋剂检测中心,建立了五大类 100 种禁用药物的分析检测方法,通过了国际奥林匹克委员会医学委员会的考试,获得了兴奋剂检测资格,为第十一届亚运会的召开做出了突出贡献。

白发的老科学家周同惠,有着一颗童心,他自己总是说:"其实我也没什么成就,只是小时候比较爱玩而已,又喜欢动手,玩着玩着,我就喜欢上了分析化学"。

周同惠在上初中时,就对化学课十分着迷。看到老师在课堂上做演示实验制备氧气、氢气等,他就想亲自做一做,并认为是一大享受。于是,他就因陋就简,在家中建立了一个小小实验室,没有烧瓶他就把坏灯泡拆开,使用下面的球形部分;没有试管架就用从劳作课上学来的手艺自己做;他还经常去化工商店买些酸、碱和其他试剂,也想方设法找些小瓶小罐,就这样,自己建立了一张桌子大的实验台,在上面照着课本上的方法进行各种反应,在这个奇妙而又变幻"有测"的化学世界里,他的创造性和想象力得到了初步发挥和启迪,为他以后在大学里选择化学专业奠定了基础。

【指导与建议】
(1)本实验可选作,建议组织学生以小组形式开展活动。
(2)教师应结合实验进行有关安全、环保等教育。

【探索·交流】
(1)生活中还有哪些材料可用于制作实验仪器?
(2)寻找一下你身边可用的材料和物质看看它们可用来做哪些实验?
(3)中学化学教材中哪些实验可以简化为课外可做的实验?
(4)通过本实验的设计与操作,你有哪些收获和体会?

实验 33　投影实验设计

投影实验是在投影仪(或幻灯机)上进行化学实验。许多变化细微的实验现象通过投影放大后,变得鲜明、清晰、真实。因此,可以大大提高化学实验的演示效果。投影实验还可以方便地让学生在投影面上操作,其他同学可以非常清晰地看到操作过程,这种学习反馈方式是常规的学生实验无法具有的。投影实验作为现代化电教设备在化学教学中的一个重要应用,有传统实验不可比拟的特点。因此,被普遍应用于化学演示实验中。

如何增强化学演示实验教学的可观测性?如何运用投影技术直观、生动地演示化学实验?

本实验学习投影仪的使用,学习制作方形槽。练习用投影仪进行演示实验,进行中学化学演示实验的投影实验设计研究。

【实验材料】

投影仪、屏幕、试管、烧杯、培养皿、表面皿、玻璃棒、注射器、稳压电源、有机玻璃板、砂纸、胶片、彩水笔、碳棒电极、导线、氯仿、金属钠、酚酞试液、碘、淀粉碘化钾试液、石蕊溶液、食盐、碳酸钾、硫酸铝等。

【实验案例】

1. 基本操作练习

方形槽的制作：将 2mm 厚的有机玻璃按图 3-79 的样式，裁成所需要的尺寸，用砂纸将边缘打磨平整，每块有机玻璃接缝的连接处，先用氯仿涂抹，拼成方形槽。接缝处再用注射器沿缝注入适量氯仿。制成的方形槽若有渗漏现象，可用有机玻璃屑加氯仿调成稀糊粘堵。再用有机玻璃做一个盖板，盖板上钻几个等距离的圆孔，使插入的试管能直立槽中。若不用有机玻璃，可用无色平板玻璃代替，用环氧树脂进行粘接。

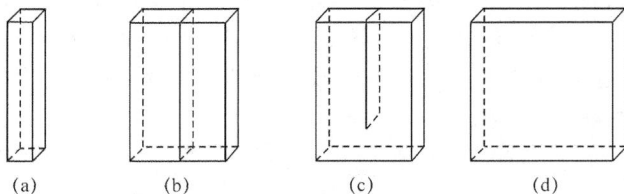

图 3-79　用有机玻璃制作的实验器皿
(a)方形试管；(b)并连方形试管；(c)方 U 形管；(d)扁方形水槽

2. 演示实验投影

1)水平投影（投影仪竖直放置）

(1)钠与水的反应。

取一培养皿，加水至半满，再滴 2～3 滴酚酞试液，将其放在载物台上，投入一块赤豆大小的金属钠（预先用滤纸吸干表面的煤油），观察屏幕上的钠小球在水面上游动及水溶液变色的现象。

(2)碘的升华。

取少量碘放在表面皿上，将表面皿放在投影仪载物台上，用加热的玻璃棒头触及碘颗粒，观察屏幕上碘蒸气产生的情况。

2)垂直投影（将投影仪卧放）

电解饱和食盐水：将饱和食盐水注入自己制作的方 U 形槽里（或将注有饱和食盐水的普通 U 形管放入盛水的方槽中），将两根电极插入 U 形槽，接通直流电源后，从屏幕上观察两电极表面发生的现象，而后在阴极一侧加入少量酚酞试液，在阳极一侧加入少量淀粉碘化钾试液，观察两极区颜色的变化。

3. 投影实验设计

图 3-80　液封装置

1)液封装置做有毒气体性质的投影实验

取一个直径为 12cm 的培养皿为下盖，内盛水或其他溶液，放入一个表面皿，另取一个直径 10cm 的培养皿为上盖，如图 3-80 所示组成液封装置。

（1）氯气与水的反应。

在培养皿的下盖中加入 25mL 品红溶液，取 0.2g 高锰酸钾置于表面皿中，迅速加入 1mL 浓盐酸，立即盖上培养皿的上盖，将装置放在投影仪上，30s 左右品红颜色即可褪去，在褪色后的溶液中滴入硝酸银溶液，便有沉淀生成。

（2）氯气与淀粉-碘化钾试液反应。

在培养皿的下盖中加入 25mL 淀粉碘化钾试液，表面皿中加入黄豆粒大的高锰酸钾，迅速加入 1mL 浓盐酸，立即盖上培养皿的上盖，将装置放于投影仪上，片刻即可在培养皿中看到蓝色溶液出现。

（3）二氧化硫的漂白作用。

在培养皿的上盖上，用棉签涂上一圈 0.1% 品红溶液，下盖中放入 25mL 2mol/L 氢氧化钠溶液，称取 0.5g 亚硫酸钠置于表面皿中，迅速倒入 5mL 6mol/L 硫酸溶液使其浸没固体亚硫酸钠，立即盖上培养皿的上盖，将装置放于投影仪上，可逐渐观察到品红褪色。

2）氯化氢的发生及检验

取两块表面皿，下面一片内放少量氯化钠固体，加一滴浓硫酸，立即盖上另一片表面皿（内粘湿的蓝色石蕊试纸），试纸很快变成红色。该实验反应物用量更少，全封闭，在水平投影仪上显示现象十分明显。

3）二氧化氮的制取及性质

取直径为 12cm 的大培养皿，底部盛 0.5cm 厚的水层，把直径为 6cm 的培养皿置于大培养皿当中，放入一块 1cm 见方的铜片，小心地在小培养皿内加一薄层浓硝酸，立即将一个 10cm 的培养皿盖在上面，形成"气室"（图 3-81）。

图 3-81　"气室"

铜片与浓硝酸剧烈反应，铜片周围溶液迅速变蓝，产生的气泡推动铜片较快地移动，渐渐"气室"内有红棕色气体。

在大培养皿的边侧滴加数滴石蕊试剂，指示剂立即变红色，说明二氧化氮溶于水成为硝酸。

气室内的红棕色气体逐渐变淡，直至消失。将中间的培养皿轻轻提起，使空气进入，又能看到红棕色气体形成。

【指导与建议】

（1）投影仪根据用途不同可进行水平投影（图 3-82）和垂直投影（图 3-83）。垂直投影（又称为竖直投影或卧放投影），就是将投影仪转 90° 角卧放，再在前面加一块直角平面反光镜，将实验器皿摆在螺纹透镜前，将实验现象投放于屏幕上。垂直投影常用试管、U 形管和自制的各种投影槽作反应器皿。在进行垂直投影时，如果直接使用常用的圆筒状试管、U 形管，则其映射影像的边缘，会出现黑影，尤其是在仪器中装有溶液时，黑影会扩大，影响投影效果，为克服上述缺点，可将这些仪器放入盛水的扁平玻璃槽内进行投影。此外，也可根据实验需要自行设计制作一些专门的投影实验器具（具体制作见下面介绍）。在进行垂直投影时，还需有一个放置实验器具的可自由升降的载物台。

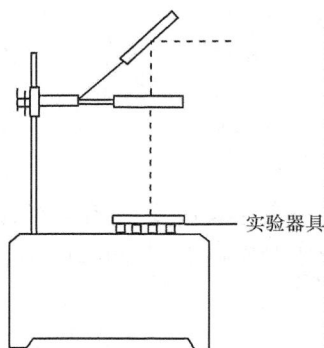

图 3-82　水平投影(竖放投影)示意图　　　图 3-83　垂直投影(卧放投影)示意图

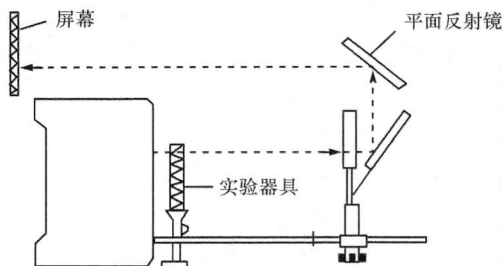

水平投影(又称为竖放投影)就是将反应器皿直接放在投影仪的载物台上,就可以把所发生的实验现象和化学变化投影到屏幕上。水平投影常用培养皿、表面皿、透明玻璃点滴板、玻璃片、玻璃水槽等作为反应器具。

(2)垂直投影实验器具的制作,如实验器具有:①扁平试管;②方形试管;③扁平 U 形管;④扁平水槽等。这些器具中,很多都可以用有机玻璃板黏合而成。所用有机玻璃板的厚度以 2~4cm 为宜。黏合剂是氯仿的溶液(溶有有机玻璃渣)或二氯乙烷的溶液,可根据需要自行配制。首先根据所需尺寸用钢锯把有机玻璃板锯成各种形状和大小,再用锉刀和砂纸把剖面磨平,保证都成直角,接着把它们的透光面抛光,做法是把氧化镁抛光粉调成糊状,将有机玻璃板放在毛巾或软布上,然后用棉花蘸上糊状氧化镁,用力擦拭透光面,以除去上面的划边和刻痕,使之透光性增强。洗净、晾干、黏结、检漏、修补即可。若有条件可用比色计或分光光度计上配的比色管,或者使用盛放某些试纸的有机玻璃盒也可。扁平水槽也可用平板玻璃制作。先将玻璃切割成所需形状和大小,再用环氧树脂把各玻璃片黏合成扁平水槽。更为简单的做法是用两块大小相同的平板玻璃,其间夹上一根弯曲成 U 形的粗橡皮管,两端再用细铁丝捆紧即可。

注意:用有机玻璃制成的各种反应容器,不可加热,不能盛有机溶剂(如苯和丙酮)。

(3)氯气与淀粉-碘化钾试液的反应,其高锰酸钾的量不能太多,否则产生的过量氯气又能使蓝色褪去。

(4)在二氧化硫的漂白实验中,最好选用新开瓶的亚硫酸钠,以保证实验的顺利进行,因为放置过久的亚硫酸钠可能被氧化成硫酸钠。所画品红圆圈的直径介于表面皿和反应物直径之间,以便产生的气体使品红溶液较快褪色,而又不至于褪色过程被反应物所遮挡。

(5)二氧化氮的制取及性质:①利用该装置还可做其他类似的气体制取及其性质的实验,如 SO_2 的制取及 SO_2 能使 $KMnO_4$ 溶液褪色的实验,HCl 的制取及 HCl 能使 $AgNO_3$ 溶液产生白色浑浊的实验等;②可在水平投影仪上作"气室"投影。

资料卡片

视频展示台的构造和使用

视频展示台又称为实物展示仪、实物展台、文字显示台。它是一种新型的视觉媒体设备。视频展示台除具备幻灯机、投影器的功能外,还具有摄像机功能,它成像清晰、使用简便且具有多路输入输出接口,通过投影仪等输出设备,可将文字、图片、透明投影胶片、幻灯片、彩色图片及实物等放大显示出来,因此被广泛应用于教学。视频展示台一般由摄像头、光源、实物放置台和控制面板等部分组成,其基本结构如图所示。

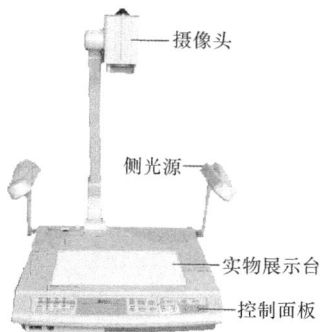

- 摄像头
- 侧光源
- 实物展示台
- 控制面板

展示操作步骤:

(1)开机,按一下自动聚焦键转到自动聚焦模式,再用放大、缩小键调节图像的大小,转动镜头或移动物体,得到最佳的图像效果。在展示立体物件时,建议使用手动聚焦,这样可以把所想展示的部位清晰显示出来。

(2)用图像冻结可以把某瞬间的状态锁定在画面上,以便进行讲解。

(3)当展示幻灯片时,请用上下灯转到下灯亮的状态。当展示照相底片时,请先按一下上下灯按键转到下灯,并用正负片转到负片显示(否则图像颜色将与实物不符),必要时还可调节画面亮度和色彩(红或蓝),以达到最佳展示效果。

(4)在展示物为平面物件(文稿、画页等)时,采用文本模式可获得最佳清晰度和色彩还原效果。

(5)如需改变展示方向,可转动摄像头顶部的旋钮或者对图像进行镜像操作。

【探索·交流】

(1)上述实验还可进行哪些改进?

(2)探索中学化学教材中哪些演示实验最适于进行投影实验?

(3)从教学实际出发,自行设计一个投影实验装置及实验方案。

(4)通过本实验的设计与操作,你有哪些收获和体会?

实验 34　微型实验设计

微型化学实验(microscale chemical experiment 或 microscale laboratory,简写为ML)是化学实验方法创新性的变革,崛起于 20 世纪 80 年代。它是在微型化的仪器装置中进行的化学实验。微型化学实验作为绿色化学的一项内容,具有药品用量少(一般为常规量的 1/1000～1/10)、仪器容量小、基本无污染等特点。在中学实验教学中具有操作简单安全、方便省时、实验现象直观明显、成本低、易人手一套、利于强化动手能力训练等优势。

戴安邦院士曾强调指出:"大力推行微型化学实验,使全国中学化学教学皆有学生的单人作业,以加强化学教学的素质教育作用。"

如何使化学课堂教学真正实现人人参与、自主探究、合作学习？中学化学教材中有哪些内容可微型化？本实验练习常用微型实验仪器的使用，并进行部分中学化学实验的微型化研究。

【实验材料】

细玻璃棒、酒精喷灯、石棉网、多用滴管、井穴板、具支试管、导管、胶塞、乳胶管、青霉素药瓶、塑料眼药水瓶、一次性针管、一次性输液管、圆珠笔芯、自行车气门芯、铁丝、导线、小刀、剪刀、三角锉刀、小砂轮、钳子、小锤子、透明胶带、盒尺、棉纱束。

【实验案例】

1. 微型化学实验仪器及基本操作

1）多用滴管

多用滴管（图 3-84）是由聚乙烯吹塑而成，是一个圆筒形具有吸泡连接一根细长的径管而成。它是一个实用的试剂滴管瓶，试剂用量以液滴为单位。可以用作：微型滴定管（要对液滴的体积进行事前标定）、移液管、滴管、试剂瓶，作分液漏斗与具支试管组合成气体发生器，还可以与井穴板组合成气体制备与检验装置。多用滴管还是一个反应器，可放入离心机上离心。在多用滴管径管出口处，紧套上一个市售医用塑料微量吸液头（简称微量滴头）就组成一个液滴体积约

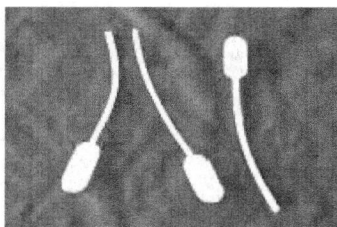

图 3-84　多用滴管

0.02mL 的滴液滴管。这时液滴体积不会因壁薄受温度变化而影响液滴的体积。

（1）加工毛细滴管和试剂滴瓶。

左手平持多用滴管，右手拇指与食指捏住径管端部，把径管欲拉细部位放在酒精灯的火焰上方热空气里旋转加热，待加热部位开始变透明时，停止加热。右手在上，左手在下垂直拿住滴管，并缓缓拉伸径管到所需粗细，保持片刻，待原透明部位转变为乳白色时，视已冷却定型，方可松手，根据需要长度，把毛细管剪断就得到一支毛细滴管。

把剪下来的另一段径管细端截短熔封，粗端保留 12mm 左右在酒精灯上烘软，用锥子把粗端口径略为扩大，就做成一个滴瓶盖。将滴瓶盖套在滴管毛细管上，再贴上标签就构成了一个实用的试剂滴瓶。

按上述方法加工毛细滴管 3 支，试剂滴瓶 2 只。

（2）制作一套微型气体导管。

把两段废圆珠笔芯在酒精灯上微烤一下，弯成两个 90° 的气体导管，中间用一小段输液管（或气门芯）连接并用一个小铁夹（或曲别针）夹好，一套微型气体导管便做成了。

（3）制作一套微型气体发生器。

取一支具支试管配上合适的胶塞，在胶塞上钻孔装上一支多用滴管（或一次性针管），在具支试管的侧管连接导气管，就组成了一套微型气体发生器（图 3-85）。可用于制取 H_2、O_2、CO_2、Cl_2、CO、SO_2、NO_2 等。

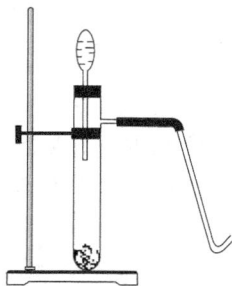

图 3-85　微型气体发生器

2）井穴板

井穴板具有试管、烧杯、储瓶等功能，还能作为比色管、电解池、投影器皿等，井穴板分为 9 孔（图 3-86）和 6 孔（图 3-87）两种。

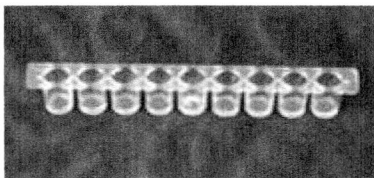

图 3-86　9 孔井穴板

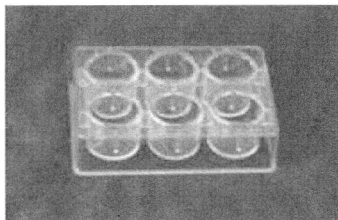

图 3-87　6 孔井穴板

3）微型燃烧匙

取一细玻璃棒，将其一端烧至半融后用镊子压出一个小凹槽（也可以把一根细铁丝的一端盘成一个小凹槽），再弯成 90°，微型燃烧匙就制成了。

4）玻管反应器

玻管反应器（图 3-88）可在火焰上加热玻璃管自制，"W"形和"V"形可用于产生少量气体的反应和气-液，气-固反应的实验，而且有毒气体不易扩散出来，污染少的优点。

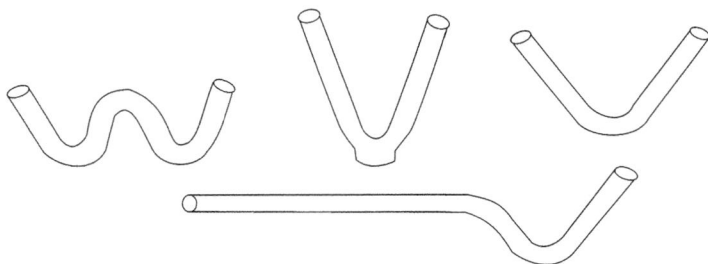

图 3-88　玻管反应器

2. 中学微型化学实验研究

1）空气中氧气含量的测定和氧气性质的探究

取一个青霉素药瓶，将其体积分为五等份，做上记号。在其塞子上安装一个铁丝做的微型燃烧匙和一套微型气体导管，夹紧气体导管。在微型燃烧匙中加上红磷并在酒精灯上点燃，迅速伸入青霉素药瓶中并塞紧塞子。待冷却后，把微型气体导管的另一端伸入一个装水的青霉素药瓶中，打开夹子。观察倒流到青霉素药瓶中的水的体积。

在上述制作的微型气体发生器的具支试管中加入少许 MnO_2，多用滴管中吸取 H_2O_2，按捏多用滴管，制取氧气，用青霉素药瓶，排水集气法收集五瓶氧气，并塞紧塞子。用酒精棉签分别蘸取少量硫粉、红磷、铁粉、铝粉，在酒精灯上点燃，迅速伸入盛有氧气的青霉素药瓶中，观察并记录现象。

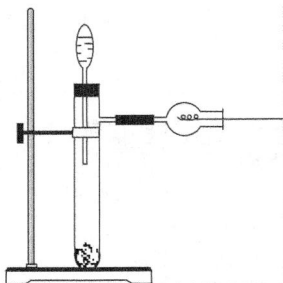

图 3-89　H_2 还原
CuO 实验装置

2)H_2 还原 CuO 实验

在微型气体发生器的具支试管的侧管安装一个干燥管(图 3-89),具支试管中加入几粒锌粒,多用滴管中吸取稀盐酸,按捏多用滴管,使氢气发生。取一根铜丝把一端绕成螺旋状,并在酒精灯上加热,然后迅速伸入干燥管中,观察现象。

3)CO_2 的制备和性质

在微型气体发生器的具支试管中加入少许石灰石,多用滴管(或一次性针管)中吸取稀盐酸;在井穴板(或点滴板、或装药片的塑料凹槽)中分别滴入几滴石蕊、石灰水;按捏多用滴管,制取二氧化碳,用一根燃着的火柴接近导管口,观察现象。然后把气体分别通入井穴板中的石蕊、石灰水中观察现象。

4)Cl_2 的制取及其性质

按图 3-90 连接装置。在微型气体发生器的具支试管中加入少许 MnO_2(或 $KMnO_4$),多用滴管(或一次性针管)中吸取 2mL 浓盐酸;按捏多用滴管,控制产生 Cl_2 的量,观察"V"形玻管和"W"形玻管中的实验现象。

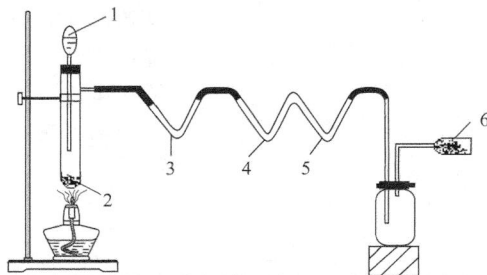

图 3-90　Cl_2 的制备与性质实验装置

1. 浓盐酸;2. MnO_2;3. 品红溶液;4. NaBr 溶液;5. 淀粉-KI 溶液;6. 用 NaOH 溶液浸湿的棉花

用青霉素药瓶收集几瓶 Cl_2,盖好塞子待用。

(1)用小刀切小米粒大的一块金属钠,放在石棉网上,把盛有 Cl_2 的青霉素药瓶倒扣在钠粒上,观察现象。

(2)在微型玻璃燃烧匙上装上少量红磷,在酒精灯上加热后,迅速伸入盛有 Cl_2 的青霉素药瓶中,观察现象。

(3)取一束铜导线中的细铜丝,用砂纸打亮,在酒精灯上加热后,迅速伸入盛有 Cl_2 的青霉素药瓶中,观察现象。

5)Na_2O_2 与 CO_2 的反应

将一次性输液管上的墨菲滴管上端侧管熔封。把墨菲滴管中部剪一个小口,装入 Na_2O_2 用透明胶带粘好,用青霉素药瓶、微型气体导管按图

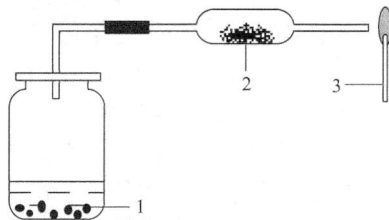

图 3-91　Na_2O_2 与 CO_2 的反应的实验装置

1. 石灰石和稀盐酸;2. Na_2O_2;3. 火柴余烬

3-91 连接实验装置。

先在青霉素药瓶中加入几小块石灰石,再加入1∶1盐酸 2mL,塞紧塞子,在导管口用火柴余烬检验气体,观察墨菲滴管中 Na_2O_2 的变化。

6) NO 的制备及性质

(1) 将 3~4mL 1∶4 的硝酸倒入一支洁净的青霉素小瓶内,盖好塞子,在酒精灯上微热。

(2) 将 7cm 左右长的细铜丝盘成圆形薄片状,拔出针管(5mL)的活塞,再将铜丝缠成的薄片水平放入针管后把活塞安好,可吸少量水以排净管内空气。

(3) 将注射器插入上面的青霉素小瓶中,外拉活塞吸约 2mL 稀硝酸(瓶内剩余硝酸起液封作用),反应立即在针管内进行,可清楚地看到无色气体产生,溶液逐渐变为蓝色。

(4) 3min 左右就可收集约 2mL 无色的 NO,这时将针管内的液体排入小瓶,迅速抽出针头并插入另一洁净的青霉素小瓶内将气体推出,小瓶内立即充满红棕色的气体。

(5) 用洗净的针管注入 0.5mL 左右的蒸馏水,振荡,红棕色气体消失,取其溶液用蓝色石蕊试纸检验,试纸由蓝色变红色。

7) 乙炔的制取及其性质

在一个塑料眼药水瓶的中部剪一个小口,装入电石(CaC_2)后用透明胶带粘好,再用针在塑料眼药水瓶上扎一些孔。

取一根铜质导线去掉塑料外皮,把塑料眼药水瓶口与铜丝熔封在一起,并在铜丝上涂上一层凡士林以便能上下滑动,再与小输液瓶连接。

取一次性输液管上的墨菲滴管上端侧管熔封。把墨菲滴管中部剪一个小口,装入碱石灰,用透明胶带粘好,用上述制作的微型气体导管按图 3-92 连接实验装置。

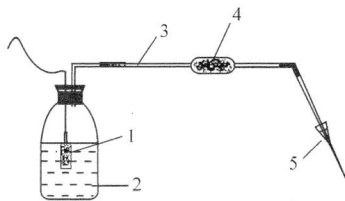

图 3-92　乙炔的制取及性质实验装置
1. 装有 CaC_2 的眼药水瓶;2. 饱和食盐水;
3. 输液管;4. 碱石灰;5. 调速器

把盛有电石的眼药水瓶放入小输液瓶中的饱和食盐水里,缓慢推动调速器中的开关,使乙炔气流平稳。将产生的气体通入盛有溴水、高锰酸钾酸性溶液的点滴板上,观察现象。

点燃导管尖嘴处的气体,观察现象。

8) 乙醇制乙醛及乙醛的性质

(1) 银镜反应。

把一根铜丝绕成螺旋状,在酒精灯上加热,迅速插入盛有无水乙醇(或 95% 的乙醇)的青霉素药瓶中,如此反复操作几次,观察现象。将所得溶液,滴入另一洁净的盛有银氨溶液的青霉素药瓶中,水浴微热,观察现象。

(2) 乙醛与氢氧化铜悬浊液反应。

将一块长方形滤纸裁成 5cm×3cm,平放在玻璃板上,先滴上乙醛溶液 2 滴浸润后,再滴加 $Cu(OH)_2$ 悬浊液 6 滴,浸匀后夹起滤纸在酒精灯上用外焰烘烤(勿接触火焰,以免变黑),在滤纸上出现红色斑点。

9) 电化学微型实验设计(电解饱和食盐水)

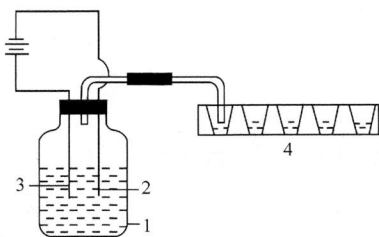

图 3-93　微型电解装置

1. 青霉素小药瓶(内盛饱和食盐水);
2. 铁丝阴极;3. 铅笔芯阳极;4. 井穴板
(分别装水、品红以及 KI、$AgNO_3$、H_2S 等的溶液)

(1)按图 3-93 安装仪器,接通电源,将产生的气体分别通入井穴板中的各溶液,观察现象。

(2)将一块滤纸裁成两半,取一半平放在玻璃板上,用 NaCl 酚酞试液充分浸润,用 2 号电池芯作阳极、铁钉作阴极,轻轻将电极相向卷在其中,并接通电源。通电 2min 后,立即打开裹有碳棒的一端滤纸,滴入一滴碘化钾-淀粉溶液,滤纸变蓝,证明阳极有氯气生成,再打开另一端,发现滤纸变红,证明 NaOH 在阴极生成。

【指导与建议】

(1)空气中氧气含量实验中的红磷应过量,导管不宜太长,待冷却至室温后,再打开止水夹。

(2)H_2 还原 CuO 实验中,把铜丝绕成螺旋状是为了提高铜丝局部的温度。该实验装置还可用生锈的铁丝代替铜丝做 H_2 还原 Fe_2O_3 实验。

(3)H_2 和 CO 还原 CuO、Fe_2O_3 的实验装置,还可用青霉素药瓶制作的简易装置代替(图 3-94,图 3-95)。

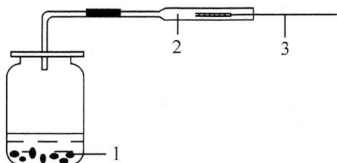

图 3-94　H_2 还原 CuO 简易实验装置

1. Zn 粒和稀盐酸;2. 细玻管;3. 铜丝

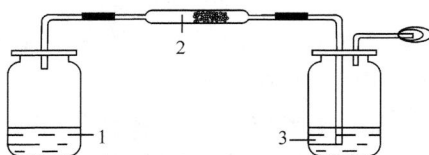

图 3-95　CO 还原 CuO 简易装置

1. 甲酸和浓硫酸;2. CuO;3. 石灰水

【探索·交流】

(1)还有哪些材料可用于制作微型实验仪器?

(2)中学化学教材中哪些实验还可以设计为微型实验?

(3)寻找一下你身边可用的材料设计一套微型实验装置。

(4)通过本实验的设计与操作,你有哪些收获和体会?

资料卡片

　　微型化学实验是 20 世纪 80 年代初在美国几所高等院校基础有机化学实验室里实验成功的。此后,这种方法和技术得到迅速推广。到 80 年代末,其应用范围已经由有机化学扩展到无机化学、普通化学和中学化学的实验教学中。化学实验改革的这个重要趋势引起国际化学教育界的重视。因为这种实验方法和技术的经济效益和环保效益显而易见。所以,一经采用,就受到化学工作者的青睐。美国、德国等国家已逐步在中学化学实验中审定和推广了微型化学实验仪器。因此,它是国内外近 20 年进展较快的一种新的化学实验形式,体现了化学实验微型化的趋势。我国是从 80 年代末开始,先在大学化学教学中引入微型化学实验的,后来在全国的大、中、小学全面铺开。

实验 35 趣味化学实验设计

我国古代的大教育家孔子说过:"知之者不如好之者,好之者不如乐之者。"这里的好之、乐之,其实指的就是兴趣了。兴趣是最好的老师,在化学教学中,教师若能开发出教学游戏、趣味实验等形式来培养学生学习的兴趣和求知欲,在令人耳目一新的同时让学生探索其中无穷奥妙,就可以使学生一时间的欲望和兴趣汇集和发展为推动学生学习的持久动力。

实际上,任何一个化学实验都可认为是趣味实验。只要对化学教科书上的实验稍微动一下脑筋,就可以设计出与教科书上的实验相近,但又不同的非常有趣的一种新的实验结果,从而大大增加学生对实验的兴趣。下列趣味实验是否能给你带来一些启示呢?

神秘的图画

在一次化学晚会上,表演者表演了一幅神秘的图画。他把一张白纸挂在墙上,然后拿起喷雾器把一种淡黄色的透明液体喷洒在这张白纸上,转眼之间,一幅美丽的画面就展现在观众的眼前。在深蓝色的波涛里行驶着一艘红褐色的巨轮。他的这一表演,使观众大吃一惊! 明明是一张白纸,为什么转眼之间却喷出了一幅美丽的图画。亲爱的同学们,你知道这位表演者所喷出的图画的秘密在什么地方吗?

这是一种普通的化学反应。墙上挂着的那张白纸,已经由表演者事先处理好了,他在这张白纸上用一种淡黄色的亚铁氰化钾溶液先画出汹涌澎湃的大海,再用无色透明的硫氰化钾溶液在大海里画出一幅巨轮,晾干后,白纸上没有一点痕迹。原来喷雾器中装的是氯化铁溶液,当把氯化铁溶液喷洒在白纸上面时,氯化铁和亚铁氰化钾反应,生成亚铁氰化铁(蓝色),氯化铁和硫氰化钾反应,生成硫氰化铁(红褐色)。这样,蓝色的大海和红褐色的巨轮就"喷"出来了。

本案例选择了一些融知识性、趣味性、科学性、生活性于一体的实验素材,通过实验操作,培养学生对化学学习的浓厚兴趣,以及独立设计、思考和开发实验的能力。

【实验案例】

1. 烧不坏的手帕

当酒精和水的混合液被点燃时,它们逐渐蒸发成酒精蒸气和水蒸气。乙醇燃烧时,由于有大量的水蒸气蒸发,从而消耗了大量的热量,以至于达不到它的着火点,手帕也就不会被烧着了。

〖实验材料〗

95%酒精、100mL 烧杯、手帕、酒精灯、镊子。

在烧杯中倒入 20mL 酒精(95%)和 10mL 水,充分摇匀,将手帕放入溶液中浸透。用镊子夹住取出手帕,轻轻地把酒精挤掉,然后放在燃着的酒精灯上点燃。手帕着火后,火焰很大。这时要左右摇晃手帕,等到火焰减小时,迅速用力一抖熄灭火焰,火熄灭后,手帕完好无损。

2. 鸡蛋跳舞

各种蛋壳的主要成分都是碳酸钙,当鸡蛋遇到盐酸时,会发生以下反应:

$$2CH_3COOH+CaCO_3=(CH_3COOH)_2Ca+CO_2\uparrow+H_2O$$

由于生成的 CO_2 气体不断地附着在鸡蛋壳表面,于是,它们的总体积就比鸡蛋原来的体积大得多,被它排开的水量不断增多,浮力也就逐渐增大,等到浮力大于鸡蛋重力时,鸡蛋便逐渐浮起来。当鸡蛋浮到液面时,附着在它上面的气泡破散逸出,鸡蛋又沉下去。如此循环往复,鸡蛋不断地上下浮沉,犹如"跳舞"。

〖实验材料〗

一枚煮熟的鸡蛋、半杯白醋、玻璃杯。

在一个玻璃杯(口径比鸡蛋稍大一些)中倒入半杯白醋,然后把一只煮熟的鸡蛋轻轻放入。

3. 指纹检查

碘受热时会升华变成碘蒸气。碘蒸气能溶解在手指上的油脂等分泌物中,并形成棕色指纹印迹。

〖实验材料〗

试管、橡胶塞、药匙、酒精灯、剪刀、白纸、碘。

(1) 取一张干净、光滑的白纸,剪成长约 4cm、宽不超过试管直径的纸条,用手指在纸条上用力摁几个手印。

(2) 用药匙取芝麻粒大的一粒碘,放入试管中。把纸条悬于试管中(注意摁有手印的一面不要贴在管壁上),塞上橡胶塞。

(3) 把装有碘的试管在酒精灯火焰上方微热一下,待产生碘蒸气后立即停止加热,观察纸条上的指纹印迹。

4. 燃纸成铁①

用 $FeCl_3$ 浓溶液润湿的滤纸(组成元素为 C、H、O),在酒精灯上烘干后点燃,滤纸变黑、红热,最终生成黑褐色物质,黑褐色物质中含有铁单质。其中可能发生的主要化学反应为

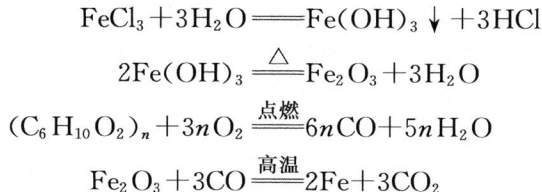

$$FeCl_3+3H_2O=Fe(OH)_3\downarrow+3HCl$$

$$2Fe(OH)_3\xrightarrow{\triangle}Fe_2O_3+3H_2O$$

$$(C_6H_{10}O_2)_n+3nO_2\xrightarrow{点燃}6nCO+5nH_2O$$

$$Fe_2O_3+3CO\xrightarrow{高温}2Fe+3CO_2$$

〖实验材料〗

$FeCl_3$ 饱和溶液、盐酸、滤纸、酒精灯、坩埚钳、石棉网、磁铁。

---

① 参考 2012 年河北省中考化学试题第 35 题。

(1)将一张滤纸(组成元素为 C、H、O)用 $FeCl_3$ 浓溶液润湿,在酒精灯上烘干后点燃,滤纸变黑、红热,最终生成黑褐色物质,黑褐色物质中含有铁单质。

(2)用盐酸检验黑褐色物质中含有铁单质。

(3)用硫酸铜溶液检验黑褐色物质中含有铁单质。

(4)用磁铁检验黑褐色物质中含有铁单质。

5. 白花变红花

分子是不断运动着的。氨气的分子运动到棉花上使酚酞试液变红。

【实验材料】

浓氨水、酚酞试液、药棉、细铁丝、泡沫塑料。

用药棉、细铁丝做一棵棉花树,插在泡沫塑料上,在棉花上滴上酚酞试液,在泡沫塑料上滴一滴浓氨水,用透明塑料盆扣上,观察现象。

6. 白花变蓝花——水的催化作用

干态下的碘片和锌粉,常温下不易直接化合,加入少量水作催化剂后,立即剧烈反应生成碘化锌并放出大量的热,使未反应的碘升华成紫烟,水受热气化,在空中冷凝成白雾,碘和淀粉接触显蓝色,于是紫烟造出蓝花。

【实验材料】

研钵、坩埚、大烧杯、滴管、锌粉(或镁粉、铝粉)、碘片、淀粉试液、铁丝、棉花、泡沫塑料板。

(1) 在研钵中放入 2g 锌粉和 2g 碘片,仔细混合研磨,直到均一、颗粒极细为止。把锌粉和碘粉混合物放在一只坩埚内。

(2) 用铁丝和棉花做一棵棉花树,插在一块泡沫塑料板上,把淀粉试液滴在棉花上。把坩埚放在泡沫塑料板上的棉花树下,向混合物滴水,立即用一只大烧杯罩住。立即有紫烟和白雾腾空而起,团团彩云都抢着去拥抱白花,把白花染成蓝花,再熏染一两次,蓝花更加鲜艳、逼真。

7. 吹气着火

过氧化钠与水反应生成氢氧化钠和氧气;过氧化钠与二氧化碳反应生成碳酸钠和氧气,两个反应都是放热反应,生成的氧气可以助燃。

$$Na_2O_2 + 2H_2O == 2NaOH + H_2O_2$$

$$2H_2O_2 == 2H_2O + O_2\uparrow$$

$$2Na_2O_2 + 2CO_2 == 2Na_2CO_3 + O_2\uparrow$$

【实验材料】

过氧化钠、药匙、棉花、石棉网、玻璃棒、表面皿、玻璃导管。

(1)用药匙取少量过氧化钠放入表面皿中,将绑在玻璃棒上的棉花团,在表面皿中轻轻蘸取过氧化钠,并轻轻抖动棉花团,使过氧化钠粉末散落到棉花团中。

(2)表演时,用一根玻璃管向棉花团吹气,棉花团立即燃烧起来。

8. 番茄电池

任何两种不同的金属之间都能产生电动势,只要将其平行插入电解质溶液就构成了原电池,用导线接通时就能产生电流。一些水果、蔬菜的汁液也是电解质溶液,选择合适的金属可作成果蔬电池。

〖实验材料〗

带鳄鱼夹的导线、灵敏电流计、番茄、铜丝(直径 0.15cm)或铜片、镁带(宽 0.4cm)、锌片(宽 0.4cm)。

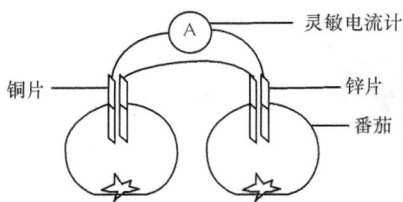

图 3-96　番茄电池

(1)用砂纸擦去镁带、锌片、铜片表面的氧化膜。取 2 个半熟的番茄,分别插入铜片和锌片。正负极之间距离为 2.0cm,电极插入番茄的深度均为 2.5cm。如图 3-96 所示,用导线将铜片与锌片及电流计相连,观察电流计指针偏转情况,并记录数据。

(2)用镁带代替锌片,观察现象。

(3)将几只番茄电池串联起来,观察电流计指针偏转情况,并记录数据。

9. 化学游戏

1)化学顺口溜

(1)元素符号。

氢是梯子(H)氧画蛋(O),半个圆圈(C)便为碳。

弯弯流水硫(S) 显现,汉语拼音钠(Na)不难。

K 是钾,Cu 铜,汞(Hg)镁(Mg)银(Ag) g 一起见,

Al 铝,Cl 氯,F1(Fe)铁车跑得远,Au 金块真罕见。

(2)化合价。

一价氢氯钾钠银,

二价氧钙钡镁锌,

三铝四硅五氮磷,

二三铁,二四碳,

二四六硫都齐全,

铜汞二价最常见。

(3)常见根价。

一价铵根硝酸根;氢卤酸根氢氧根。

高锰酸根氯酸根;高氯酸根醋酸根。

二价硫酸碳酸根;氢硫酸根锰酸根。

暂记铵根为正价;负三有个磷酸根。

(4)常见物质的溶解性。

　　　　　　　　钾、钠、硝、铵溶,盐酸除银、(亚)汞,

　　　　　　　　再说硫酸盐,不溶有钡、铅,

　　　　　　　　最后说碱类,钾、钠、氨和钡。

2)化学扑克牌

将原子序数、元素名称与元素符号;化学式(化合物分类);阴、阳离子;单质与化合物的性质、用途等信息,写在卡片上,自制出一副化学扑克牌。

游戏玩法:

(1)"争上游"。

规则是上家出牌,下家只能出能与上家所出牌中的物质发生反应的物质的牌,以此规则出牌,先出完的为上游,最后出掉的为下游。

例如:在某局牌中,上家出了一张"碳"牌,下三家 A、B、C 手中只剩最后的一张牌是:A 为盐酸,B 为二氧化碳,C 为氢氧化钠,则跟牌顺序为 B 出二氧化碳($C+CO_2 \Longrightarrow 2CO$),C 出氢氧化钠($CO_2+2NaOH \Longrightarrow Na_2CO_3+H_2O$),A 出盐酸($NaOH+HCl \Longrightarrow NaCl+H_2O$),所以 A 为下游。

(2)"空当接龙"。

规则是:①出牌时尽量凑齐一个完整的化学方程式,一局中谁先将手中的牌出完,谁就为赢家;②给物质归类,并正确读出名称。例如,上家出金属单质,其余下家跟金属单质;上家出氧化物;其余下家跟氧化物等。也可按周期或族归类;按官能团归类等。

(3)"结对子"。

规则是:出牌时按照某种规则凑齐一种物质正确的化学式,并正确读出名称。例如,上家出 Fe,下家 A 跟 O,B 跟 FeO、Fe_2O_3 或 Fe_3O_4,C 要跟出"氧化亚铁"、"三氧化二铁"、或"四氧化三铁"。如果某下家跟错或跟不出,其余下家可继续跟。一局中谁先将手中的牌出完,谁就为赢家。也可按阴、阳离子结对子,如 Na^+ 与 Cl^-、OH^- 等形成离子化合物。

化学扑克牌的玩法和游戏规则可以是多种多样的,大家可根据内容和趣味性自主开发,寓化学学习于游戏娱乐之中。

【探索·交流】

(1)请选择教材中的一个实验将其设计成趣味实验。

(2)生活中还有哪些与化学有关的内容可设计成有趣的实验活动？请你设计一个有趣的实验活动。

(3)请你和同学一起设计一台化学晚会。

资料卡片

化学扑克牌

(1)化学扑克牌的创立。

国外化学扑克牌的创立可追溯到 19 世纪 60 年代,为门捷列夫创立的元素牌,当时,门捷列夫正着手著述一部普通化学教科书,在出书过程中,他想寻求一种合乎逻辑的方式来组织当时已知的 63 种元素,并打算将性质类似的化学元素归类成族,分到各章节去写,于是他根据元素的性质做了一套卡片,上面记载着元素的相对原

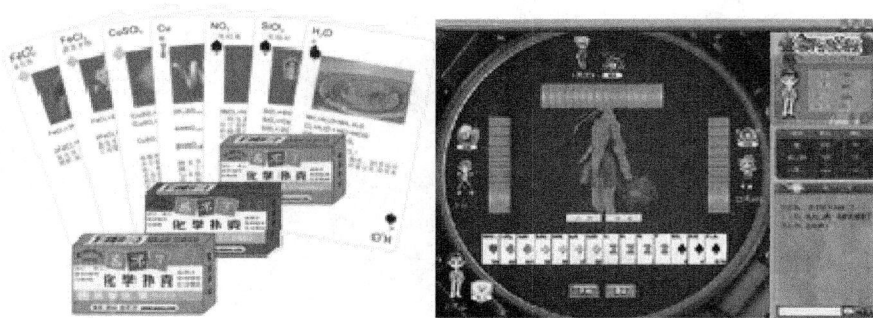

子质量、化合价、物理性质和化学性质等。虽然他的这套卡片不能称为扑克牌游戏,但他开创了全新的思路,对他后来发明元素周期表奠定了基础。

真正意义上的化学扑克牌游戏应为 1935 年创立的 Chemical Bingo,基本规则是依据化学方程式进行游戏:学生用 3in×5in(in 为非法定单位符号,1in＝2.54cm)的扑克牌构成 5 行 5 列的方程式,化合物的名称从碗里抽出然后读出来,学生将这个抽出的化合物覆盖上正确的方程式,5 个化合物在一行则表示胜利。

(2)纸质版化学扑克牌。

我国化学扑克牌游戏的开发起步较晚,始于 20 世纪 80 年代后期。化学扑克牌的种类也较少,只有 16 种。与国外化学扑克牌游戏类似的是,绝大多数考查的知识点都限于无机化学领域,代表扑克有:520 中学化学扑克牌、"化学麻将扑克"、"化学智力游戏扑克牌"、"化学普及多用扑克"等。其中,以钱扬义教授为核心的课题组创立的 520 中学化学扑克牌涉及的知识点最详尽、最具代表性,此扑克牌共分为三套:初三化学一套;高一金属及化合物一套;高一非金属及化合物一套。通过化学规律与扑克玩法的结合考查单质、氧化物、酸、碱、盐之间的反应。

(3)网络版化学动漫扑克游戏。

考查其他知识类型的扑克牌游戏很少,玩法比较简单。单机版化学扑克牌电脑游戏还处于开发阶段,而网络版化学扑克牌游戏目前国内只有一个,即钱扬义课题组开发的网络版化学动漫扑克游戏,该游戏基于"我爱你化学网"下属的游戏网,提供给玩家多人在线游戏的平台。它将"520 中学化学扑克牌"从纸牌升级为网络游戏,让游戏的娱乐性和互动性得到了增强。

实验 36 生活化学实验设计

化学与我们的日常生活息息相关,生活中的许多现象都蕴涵着化学知识。化学源于生活,生活也因化学而精彩。在化学课堂教学中,教师要善于挖掘和拓展生活中的化学实验素材,让化学学习回归生活,由生活走进化学,用化学知识解决社会与生活中的问题。

本实验案例选择了一些生活中的化学实验,采用"做中学"的实验方式,引导学生认识日常生活中常见物质的性质,探讨生活中常见的化学现象,体会化学对提高个人生活质量和保护环境的积极作用,形成合理使用化学品的意识,以及运用化学知识解决有关问题的能力。

【实验案例】

1. 模拟酸雨对植物的影响实验

酸雨是指 pH 小于 5.6 的雨水、冻雨、雪、雹、露等大气降水。大气中的二氧化硫和二氧化氮是形成酸雨的主要物质。大气中的二氧化硫和二氧化氮主要来源于煤和石油的燃烧,它们在空气的氧化作用下形成溶解于雨水的酸。据统计,全球每年排入大气的二氧化硫约 1 亿吨,二氧化氮约 5000 万吨,所以,酸雨主要是人类生产活动和生活造成的。酸雨给地球生态环境和人类社会经济都带来严重的影响和破坏(图 3-97)。研究表明,酸雨对土壤、水体、森林、建筑、名胜古迹等人文景观均带来严重危害,不仅造成重大经济损失,更危及人类生存和发展。

〖思考与设计〗

二氧化硫是造成酸雨的罪魁祸首。请你设计实验模拟酸雨对植物的影响。

〖实验材料〗

小烧杯、苔藓或初生的植物、火柴、玻璃片(或无色透明的塑料袋、橡皮筋)。

分别在 4 只小烧杯内(一次性塑料杯或把饮料瓶剪去上部)放入一块生长旺盛的带土的苔藓或初生的植物,喷上少量的水,在其中 3 只烧杯中分别插入 2 根、4 根、6 根火柴,用

图 3-97　被酸雨腐蚀的森林

一根木条点燃火柴,随即用玻璃片盖灭,用玻璃片(或保鲜膜、无色透明的塑料袋、橡皮筋)盖住烧杯。每天对 4 只烧杯内的植物的生长状况进行观察,并与没有插入火柴的烧杯内的植物比较,记录观察到的现象,一周后,报告实验结果。

火柴头的主要成分是氯酸钾和三硫化二锑,燃烧后形成的烟雾中有二氧化硫气体,由于二氧化硫的密度比空气大,会残留在烧杯中对植物产生危害。

2. 豆腐中钙质和蛋白质的检验

豆腐是我国一种古老传统食品,在一些古籍中(如明代李时珍的《本草纲目》)都有记载。中国人首开食用豆腐之先河。豆腐不仅美味,还具有养生保健作用。豆腐富含钙质可有效预防骨质疏松,大豆卵磷脂有益于神经、血管、大脑的发育生长。大豆蛋白可以降低血脂,预防心血管病。

豆腐与鱼、海带、排骨、蔬菜搭配烹调营养价值更高,但忌与香葱、菠菜一起烹调。由于香葱、菠菜含有较多的乙二酸,与豆腐中的钙质反应生成不被人体吸收的乙二酸钙。

〖实验材料〗

烧杯、漏斗、滤纸、铁架台(带铁圈)、精密 pH 试纸、乙二酸钠、浓硝酸。

(1) 豆腐的酸碱性检验。取 200g 豆腐放入烧杯中,加入 20mL 蒸馏水,用玻璃棒搅拌,并捣碎到不再有块状存在。过滤,得到无色澄清的滤液和白色的滤渣。用精密 pH 试

纸测试豆腐滤液的酸碱性(一般测得的 pH 为 6.2,显弱酸性)。

(2)豆腐中钙质的检验。取上述豆腐滤液 2mL 于试管中,再滴入几滴浓乙二酸钠溶液,试管中立即出现明显的白色沉淀。说明豆腐中含有丰富的钙质,而且能溶于水。

(3)豆腐中蛋白质的检验。取上述白色的豆腐滤渣少许,放入试管中,再滴入几滴浓硝酸,然后微热,可以看到白色的豆腐滤渣变成黄色。冷却后,加入过量的氨水,黄色转变成橙黄色,这就是蛋白质的黄色反应。

资料卡片

菠菜中的维生素 K 具有促进骨钙形成的强大功效。维生素 K 是近年来营养学的研究热点之一,它是"骨钙素"形成的必要成分。维生素 K 主要存在于绿叶蔬菜和植物油中,而菠菜是含量最高的蔬菜之一,仅次于羽衣甘蓝,含量达 415μg/100g。研究表明,如果在补充钙的同时增加维生素 K,可以大大提高补钙的效果,促进钙沉积入骨骼当中。富含钙和蛋白质的豆腐,加上富含钾、镁和维生素 K 的菠菜,正是补钙健骨的绝配。

那么,菠菜中的乙二酸怎么办呢? 由于乙二酸极易溶于水,只需把菠菜在沸水中焯 1min 捞出,即可除去 80% 以上的乙二酸。先炒豆腐,再放焯过的菠菜,混在一起吃就没有问题了。

幸运的是,维生素 K 不怕热,也不溶于水,所以焯菠菜不会引起它的损失。然而,维生素 K 和胡萝卜素一样,需要油脂帮助吸收,因而在做菠菜豆腐汤的时候,一定要记得放些油。

【指导与建议】

(1)实验原理:豆腐中的钙质与乙二酸钠溶液反应便生成不溶于水的乙二酸钙($Ca^{2+} + C_2O_4^{2-} === CaC_2O_4 \downarrow$)白色沉淀。蛋白质遇到浓硝酸,微热后呈黄色沉淀析出,冷却后再加入过量的氨水,沉淀就变成橙黄色。由于蛋白质分子中一般有带苯环的氨基酸,浓硝酸和苯环发生硝化反应,能生成黄色的硝基化合物,因此可用来检验蛋白质。

(2)在制豆腐滤液前,一定要把豆腐捣碎,才能使钙离子溶解到水中。

(3)由于豆腐中含有较多蛋白质,形成胶体,因此过滤较慢。但蛋白质一般不易透过滤纸,所以滤液不会有黄色反应。

(4)建议以"豆腐中的营养成分"为素材,设计一个 5min 的课堂实验教学情境创设的教学片断。

3. 自制汽水

食用柠檬酸(或酒石酸)和小苏打($NaHCO_3$)溶于水后,能发生化学反应,产生二氧化碳气体。二氧化碳气体溶解在含糖、果汁等成分的水中,便可制成汽水。

夏天,喝上一瓶汽水,溶解在汽水中的大量二氧化碳气体便随之进入人体,但它既不会被肠胃吸收,也不易溶解于水,所以很快会从口腔排出,这时人往往会打嗝。由于人体内的一部分热量也同时被二氧化碳带出,因此人就会感到非常清凉。

工厂制汽水时,并不是通过物质间的化学反应在汽水瓶中产生二氧化碳气体的,而是在强大压力下,把二氧化碳气体直接溶入溶液中,这样可使二氧化碳在溶液中的溶解度大大增加。

〖实验材料〗

塑料可乐瓶、天平、食用柠檬酸、食用酒石酸、食用小苏打、白糖(或甜味剂)、果汁(或食用香精)冷开水。

(1)取干净的塑料可乐瓶一个,依次加入白糖 50g,食用柠檬酸 5g,食用酒石酸 1.5g,果汁(或食用香精 1～2 滴)溶于 400～500g 冷开水中(不要将瓶子装得太满)。然后倒入 7g 小苏打,立即将瓶盖旋上,以防汽水冲出。

(2)轻轻摇动可乐瓶,观察现象。

发现瓶中产生大量气泡。由于瓶盖旋得很紧,产生的气体无法逸出。约经 15min,自制的汽水即可饮用。

4. 自制皮蛋

制皮蛋的主要原料是生石灰、纯碱、食盐、红茶叶、水和植物灰(含有碳酸钾)。把原料按一定的比例溶于水制成料液(或料泥)时,发生一系列的化学反应,生成氢氧化钠、氢氧化钾、碳酸钙,并电离出氢氧根离子、钾离子、钠离子和钙离子。

$$CaO + H_2O =\!\!\!= Ca(OH)_2$$
$$Ca(OH)_2 + Na_2CO_3 =\!\!\!= CaCO_3 \downarrow + NaOH$$
$$Ca(OH)_2 + K_2CO_3 =\!\!\!= CaCO_3 \downarrow + KOH$$

把蛋浸入料液(或包入料泥)中,这些离子渗入蛋壳内。蛋白中的蛋白质在氢氧根的作用下开始"凝固"与水形成胶胨,同时钠离子、钾离子、钙离子和红茶中的鞣质都促使蛋白质凝固和沉淀,也使蛋黄凝固和收缩。蛋白质在氢氧根离子的作用下还会逐步分解成多种氨基酸,氨基酸进一步分解出氢、氨和微量的硫化氢等,加上渗入的咸味、茶香味使皮蛋具有特殊的风味和较高的营养价值。分解出来的氨基酸与渗入的碱反应生成的氨基酸盐,在蛋黄表面或蛋白中结晶出来,形成一朵朵美丽的"松花"。

含硫较高的蛋黄蛋白质在氢氧根离子的作用下,分解成多种氨基酸的同时产生了硫氢基和二硫基与蛋黄中的色素和蛋内的各种金属离子结合,使蛋黄出现了墨绿、草绿、茶色、暗绿、橙红等颜色,加上外层蛋白的红褐色(或黑褐色)形成了五彩缤纷的色层皮蛋,所以皮蛋又称为彩蛋。

〖实验材料〗

鲜鸭蛋(或鸡蛋)50 个、纯碱 100g、生石灰 500g、红茶叶末 100g、粗盐 200g、柴灰 5000g、稻壳、筛子、瓷盆、坛子、竹筷、橡胶手套。

(1)将坛子刷洗干净擦干。柴灰筛去杂质。

(2)将石灰放入瓷盆用水溶解,加入研细的纯碱、粗盐和柴灰。

(3)鸭蛋洗净擦干。

(4)茶叶末加水煮沸制成茶汁,倒入瓷盆,搅拌,使盆内混合料起黏无块,成为浓泥团。然后将泥料均匀地包在洗干净的鸭蛋表面,再轻轻地滚上一层稻壳。

(5)将蛋装入坛内,坛口包上一层无毒塑料薄膜,用绳扎紧,再取泥浆把坛口密封。

切忌透气和摇晃。40 天后即成。

5. 水果保鲜剂的制备

水果一旦成熟,就会日趋腐败。研究证明,水果成熟时会释放微量的乙烯(C_2H_4),会诱发其他水果的成熟。因此,水果保鲜剂是一类能吸附、吸收乙烯的物质。活性炭、天然沸石、硅酸钙等多孔性物质是一类吸附型保鲜剂,但它们吸附量小,有易脱附的缺点。目前,广泛使用的保鲜剂是 $KMnO_4$,这是氧化型的,因乙烯被氧化,所以不存在脱附问题,但氧化速度慢,因此实用上把 $KMnO_4$ 吸在活性炭等载体上制成高效的吸附——氧化型保鲜剂,反应如下:

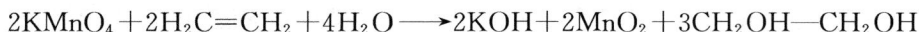

$$2KMnO_4 + 2H_2C{=}CH_2 + 4H_2O \longrightarrow 2KOH + 2MnO_2 + 3CH_2OH{-}CH_2OH$$

【实验材料】

活性炭、$KMnO_4$、$CaSiO_3$、酒精灯、烧杯、铁架台、过滤装置。

(1)制备活性炭-$KMnO_4$保鲜剂。

取 20g 活性炭,浸在 3% 的 $KMnO_4$ 溶液中,煮沸 15~30min,过滤出活性炭。在 110℃烘干,也可用水浴烘干蒸发皿盛放的溶液或放入烘箱。制成品按 10g 一袋装入小布袋备用。

(2)$CaSiO_3$-$KMnO_4$保鲜剂。

取 8g $CaSiO_3$、12g $KMnO_4$,分别研磨成粉末混合,按每袋 10g,分成 2 袋备用。$CaSiO_3$也可用 3% $KMnO_4$ 浸后烘干,制得。

(3)保鲜实验。

取 1kg 葡萄(约分 3 串,绿色),分装在 3 个塑料袋中,第一袋放 $CaSiO_3$-$KMnO_4$保鲜剂,第二袋放 C-$KMnO_4$保鲜剂,第三袋不放保鲜剂,按表 3-41 观察并记录现象。

表 3-41 水果保鲜剂的比较

保鲜剂	脱粒情况			绿色保持情况		
	1 天	3 天	5 天	1 天	3 天	5 天
$CaSiO_3$-$KMnO_4$						
C-$KMnO_4$						
不放保鲜剂						
结论						

6. 自制葡萄酒

葡萄酒是指用纯葡萄汁发酵,经陈酿处理后生成的低酒精度饮料。葡萄酒一般按颜色分为红葡萄酒、白葡萄酒、桃红葡萄酒。红葡萄酒是葡萄带皮发酵而成,酒色分为深红、鲜红、宝石红等。白葡萄酒是用白葡萄或红葡萄不带皮榨汁后发酵酿制,色淡黄或金黄,澄清透明。桃红葡萄酒是用红葡萄经过短期浸渍发酵酿成的葡萄酒,一般颜色为粉红色。

红葡萄酒中含有较多的抗氧化剂,如酚化物、鞣酸、黄酮类物质、维生素 C、维生素 E、微量元素硒、锌、锰等,能消除或对抗氧自由基,使血中的高密度脂蛋白(HDL)升高,有效降低血胆固醇,防治动脉粥样硬化。所以适量喝一些红葡萄酒,可以美容养颜,抗衰老,预防心脑血管疾病和癌症。

家庭自制葡萄酒主要原理是葡萄糖在酒化酶的催化作用下生成乙醇和二氧化碳。

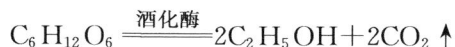

$$C_6H_{12}O_6 \xrightarrow{\text{酒化酶}} 2C_2H_5OH + 2CO_2 \uparrow$$

【实验材料】

紫色的葡萄、发酵器(大玻璃瓶或陶瓷坛、不锈钢瓶)、冰糖或白糖、洁净的竹筷、细孔漏瓢、纱布、细塑料管、大饮料瓶。

(1)葡萄大量上市时买自然成熟的紫红色葡萄。

(2)将酿酒用的发酵器(大玻璃瓶)用洗涤灵洗净,晾干备用。

(3)挑出葡萄串中的烂葡萄珠、瘪珠,用剪刀贴近果蒂处把葡萄一粒粒剪下来,可以留一点果蒂,以免伤了果皮;不要用手去揪葡萄,揪下葡萄就可能伤到了果皮;凡是伤了果皮的葡萄放到一边去,留着吃,不用它做葡萄酒。

(4)把剪好的葡萄用水冲洗干净,晾干至葡萄珠表面没有水珠(或用吹风机吹干)。洗时不要用手搓掉葡萄皮上的白霜,因为上面有大量野生酵母(含酒化酶),要利用其进行发酵。

(5)把手洗干净,将葡萄捏破,葡萄皮、葡萄籽和果肉全都挤到酿酒用的大玻璃瓶中,如果瓶口较小,可以一颗葡萄一颗葡萄地挤,如果瓶口较大,可以同时抓住三五颗葡萄,把手伸到容器中捏破,然后松手将破碎葡萄放下。然后按照 10 斤(1 斤=500g)葡萄 2 斤白糖的比例(喜欢甜一点的可以适当多放一点),边挤葡萄边将白糖放到瓶子里,搅拌均匀。

(6)当把葡萄装到发酵器容量的 70%左右时,停止装葡萄,盖上盖子,但不要完全拧紧。发酵时,会产生大量二氧化碳气体,如果装的太满,葡萄酒会溢出来;盖子拧得过紧,瓶子可能会发生爆炸;另外葡萄发酵也需要微量氧气。

(7)将装好葡萄的发酵器放在温暖的地方,等待葡萄自然发酵。葡萄皮上有天然酵母菌,我们不必考虑发酵菌种问题。气温在 25~30℃是酵母菌活动最适宜的温度,当气温超过 30℃时,酒精易于挥发,应置于阴凉处降温发酵。

(8)葡萄装入发酵器后,大约会在 12h 内启动发酵,表现为葡萄汁中有较多气泡产生。在发酵启动后,每天两次用洁净的竹筷子将葡萄皮压入酒液中,然后盖上盖子。大约 6~8 天后,发酵器皿中产生的气泡已很少时,再将盖子拧紧。放置一个月葡萄酒就酿好了(此时葡萄酒呈紫红色)。如果气温低于 30℃可以多酿几天,酿的时间越长,酒味越浓。

(9)葡萄酒酿好以后,首先用漏瓢把葡萄籽,葡萄皮,还有发了酵的果肉都滤掉,利用虹吸法,通过一根细塑料管将葡萄酒汁倒入另一只大玻璃瓶(或大饮料瓶)中,然后将剩下的葡萄皮、籽等用细纱布过滤,过滤后的酒液也一起并入大玻璃瓶中静置。待酒液澄清,就可饮用了。

【指导与建议】

(1)各类容器一定要洗干净,葡萄酒的酿制过程中一定要保证无油、无水。整个酿制过程一定不要加水,否则就会霉变了。葡萄本身的汁液就可以酿出葡萄酒,10 斤葡萄的汁液大约可出 8 斤葡萄酒。

(2)在发酵启动时,发酵器的盖子一定不要盖死,防止爆炸。待发酵完成后才可拧紧盖子。

(3)葡萄皮那诱人的紫色其实是含有一种营养成分——花青素,葡萄皮中含有的花青素比果肉还多。花青素是一类类黄酮化合物,是一种重要的强效抗氧化剂,能够保护人体免受自由基的损伤。能够增强血管弹性、松弛血管,增加全身血液循环,具有一定的降血压功效;能增强免疫系统能力,抑制炎症和过敏。

除花青素外,葡萄皮中含有比葡萄肉和葡萄籽中更丰富的白藜芦醇,这是一种多羟基酚类化合物,这种物质除能预防心脑血管疾病外,还具有极强的抗癌能力。

(4)滤出的葡萄皮,还有发了酵的果肉不要扔掉,可以用做葡萄酒的皮渣做醋。只是皮渣不要榨得太干,放到一个桶里,皮渣和凉的白开水的比例是 1:4,然后倒一些米醋,上面蒙上一块布,不要扣严实,大概 15 天左右,就可以过滤了,然后密封三个月就可以食用了。

(5)葡萄籽的营养价值非常高,因为它含有丰富的原花青素,原花青素具有很强的抗氧化、清除自由基及抗衰老的作用。用做葡萄酒的葡萄籽可以做葡萄籽玫瑰花茶。①将滤出的葡萄籽清洗干净;②放入烤箱或在锅里炒香;③将烤制过的葡萄籽研磨粉碎,再将葡萄籽粉装入茶袋中,加入玫瑰花蕾,开水冲泡即可。

7. 自制甜酒酿

甜酒酿是蒸熟的江米(糯米)拌上酒酵(一种特殊的微生物酵母)发酵而成的一种甜米酒,酒酿也称为醪糟。江米酒甜嫩、柔软且富有一股喜人的酒香味,吃的时候连米带酒一起吃。甜酒酿的做法很讲究,吃法也分为两种。凉吃,若在炎炎夏日,吃上一碗,自是五脏透凉;热吃则在冬天,将酒酿与金丝琥珀蜜枣、汤圆或鸡蛋一起煮沸,吃起来又香又甜,令人寒意顿消。

家庭自制甜酒酿的主要原理是:淀粉在甜酒曲(酒酵母)的催化作用下生成葡萄糖,葡萄糖在酒化酶的催化作用下生成乙醇。

〖实验材料〗

上等江米(糯米)1500g、安琪甜酒曲 1 袋、凉开水适量。

(1)糯米洗净用冷水浸泡 16h 以上,至用手取一粒米一搓就碎,将糯米捞起。

(2)笼屉内铺上洁净的屉布,将浸泡好的糯米上锅蒸熟。

(3)蒸熟的糯米饭用凉开水冲淋一次,如饭温较高,再用凉开水冲淋一次。取出放到无油无水的容器中,凉至 30℃左右。

(4)将甜酒曲碾细成粉末,撒在糯米饭中拌匀,一般是 500g 米 2g 甜酒曲这样的比例。

(5)把拌好的饭压实,并在中间挖一个凹坑,再撒上一些甜酒曲,最后淋上一些凉开水。

(6)盖上盖子密封。用棉衣或棉被包好,放在温暖的地方,放上一个热水袋,让它尽量保持 30℃左右的温度。北方地区,冬天可以放在暖气片上,以增加温度,缩短发酵时间,2～3天后即可发酵成熟。

〖指导与建议〗

（1）做江米酒切忌混入油腻和生水，所以用具和容器一定要清洗干净。每次食用时，一定要用干净的勺舀出一些来，然后再盖好。

（2）发酵成熟后，不能再用棉被焐，而要放在阴凉处。一次不宜做得太多（尤其是夏天）。

实验 37　探究实验设计

化学是以实验为基础的科学。化学新课程标准明确提出"探究学习是学生学习化学的一种重要方式，也是培养学生探究意识和提高探究能力的重要途径"。

探究性实验的教学设计要以学生的主动学习和创新能力的发展为目标，在探究学习过程中，教师应充分调动学生主动参与探究学习的积极性，引导学生通过实验、观察、调查、资料收集、阅读、讨论、辩论等多种方式，在提出问题、猜想与假设、制订计划、进行实验、搜集证据、解释与结论、反思与评价、表达与交流等活动中，积极主动地获取化学知识，经历探究学习的过程，体验科学探究的乐趣，感受化学世界的奇妙与和谐，增进对科学探究的理解，发展科学探究能力。

【实验案例】

1. 探究"污渍爆炸盐（氧系彩漂剂）"溶液的主要成分

最近几年在超市的洗涤用品区货架上出现了一种新产品——爆炸盐，引起了人们的注意（图 3-98）。它到底是做什么用的呢？ 它的主要成分是什么呢？

〖思考与设计〗

我们准备了一些爆炸盐，请你仔细阅读污渍爆炸盐（氧系彩漂剂）包装袋上的信息，小组合作设计实验探究污渍爆炸盐（氧系彩漂剂）溶液的主要成分。

〖实验材料〗

试管、烧杯、玻璃棒、卫生香、污渍爆炸盐（氧系彩漂剂）、二氧化锰、氯化钡、盐酸、氢氧化钙（石灰水）。

图 3-98　爆炸盐

〖实验探究〗

（1）猜想与假设。

（2）实验原理。

（3）设想及实验方案。

（4）实验现象记录。

（5）实验结论。

〖指导与建议〗

（1）实验原理：

$$Na_2CO_4 + H_2O = Na_2CO_3 + H_2O_2$$

爆炸盐的主要成分是过氧碳酸钠（Na_2CO_4），其溶于水后，会产生碳酸钠和过氧化氢。

(2)将爆炸盐配成饱和溶液,实验现象较明显。

【教学分析】

本实验源于生活实际,内容涉及碳酸钠和过氧化氢的性质和检验,可引导学生进行探究学习。采用小组合作形式,先查阅相关资料,对爆炸盐主要成分、用途和使用注意事项有一个大概了解。再进一步对其溶于水后究竟生成了什么物质进行猜想和假设,根据学生已有的知识进行实验方案的设计,进行实验探究,记录实验现象,最后得出实验结论。

本实验趣味性较强,比较安全,实验探究的开放性较强,涉及的知识与学生的已有认识较为接近,可以组织开放度较大的探究活动,由学生独立完成实验方案的设计与实施。如果从不同角度进行设计,则既可用于初中学生也可用于高中学生的探究活动。

【探索·交流】

(1)通过实验探究你得到的结论是什么?

(2)如果要求定量测定生成物的质量,你会采用什么方法和装置来进行实验?请按你的设想进行实验,报告你得到的结果。

(3)你的实验方案和装置以及实验结果和其他小组的一致吗?产生差异的原因是什么?

(4)小组合作调查:市场漂白洗涤剂成分及应用类型,并写出一篇调查报告。

2. 设计实验探究食盐中是否含有碘元素

碘是人体的必需微量元素之一,有"智力元素"之称。健康成人体内碘的总量为30mg(20~50mg),其中70%~80%存在于甲状腺。碘在人体的生长发育过程中起着重要作用。如果人体内缺少碘元素的话会引起甲状腺肿大的疾病,儿童缺碘,则严重影响其智力发展,导致智商低下。用加碘食盐防治碘缺乏病是目前世界上公认的一种好方法。

【思考与设计】

日常生活中,通常食用的都是碘盐,但市售的"碘盐"是不是真的含有碘元素?如果含碘,碘的存在形式又是怎样呢?请根据你的猜想,设计实验方案探究食盐中是否含有碘元素?并确定含碘食盐中碘元素的存在形式。

【实验材料】

表面皿、试管、胶头滴管、1%硫代硫酸钠、0.1%高锰酸钾、1%亚硫酸钠、1%重铬酸钾、5%过氧化氢、四氯化碳、1%碘酸钾、2%淀粉溶液、稀硫酸。

【实验探究】

(1)检验食盐的碘成分是否为碘单质。

(2)检验食盐的碘成分是否为碘化物。

(3)检验食盐的碘成分是否为碘酸盐。

【指导与建议】

(1)实验原理。

碘单质的检验:I_2遇淀粉变蓝。碘与淀粉指示剂反应的灵敏度很高,可以用淀粉作为本次实验的指示剂。

碘化物的检验：I^- 具有还原性,可被过氧化氢、高锰酸钾、重铬酸钾、碘酸钾等氧化剂氧化为碘单质。因此,可选择过氧化氢、高锰酸钾、重铬酸钾、碘酸钾等氧化剂,滴加在食盐上,用淀粉溶液检验是否有碘单质生成。可以用碘化钾溶液与氧化剂反应后,滴加淀粉溶液,进行对比实验。

碘酸盐的检验：IO_3^- 具有氧化性,在酸性条件下,亚硫酸钠、硫代硫酸钠、碘化钾等还原剂可将其还原为碘单质,因此可选择亚硫酸钠、硫代硫酸钠、碘化钾等还原剂,滴加在食盐上,用淀粉溶液检验是否有碘单质生成。可以用碘酸钾溶液与还原剂反应后,滴加淀粉溶液,做对比实验。

(2)实验中,氧化剂和还原剂的选用也很重要,并不是所有的氧化剂和还原剂都适用,要指导学生通过查阅资料和实验,对选用的试剂进行筛选。选择的依据是试剂容易得到,反应条件比较简单,反应现象比较明显,本实验选取的试剂都是溶液,只需要在酸化的条件下,滴加在食盐上就可观察到现象。本实验将试剂直接滴到食盐固体上检验效果会更明显。

【教学分析】

"设计实验探究食盐中是否含有碘元素"是《普通高中化学课程标准(实验)》必修 1 模块"主题 2 化学实验基础"中的内容。

本实验是在学生已经学习过碘单质的检验、碘化物和碘酸盐的性质知识的基础上,设计实验探究食盐中是否含有碘元素。教师在教学过程中,可以"碘与人体健康"创设情境,使学生感受到碘是人体必需的微量元素。通过查阅资料了解人体补碘的量,理解日常生活中补碘须适量。由此提出问题,如何检验食盐中是否含有碘元素？加碘食盐中的碘是以什么形式存在的？学生提出猜想和假设,在引导学生复习碘单质的检验、碘化物和碘酸盐的性质的基础上,小组合作,设计实验方案,进行实验探究活动,最后得出结论。学生通过设计实验探究食盐中是否含有碘元素的活动,理解科学探究的一般过程,学习运用以实验为基础的实证研究方法。理解了科学补碘的意义。

【探索·交流】

(1)你设计实验方案的依据是什么？在实验方案的实施过程中,遇到了什么问题？你是如何解决的？

(2)通过实验探究你得到的结论是什么？与你的猜想一致吗？

(3)要证明某种物质的存在,一般先考虑什么问题？通过本次实验探究活动,你学到了哪些实证研究的方法？

3. 食品和补铁剂中铁元素含量的测定

铁是人体内重要的微量元素,是血红蛋白的重要成分,它参与体内多种生理活动。如果人体内长期缺铁或铁的吸收不良,就会产生缺铁性贫血,这时需要服用补铁剂和食用一些含铁量较高的食品。

【思考与设计】

哪些食物含铁量高呢？市售补铁剂有哪些品种？含铁量是多少？根据 Fe^{2+}、Fe^{3+} 的性质,可以采用哪些方法测定含铁量？本实验运用色度传感器测定食品和补铁剂中铁元素的含量。

〖实验材料〗

色度计、数据采集器、计算机、坩埚、泥三脚架、坩埚钳、三脚架、铁架台（带铁圈）、电炉或酒精灯、烧杯、玻璃棒、漏斗、滤纸、100mL 容量瓶、洗瓶、10mL 移液管、10mL 容量瓶、洗耳球、补铁剂样品、干黑木耳（或银耳）、2mol/L 硝酸、浓硝酸、饱和 KSCN 溶液、0.001mol/L $Fe(NO_3)_3$ 溶液（硝酸酸化）、蒸馏水、活性炭。

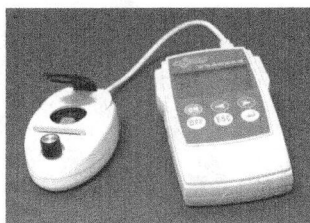

图 3-99　色度计和数据
采集器

1）数据采集器的设置与色度计的校正

连接色度计和数据采集器（图 3-99），色度计选用蓝色滤光片。在比色皿中加入蒸馏水，放入色度计中，开始数据采集，调节色度计旋钮，使数据采集器示数为 100%。

2）标准溶液的配制

按照表 3-42 中的剂量，用移液管取不同体积的 0.001mol/L $Fe(NO_3)_3$ 溶液，分别放入 1～5 号 10mL 容量瓶中，再加入 2 滴饱和 KSCN 溶液，混合均匀，定容，得到浓度分别为 2×10^{-4} mol/L、4×10^{-4} mol/L、6×10^{-4} mol/L、8×10^{-4} mol/L、1×10^{-3} mol/L 的标准溶液。

表 3-42　标准溶液的配制

容量瓶编号	$c(Fe^{3+})=1\times10^{-3}$ mol/L	$[Fe(SCN)_5]^{2-}$ 标准溶液浓度/(mol/L)
1	2	2×10^{-4}
2	4	4×10^{-4}
3	6	6×10^{-4}
4	8	8×10^{-4}
5	10	1×10^{-3}

3）绘制标准曲线

（1）取 1 支洁净的比色皿，装入 2×10^{-4} mol/L $[Fe(SCN)_5]^{2-}$ 标准溶液，测量其透光率，并记录数据采集器示数。

（2）重复上步操作 3 次，取平均值，即该浓度标准溶液的透光率。

（3）按照上述方法分别测定 4×10^{-4} mol/L、6×10^{-4} mol/L、8×10^{-4} mol/L、1×10^{-3} mol/L $[Fe(SCN)_5]^{2-}$ 标准溶液的透光率。

（4）计算每种浓度溶液对应的 $\lg(1/T)$，用计算机或坐标纸绘制 $\lg(1/T)$-c 标准曲线。

（5）数据记录与处理（表 3-43）。

表 3-43　$[Fe(SCN)_5]^{2-}$ 透光率测定值

$[Fe(SCN)_5]^{2-}$ 标准溶液浓度/(mol/L)	透光率(T)				$\lg(1/T)$
	1	2	3	平均值	
2×10^{-4}					
4×10^{-4}					

$[Fe(SCN)_5]^{2-}$	透光率(T)				$\lg(1/T)$
标准溶液浓度/(mol/L)	1	2	3	平均值	
6×10^{-4}					
8×10^{-4}					
1×10^{-3}					

4）补铁剂中铁含量的测定

（1）取 1 支朴雪口服液（10mL），倒入烧杯中，加入 10mL 浓硝酸（硝酸可以将二价铁氧化为三价铁，由于补铁剂中一般都加入维生素 C 等还原剂保护二价铁不被氧化，因此需使硝酸过量），充分搅拌后转移到 100mL 的容量瓶中定容。

（2）取 10mL 样品溶液，向其中滴加 2 滴饱和 KSCN 溶液，混合均匀。

（3）在洁净的比色皿中装入待测溶液，测量其透光率，计算出 $\lg(1/T)$，在标准曲线上查出对应的 Fe^{3+} 的浓度，再根据 Fe^{3+} 浓度计算 1 支朴雪口服液中铁元素的含量。

5）食物中铁元素含量的测定

（1）粗称 3～4g 黑木耳（或 10g～12g 银耳）用粉碎机粉碎后，准确称取 2～3g 黑木耳（或 10～11g 银耳）样品粉末于干净且干燥的坩埚中，置于电炉（或酒精灯）上灼烧，使之完全炭化。

（2）加 2～3 滴浓硝酸，搅拌，再加 5mL 2mol/L 的硝酸浸泡约 10min，不断搅拌，溶解，静止沉降，过滤，再用少量稀硝酸洗涤滤渣坩埚两三次，将溶液转移到 100mL 的容量瓶中定容、摇匀、待测。

（3）取出 10mL 样品溶液，再滴加 2 滴饱和 KSCN 溶液（与配制标准溶液时加入的 KSCN 溶液的量相同），混合均匀。

注意：整个过程都不要让样品接触铁器，如使用坩埚钳、镊子等要用纸包上后再使用。

（4）在洁净的比色皿中装入待测溶液，测量其透光率，并记录数据采集器示数。

（5）重复上步操作 3 次，取平均值，计算对应的 $\lg(1/T)$，通过标准曲线查出 Fe^{3+} 的浓度，再根据 Fe^{3+} 浓度计算黑木耳中铁元素的含量。

（6）数据记录与处理（表 3-44）。

表 3-44　从透光率测定 Fe^{3+} 含量

透光率(T)				$\lg(1/T)$	Fe^{3+}浓度	铁元素的含量
1	2	3	平均值		(mol/L)	(/100g^{-1})

〖指导与建议〗

1）实验原理

将食物灼烧完全炭化后用酸液浸取，可以将食物中的铁元素转化为 Fe^{3+} 溶液，在硫氰化钾过量的情况下，Fe^{3+} 与硫氰化钾反应生成深红色的 $[Fe(SCN)_5]^{2-}$。$[Fe(SCN)_5]^{2-}$ 可以吸收蓝色光（所以溶液的颜色为红色），$[Fe(SCN)_5]^{2-}$ 的浓度越大（溶液的颜色越深），对光的吸收程度越大，即透光率（T）越小。透光率与配离子浓度符合以下关系式：

$$\lg(1/T) = Kc$$

式中，T 为透光率，可以用色度计测定；K 为一常数，它与溶液的性质和溶液液层的厚度有关；c 为溶液的浓度（mol/L）。

用比色皿分别盛装浓度不同的 $[Fe(SCN)_5]^{2-}$ 标准溶液，放入色度计中测量它们的透光率，计算出相应的 $\lg(1/T)$，绘制 $\lg(1/T)$-c 曲线，即标准曲线。

测定从食物中转化得到的 $[Fe(SCN)_5]^{2-}$ 溶液的透光率，计算相应的 $\lg(1/T)$ 值，即可在标准曲线上查到对应的浓度 c。

食物样品中铁元素的含量可由下式计算：

$$W(Fe) = \frac{c(Fe^{3+}) \times 0.1L \times M(Fe)}{m}$$

式中，$W(Fe)$ 为食物样品中铁的含量；$c(Fe^{3+})$ 为在标准曲线上查到的食物样品中 Fe^{3+} 的浓度；m 为食物样品的质量；$M(Fe)$ 为铁的摩尔质量。

2）实验注意事项

（1）由于 $FeCl_3$ 溶液有明显的黄色，会影响数据的测量，因此本实验使用 $Fe(NO_3)_3$ 配制标准溶液。如果溶液酸性不够强，Fe^{3+} 会水解生成有色物质，影响溶液透光率的检测以及 Fe^{3+} 与 SCN^- 的配位反应，因此要用硝酸对标准溶液和待测样品溶液进行酸化。

（2）为了使 SCN^- 远过量于 Fe^{3+}，因此向 Fe^{3+} 溶液中滴加饱和 KSCN 溶液，KSCN 溶液的加入量以再滴加 1 滴后，溶液的颜色观察不到变化为宜。饱和 KSCN 溶液的用量相对于 Fe^{3+} 是大过量的，因此 $[Fe(SCN)_5]^{2-}$ 的浓度近似等于 Fe^{3+} 的初始浓度。注意样品溶液与标准溶液中加入的饱和 KSCN 溶液的量应该是相同的。

（3）色度计测得数值的单位为％，将数据代入公式进行计算时应注意，如读数为 80.1％，则应代入 0.801 计算。

（4）食物样品应充分炭化，如果食物灰渣浸取液过滤后仍显色，说明炭化不充分，会影响后面的检测，可用活性炭进行脱色处理。

（5）通常补铁药物和保健品中铁元素一般以正二价存在，如硫酸亚铁、葡萄糖酸亚铁、乳酸亚铁、琥珀酸亚铁、血红素铁等，为了防止铁元素被氧化，常添加维生素 C 等还原剂。因此应加入足量的硝酸使氧化反应进行彻底。用双氧水也可以氧化二价铁。另外，双氧水和浓硝酸都可以氧化 SCN^-，为了除去过量的双氧水可进行加热处理；若使用浓硝酸在定容时被稀释，不会氧化 SCN^-。

含铁量高的食物

黑木耳含铁最高，100g 里含铁 97.4mg，其余为鸡血 25.0mg、芝麻 22.7mg、猪肝 22.6mg、鸡肝 12.0mg、燕麦片 7.0mg、黄豆 8.2mg、豇豆 7.1mg、绿豆 6.5mg、豌豆 5.9mg、豆腐干 4.9mg、菜花 6.4mg、海带 4.7mg、花生仁 6.9mg、猪血 8.7mg、鸡蛋黄 6.5mg。豆腐、菠菜、芹菜的含铁量并不高，分别是 1.9mg、2.9mg、0.8mg。

〖教学分析〗

"比色法测定动物血液或抗贫血药物(或补血剂)中铁含量"是《普通高中化学课程标准(实验)》选修 6 模块"主题 2 化学实验探究"中的内容。内容标准要求学生能发现生活中有意义的化学问题,并进行实验探究;能设计解决化学问题的实验方案,通过化学实验收集有关数据,并科学地加以处理;能对实验现象做出合理的解释。

生活中补铁剂的种类很多,含铁量高的食物也很多,关于铁及其化合物的性质学生在必修模块已经学过。教师在设计本实验时要注意在不同的学习阶段,发挥其不同的教学功能,注意实验的开放度。例如,在必修模块学习时,本实验要侧重让学生应用铁及其化合物的性质解决分析实际问题,初步认识定量实验的特点,了解比色法定量分析常用的仪器和基本操作,初步学会移液管的使用,进一步巩固溶液配制的基本操作,培养学生严谨的科学态度。在选修 1 模块的学习中,也可以结合"主题 1 化学与健康"的学习,侧重补铁剂或天然食品中铁元素的价态确定,铁元素含量测定部分可以简单化处理,通过实验、查阅资料帮助学生认识微量元素对人体健康的重要作用。在选修 6 模块中该实验的教学功能则侧重引导学生运用所学知识,利用网络资源查阅资料,进行实验方案设计,引导学生注意探讨氧化剂的选择及用量问题、样品的颜色问题,根据待测样品的质量,选择标准溶液浓度的问题等,指导学生小组合作进行实验探究,进一步提高学生通过化学实验收集有关数据,并科学地加以处理的能力。

〖探索·交流〗

(1)通过查阅资料,你认为生活中的补血剂中铁元素以什么价态存在? 你利用什么方法确定补铁剂中铁元素的价态?

(2)如果补铁剂中铁元素的价态是＋2 价,你将选用哪种氧化剂? 为什么?

(3)Fe^{3+} 容易水解,是否会影响含量的测定? 在实验中你如何处理?

(4)选择含铁量较高的食品,自行设计一个实验方案,测定其中铁元素的含量。

4. 实验探究——制酸剂化学成分和制酸力的检验

在日常生活中人们通常用复方碳酸氢钠片、胃舒平、胃必治、斯达舒、盖胃平、兰达等一类称为制酸剂的药物,来治疗胃酸过多所引起的胃痛、胃灼热(烧心)、反酸、胃胀气或消化不良等症状。

〖思考与设计〗

制酸剂的主要成分是什么? 在治疗胃酸的过程中发生了什么化学反应? 哪种制酸剂能中和更多的胃酸? 请你查阅生活中用来治疗胃酸过多的药品说明书,了解它们的主要化学成分、药理特点及功能。选择其中几种药物,利用手持技术仪器,小组合作设计实验方案检验其主要化学成分和制酸力的大小。

〖实验材料〗

pH 传感器、数据采集器、计算机、酸式滴定管、烧杯、玻璃棒、磁力搅拌器、搅拌磁子、市售制酸剂、盐酸、氢氧化钠。

（1）查阅市售治疗胃酸的制酸剂的药品说明书。

（2）你认为哪种药物中和胃酸的能力更强些？请提出你的猜想和假设，并说说你的依据是什么？

（3）试根据反应原理设计实验方案，测试你所选择的制酸药物的主要化学成分和制酸力的大小。

氢氧化铝是两性物质，即可与酸反应又可与碱反应，可用酸和碱来检验。

三硅酸镁可与盐酸反应，生成硅酸胶状沉淀和氯化镁，氯化镁可与碱反应生成氢氧化镁白色沉淀，可用盐酸和碱来检验。

（4）验证实验方案：①氢氧化铝的检验；②三硅酸镁的检验；③制酸药物的制酸力的大小比较实验（可利用 pH 传感器和数据采集器设计实验方案）。

（5）实验结果分析及结论。

【指导与建议】

1）实验原理

制酸剂的成分为弱碱性物质。制酸剂的作用在于中和胃酸，提高胃内的 pH，缓解或预防因为胃酸过多所引起的心口灼热感、胃胀气或消化不良的症状，也可用来治疗或预防溃疡的发生。理想的制酸剂必须是中和效力持久，中和速率快，不吸收，不产气，不引起腹泻或便秘，对黏膜及溃疡有保护作用。因此，可用的单一药物并不多，多为复方制剂。常见药物有：复方碳酸氢钠片、胃舒平（复方氢氧化铝片）、胃必治（复方铝酸铋）、斯达舒、盖胃平、兰达（碳酸钙口服混悬液）等，大多以碳酸氢钠、氢氧化铝、氢氧化镁、三硅酸镁、铝酸铋、碳酸钙等为主要成分。以下是临床上所用的制酸剂主要成分的药理特点及功能。

（1）碳酸氢钠（$NaHCO_3$）。

碳酸氢钠即小苏打，易溶于水，可迅速中和胃酸，但因会产生大量的二氧化碳，造成胀气的感觉，目前较少使用。其反应方程式如下：

$$NaHCO_3 + HCl = NaCl + H_2O + CO_2 \uparrow$$

（2）氢氧化铝[$Al(OH)_3$]。

氢氧化铝凝胶可以缓慢的中和胃酸，作用时间较长，但长期服用会有便秘，恶心，呕吐等副作用。

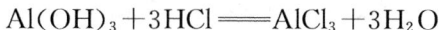
$$Al(OH)_3 + 3HCl = AlCl_3 + 3H_2O$$

（3）碳酸钙（$CaCO_3$）。

具高度中和酸的能力，作用时间较久，但会引起胃酸分泌回馈作用，中和时也会产生二氧化碳，有胀气感。

$$CaCO_3 + 2HCl = CaCl_2 + 2H_2O + CO_2 \uparrow$$

（4）镁的化合物。

目前最常用的持续性制酸剂是碳酸钙以及镁的铝酸盐、镁的硅酸盐和氢氧化镁（由于镁盐具有轻泻的作用，一般都会和铝盐及钙盐混合使用）。

氢氧化镁[$Mg(OH)_2$]又称镁乳，制酸作用最佳。

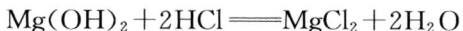
$$Mg(OH)_2 + 2HCl = MgCl_2 + 2H_2O$$

三硅酸镁（$Mg_2Si_3O_8 \cdot nH_2O$ 或 $2MgO \cdot 3SiO_2 \cdot nH_2O$）在医药上用于制抗酸

药,能中和胃酸和保护溃疡面,作用缓慢而持久。具有轻泻的作用。长期大剂量服用该药品,偶见肾硅酸盐结石。当它和盐酸反应时,相当于 MgO 和盐酸作用,其反应方程式为

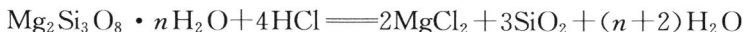

$$Mg_2Si_3O_8 \cdot nH_2O + 4HCl = 2MgCl_2 + 3SiO_2 + (n+2)H_2O$$

2)利用 pH 传感器和数据采集器测定制酸力的大小

本实验利用 pH 传感器和数据采集器,通过计算机处理数据,能够绘制 pH-t 变化曲线,通过曲线的变化趋势,可观察盐酸浓度的变化;比较曲线的斜率可判断不同制酸剂的制酸快慢程度;比较在服用最低量制酸剂时 pH 的变化 ΔpH 的大小,可判断不同制酸剂的制酸力的强弱。

〖教学分析〗

"制酸剂化学成分的检验"是《普通高中化学课程标准(实验)》选修 1 模块"主题 1 化学与健康"中的内容。学生通过实例了解某些制酸药物的主要成分和疗效,知道安全用药常识,认识医疗保健的重要性。认识化学在促进人类健康方面的重要作用,能应用所学化学知识对生活中的有关化学问题做出正确的判断和解释。

本实验利用 pH 传感器和数据采集器进行实验设计,学生可进一步熟悉 pH 传感器和数据采集器的使用方法,通过计算机处理数据,绘制 pH-t 变化曲线,通过分析曲线的变化趋势,观察盐酸浓度的变化,判断不同制酸剂的制酸快慢程度以及制酸力的强弱。

教师在教学过程中要注意利用小组合作学习的方式,根据药品说明书中的主要成分和相关的反应原理进行实验设计,讨论和评价实验方案的可行性,以及定量实验的注意事项。

〖探索·交流〗

(1)若用中和滴定法来测定胃药的制酸力,能否用酚酞作为指示剂? 为什么?

(2)大部分胃药有持续的制酸作用,如何根据本实验来判断不同胃药的制酸力强弱?

5. 正交试验法探究过氧化氢制取氧气的最佳实验条件

过氧化氢制取氧气是初中化学一个十分重要的实验,过氧化氢制氧气的速率并不是越快越好。反应过于剧烈,存在安全隐患,也不容易操作。如果速率过慢,则不利于课堂教学。

〖思考与设计〗

影响过氧化氢制取氧气反应速率的因素有哪些? 如何选择过氧化氢制取氧气的最佳实验条件? 请你和同伴采用正交试验法设计并完成过氧化氢制取氧气的最佳实验条件的选择。

〖实验材料〗

铁架台、胶塞、导管、锥形瓶、量筒、大试管、药匙、天平、温度计、秒表、恒温槽、30%过氧化氢溶液、二氧化锰、氧化铜、氧化铁、Fe^{2+}/Fe^{3+}、I_2/I^-。

(1)实验装置如图 3-100 所示。

(2)明确实验目的,确定评价指标。

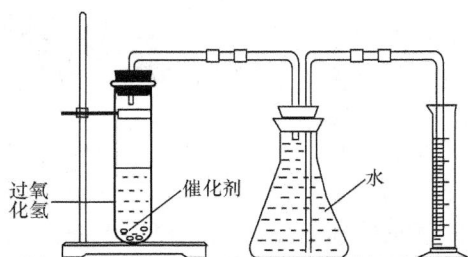

过氧化氢   催化剂   水

图 3-100 H_2O_2 制 O_2 实验探究装置

用排水法收集相同体积的氧气,所用时间越少,表示反应速率越快。确定要收集的氧气的体积(10mL)。

(3)挑选因素,确定水平。

影响过氧化氢制氧气的反应速率的因素很多,但主要因素有催化剂的种类、过氧化氢的浓度和催化剂的用量、温度等。挑选因素,确定试验水平,填入表 3-45。

表 3-45   试验因素水平表

水平 \ 因素	催化剂种类(A)	催化剂用量(B)	H_2O_2浓度(C)/%	温度(D)
1				
2				
3				

(4)选正交试验表。

本试验为 4 因素 3 水平试验,应选 $L_9(3^4)$ 正交表进行试验设计(表 3-46)。

表 3-46   试验的正交表

试验号 \ 因素	催化剂种类(A)	催化剂用量(B)	H_2O_2浓度(C)/%	温度(D)	所用时间/s
1	1	1	1	1	
2	1	2	2	2	
3	1	3	3	3	
4	2	1	2	3	
5	2	2	3	1	
6	2	3	1	2	
7	3	1	3	2	
8	3	2	1	3	
9	3	3	2	1	
K_1					
K_2					
K_3					
k_1					
k_2					
k_3					
R					

（5）明确试验方案，进行试验。

将各个试验的水平填入试验正交表中，按每一行对应的试验方案完成试验，将收集相同体积的氧气所用的时间填入正交表的最后一列。

（6）计算极差，确定因素的主次顺序（参阅 2.2 节）。

（7）确定最佳试验条件。

〖指导与建议〗

（1）实验原理：

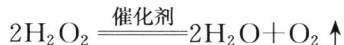

$$2H_2O_2 \xrightarrow{\text{催化剂}} 2H_2O + O_2 \uparrow$$

（2）本实验也可选用 Fe^{2+}/Fe^{3+} 或 I_2/I^- 作为过氧化氢制取氧气的催化剂（参阅第 3 部分第 2 单元实验 4）。

〖探索·交流〗

（1）根据正交试验的结果，你所得到的影响过氧化氢制氧气反应速率的因素的主次顺序是什么？

（2）你所确定的最佳试验方案是什么？与其他小组比较你所得出的结论有哪些差异？原因是什么？

（3）关于本次正交试验的设计，你还有哪些想法或建议？

综合探究 Ⅷ　水果蔬菜中维生素 C 含量的测定

维生素 C 广泛存在于新鲜水果和蔬菜中。维生素 C 是人类营养中最重要的维生素之一，人体不能自身合成，必须从食物中摄取。维生素 C 具有保持肌肤滑嫩、防止衰老、抗坏血病等作用，是人类必需的维生素之一。缺乏时会产生坏血病，因此维生素 C 又称为抗坏血酸，属水溶性维生素。

维生素 C 的结构如何？它有哪些性质？哪些水果、蔬菜中维生素 C 含量多？

【思考与设计】

请你查阅文献和相关网站，获取下列有关维生素 C 的各种信息：

（1）维生素 C 的化学式。

（2）维生素 C 的结构式。

（3）由维生素 C 的结构你能预测维生素 C 有哪些性质吗？请设计实验方案验证你的推测。

（4）哪些水果、蔬菜中维生素 C 含量多？选择几种水果、蔬菜设计实验方案测定其中的维生素 C 含量。

【实验材料】

250mL 容量瓶、50mL 酸式滴定管、25mL 移液管、洗耳球、锥形瓶、洗瓶、量筒、玻璃棒、尼龙纱布或脱脂棉、天平、榨汁机或研钵、漏斗、烧杯、试管、滴管、试管架、铁架台（含蝴蝶夹）、0.01mol/L 碘溶液、2% 乙酸、2% 淀粉试液、0.02mol/L $Na_2S_2O_3$（标准溶液）、pH 试纸、石蕊试纸、$FeCl_3$ 溶液、高锰酸钾溶液、KIO_3 溶液、$K_2Cr_2O_7$ 溶液、1.0mol/L

硫酸溶液、溴水、新鲜的水果蔬菜(如鲜枣、橘子、红辣椒、柿子椒、菜花、西红柿等)或果汁饮料。

【实验案例】

1. 碘溶液的配制及标定

1)0.01mol/L 的碘溶液的配制方法及保存

碘不易溶于水,加入少量的碘化钾溶液,可以大大增加碘的溶解度。具体的配制方法是:先将10g碘化钾溶于50mL蒸馏水中,制成碘化钾溶液。然后,称取1.27~1.30g碘,加入碘化钾溶液中。待碘溶解后,将碘溶液移至500mL棕色容量瓶中(或用黑色袋遮盖,以免失效),并稀释至刻度。

2)标定碘溶液

准确吸取 0.02mol/L Na$_2$S$_2$O$_3$标准溶液 25mL 三份,分别置于250mL锥形瓶中,加水 50mL、2%淀粉溶液 2mL,用I$_2$溶液滴定呈稳定的蓝色,半分钟内不褪色即为终点。然后计算 I$_2$溶液的浓度。

2. 果蔬组织中的维生素 C 含量的测定

1)制备果蔬组织提取液

(1)称取新鲜蔬菜或水果100g,切碎,榨汁机(或研钵)中,再加入50mL蒸馏水,磨碎。

(2)在漏斗中垫上尼龙纱布或脱脂棉,将粉碎后的果蔬液过滤到烧杯中。纱布用少量水洗几次,合并滤液,滤液总体积定容至100mL。

2)调 pH

取出 25mL 果蔬组织提取液,放入洁净的锥形瓶中。向锥形瓶中加入 2mL 淀粉溶液,然后滴加乙酸,将 pH 调至 3。

3)滴定

用0.01mol/L的碘溶液滴定果蔬组织提取液。滴定过程中,边滴定边不断摇动锥形瓶,直到提取液呈现蓝色,并且在半分钟内不褪色为止。重复滴定两次,记录每次滴定的初读数和末读数(末读数与初读数之差,就是每次滴定所用去的碘溶液的体积)。最后,计算出两次滴定所用去的碘溶液体积的平均值。

4)计算

根据以上操作,将处理数据填写在下表中,并由此得出所取样品中维生素 C 含量多少的顺序(表3-47)。

表 3-47　部分果蔬中的维生素 C 含量　　　　　　　　　　(单位:mg/100g)

样品(提取液)	碘溶液的体积/mL	维生素 C 含量

3. 部分果蔬提取液的性质比较

由以上实验可知新鲜果蔬中的维生素 C 含量是较高的,但由于其所处环境不尽相同,不同的水果及蔬菜又会具有不同的口味及营养价值,下面我们可以通过几项小测试,获得一些初步的认识,更进一步的探究,可以在你深入地理解和研究后,再行设计。

1)pH

将所得数据填入表 3-48 中。

表 3-48　部分果蔬提取液的 pH

样品(提取液)	实验现象		分析与结论
	石蕊试纸	pH 试纸	

2)还原性

将所得数据填入表 3-49 中。

表 3-49　部分果蔬提取液的还原性比较

		样品(提取液)			
		西红柿	辣椒	橘子	……
实验现象	FeCl₃ 溶液				
	KMnO₄ 酸性溶液				
	K₂Cr₂O₇ 酸性溶液				
	溴水				
	碘水-淀粉溶液				
	⋮				
	结论				

3)热稳定性

上述样品(提取液)加热煮沸 5～10min,重复上述实验,现象如何?

【指导与建议】

(1)维生素 C 的分子式为 $C_6H_8O_6$,相对分子质量为 176.14,结构如图 3-101 所示。维生素 C 为多羟基化合物,因而易溶于水,是水溶性维生素,其结构具有酯键,应具备酯的化学性质。在酸性环境下能稳定存在,而在碱性环境中因水解而不可逆被破坏。这就是在实验中要加入质量分数为 2%

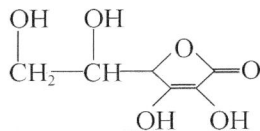

图 3-101　维生素 C 的结构

的乙酸调节 pH 的原因。又因为维生素 C 的结构中具有烯醇式结构,烯醇式羟基上的氢十分活泼,在水溶液中,其烯醇羟基上的氢可解离成氢离子,发生去氢氧化而变成氧化型抗坏血酸,且其互变是可逆的。因此,维生素 C 具有酸性、强还原性,能与碱、氧化剂反应,如能使高锰酸钾溶液褪色。

维生素 C 还能将碘还原成碘离子,其方程式为

$$C_6H_8O_6 + I_2 \longrightarrow C_6H_6O_6 + 2H^+ + 2I^-$$

即

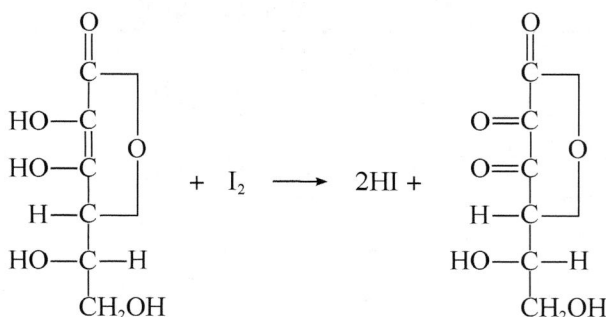

根据碘与淀粉变蓝的特性,而碘离子则不具备此性质,因而可选用可溶性淀粉作指示剂,利用滴定的方法来测定果蔬中维生素 C 的含量。

I_2 溶液的浓度可以由已知浓度的 $Na_2S_2O_3$ 标准溶液滴定,以淀粉为指示剂,滴定至蓝色刚好消失即为终点,它们之间发生以下反应:

$$2Na_2S_2O_3 + I_2 =\!=\!= NaS_4O_6 + 2NaI$$

根据以上反应,I_2 溶液的浓度可由下式计算:

$$c_{I_2} = \frac{c_{Na_2S_2O_3} v_{Na_2S_2O_3}}{2V_{I_2}}$$

式中,$c_{Na_2S_2O_3}$ 为 NaS_2O_3 标准溶液的浓度;$V_{Na_2S_2O_3}$ 为滴定时所用 $Na_2S_2O_3$ 溶液的体积;c_{I_2} 为 I_2 溶液的浓度;V_{I_2} 为滴定时所用 I_2 溶液的体积。

试样中所含维生素 C 的质量可由下式计算:

$$c_{维生素C} V_{维生素C} = c_{I_2} V_{I_2}$$
$$m_{维生素C} = c_{I_2} V_{I_2} M_{维生素C}$$

式中,c_{I_2} 为 I_2 溶液浓度;V_{I_2} 为滴定试样时所耗 I_2 的体积;$M_{维生素C}$ 为维生素 C 的摩尔质量。

(2)维生素 C 的提取。

维生素 C 在新鲜的蔬菜和水果中含量较高。制备果蔬组织提取液应尽量除去皮、核等部分,保留可食用的部分。最好使用多功能食物粉碎机将果蔬组织彻底粉碎,使组织中的维生素 C 充分溶解出来。粉碎果蔬组织时,可以先加入 40mL 蒸馏水,余下的 10mL 蒸馏水用来冲洗粉碎机内残存的果蔬组织,以减少组织提取液的损失。标准维生素 C 溶液和被检测的果蔬组织提取液的 pH,必须调至 3 左右,以保持溶液的酸性环境,防止维生素 C 被破坏。

对于汁液较少的蔬菜或水果,可选用 2％乙二酸或偏磷酸-乙酸溶液作为提取液。有些蔬菜或水果汁液颜色较深,对滴定终点的判断有影响,需要脱色。可选用活性炭或白陶土作为脱色剂。

因维生素 C 容易被空气中的氧所氧化,提取液应随配随用。

(3)滴定速度。

维生素 C 易被热、碱、氧、光破坏,所以滴定要迅速,整个过程不要超过 2min。

【教学分析】

"食品中维生素 C 的测定"是《普通高中化学课程标准(实验)》选修 1 模块"主题 1 化学与健康"中的内容。本实验内容以学生的生活经验为基础,贴近学生、贴近生活。学生通过实验活动了解人体必需的维生素 C 的主要来源及摄入途径;了解维生素 C 在人体中的作用。

本实验的综合性和开放性较强,在教学过程中,教师应重视学生的积极参与,指导学生通过查阅资料、小组讨论、设计实验方案、实验探究等活动,切实感受化学对人类生活的影响,认识化学在促进人类健康方面的重要作用。应用所学化学知识对生活中的有关化学问题做出正确的判断和解释。

本实验主要采用氧化还原滴定法测定果蔬组织提取液中维生素 C 的含量。氧化还原滴定法是一种重要的容量分析法。有关硫代硫酸钠的还原性以及标准溶液的配制和浓度的标定,学生已有一定的基础,在教学过程中,教师应指导学生进一步学习氧化还原滴定法的主要原理和计算方法,练习滴定实验的基本操作。

另外,本实验也可采用定性的方法来测定不同果蔬中维生素 C 的相对含量的高低。例如,用滴管将酸性高锰酸钾溶液滴入盛有相同体积的果蔬提取液中,记录所用高锰酸钾溶液的滴数,比较不同果蔬中维生素 C 的相对含量的高低。引导学生将实验探究活动由课堂内延伸到课堂外,以至生活中去。

【探索·交流】

(1)你的实验结果支持你的预测吗? 说明理由。

(2)实验中出现了哪些问题? 原因是什么? 你是如何解决的?

(3)如果测得某种果汁饮料的维生素 C 含量较低,是否意味着该饮料的营养价值不高? 决定饮料营养价值的因素还有哪些?

(4)食品标签上往往标有"打开后冷藏"等字样。请你设计一个实验来测定在不同温度下橙汁中维生素 C 含量的变化。

(5)市售各种品牌的果汁饮料中绝大多数均含有柠檬酸和抗坏血酸,调查本班同学中常饮用和市场上出售的果汁类饮料,了解它们的主要成分及价格。

(6)查阅文献以获取柠檬酸和维生素 C 的化学组成、主要的理化性质、在饮料中的作用和对人体健康的影响。

(7)设计实验定量测定市售果汁饮料中维生素 C 的含量。

【拓展资源】

维生素 C 的发现史

维生素 C,因具有抗坏血病的作用又称为抗坏血酸。对人体来说是一种非常重要的,必不可少的物质。在遥远的古代，由于严重缺乏维生素 C 而引起的坏血病，曾引起人们的极度恐慌。人类不断征服坏血病的斗争也成为维生素 C 发现史上的重要篇章。

2000 多年前，古罗马帝国的军队渡过突尼斯海峡远征非洲。在烟尘蔽日、飞沙漫漫的沙漠上，士兵们长途跋涉，吃不到水果和蔬菜，便大批大批地病倒，他们的脸色由苍白变为暗黑，紫红的血从牙缝中一丝一丝地渗出来，浑身上下青一块、紫一块，两腿肿胀、关节疼痛，双脚麻木而不能行走，纷纷栽倒在沙漠中。

15～16 世纪，坏血病曾波及整个欧洲，医生们曾怀疑是否所有的疾病都起源于坏血病，欧洲远洋商船、军舰上的海员们由于长期吃不上水果，曾遇到了更为严重的悲惨遭遇。

18 世纪中叶，坏血病的灾难更加疯狂地席卷了整个欧洲大陆，英、法等国航海业也因此处于瘫痪状态。直到 18 世纪末，一个名为伦达的英国医生发现，给病情严重的患者每天吃一只柠檬，这些人竟像吃了"仙丹"一样迅速见效，半个月全都恢复了健康。成功的消息，给人们带来了战胜凶神的希望。自此，人们才知道令人恐怖的坏血病原来可以用简单的食物如橘子或柠檬来治疗。在伦达医生的建议下，海军士兵和海员航海时每天都要服用柠檬汁，来预防坏血病的发生。英国的水兵和海员由此便有了"柠檬人"的称号，并一直延续到了今天。

伦达医生用柠檬汁战胜了坏血病，挽救了成千上万人的生命。然而从柠檬汁中提取这种物质，科学家们却花了 100 多年的时间。

1924 年，英国科学家齐佛从柠檬汁中提取到一种白色晶体，即维生素 C，它比浓缩的柠檬汁抗坏血病的效力高出 300 倍。

1932 年匹兹堡大学的金（King）和沃（Waugh）从柠檬汁中分离出一种结晶状物质，并证明这种物质在豚鼠体内具有抗坏血酸的活性。这一实验标志了维生素 C 的发现，坏血病的祸根源于维生素 C 的缺乏。

直到 1933 年，瑞士科学家赖希施泰因（Reichstein）等用葡萄糖做原料，首次人工合成了维生素 C，维生素 C 才真正登上了历史舞台，成为人类健康的使者。

第9单元　基于手持技术的数字化实验

手持技术(held technology)顾名思义,在掌上就可以操作的技术,因此又称"掌上技术",是一种常用的传感器技术。它是由数据采集器、传感器和配套的软件组成的定量采集各种常见数据并能与计算机连接的数字化实验技术系统,由于体积较小,在手掌上就可以操作,采集多种数据,因此形象地称为手持技术仪器。

手持技术是一种新兴信息技术,是由计算机和微电子技术相结合的新型实验手段,具有便携、直观、实时、定量等特点。

手持技术的工作原理

手持技术仪器主要包括数据采集器与传感器(探头)。数据采集器主要用于采集并储存实验数据;传感器(探头)可根据需要测定的参数(如温度、湿度、光强、pH、溶解氧浓度、电导率、气压、电流、电压等)而自行选择。将计算机与手持技术仪器联用时,传感器可以精确地测量与传递实验中所测定的各种实验参数,所得实验数据将通过数据采集器传到计算机中,计算机经由配套软件将数据以表格和图像的形式呈现,并进行分析处理。

它的工作原理如图 3-102 所示,利用传感器把从外部感应到的物理量通过电信号的形式传输到数据采集器,数据采集器将信号规范整合后传送到数据处理系统进行实时分析、统计、拟合等处理。

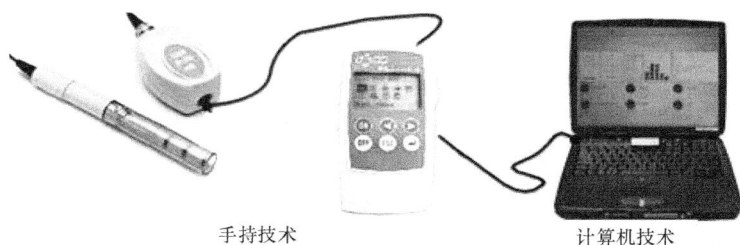

手持技术　　　　　　　　　　　　计算机技术

图 3-102　手持技术工作原理

手持技术可以广泛应用于理科实验中,可以方便而迅速地收集各类物理、化学、生物、环境等数据,如位移、速度、温度、声音、光、电、力、pH 及 Ca^{2+}、NO_3^-、NH_4^+、Cl^- 的浓度、相对湿度、心电图等。

手持技术是一套先进的便携式数据采集系统,可以利用它对许多自然现象和科学实验进行探究性学习。同时,这些仪器的轻巧与便携还为学生进行户外探究提供了可能。

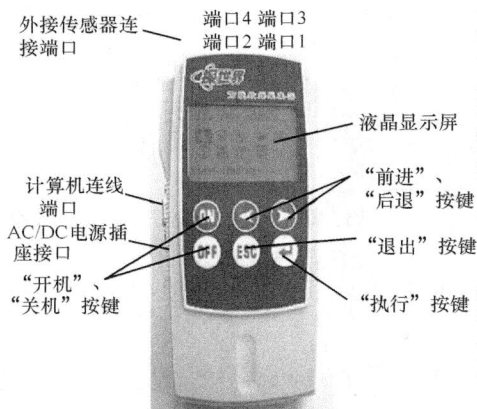

图 3-103　数据采集器

1. 数据采集器介绍

数据采集器(图 3-103)是一个具有数据采集与数据分析功能的综合理科实验系统,它把实验过程中的物理信号转变为数字信号输出,全程跟踪实验过程中的数据变化并以多种形式显示实验结果。能与计算机连接,完成各种后期处理的实验技术系统。将手持技术与网络技术整合构成的现代科学实验室称为"掌上实验室"。

2. 传感器介绍

传感器是一种能把物理量或化学量转变成便于利用的电信号的器件。其工作原理如图 3-104 所示。

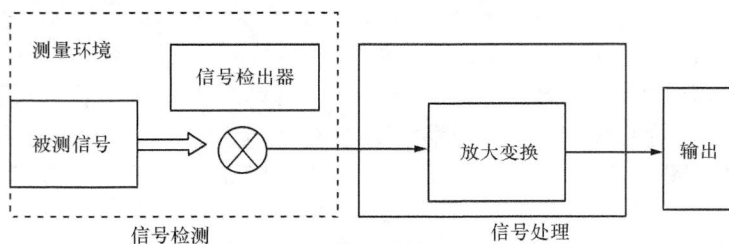

图 3-104　传感器工作原理

在中学化学实验教学中常用的一些传感器如图 3-105 所示。

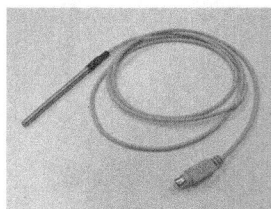

温度传感器

电导率传感器

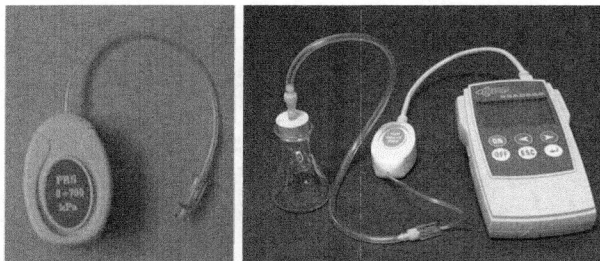

压力传感器

电压、电流传感器　　　　　　　　溶解氧传感器

CO_2传感器　　　　　　离子传感器　　　　　　　色度传感器

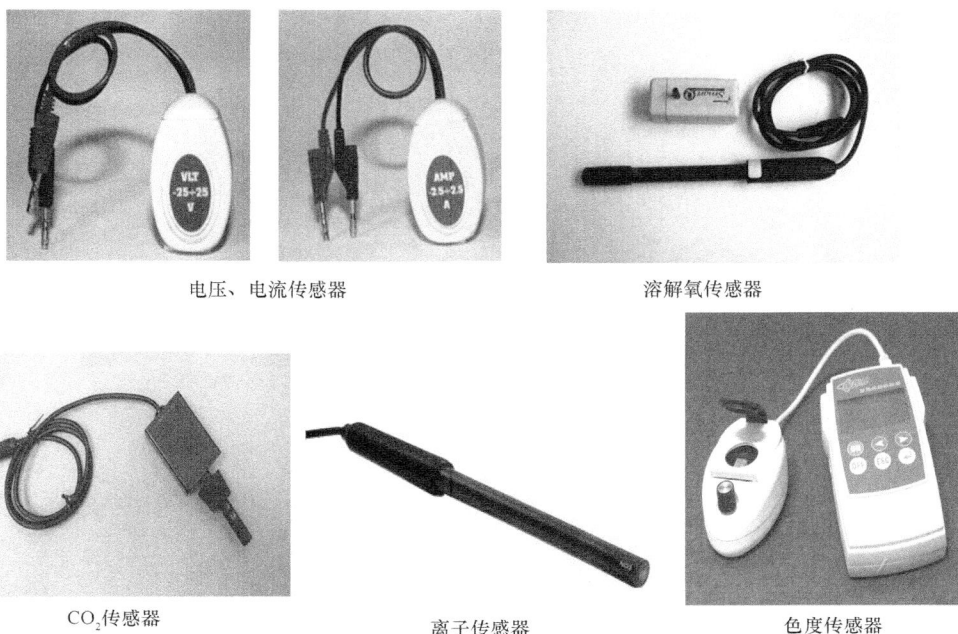

图 3-105　常用传感器

3. 系统软件

在教学中使用的手持技术产品中都会提供其产品与计算机的接口软件。本单元是以一种名为 Db-Lab 的数据采集器相应接口软件为例来介绍手持技术与计算机整合的情况。

与手持实验技术配套的快速实验数据处理程序——Db-Lab 软件,是一种基于 Windows 操作系统的简便且功能强大的应用系统。它可与数据采集器联机,设置数据采集的有关参数,完成数据采集器界面上所有按键具有的功能。利用它我们可以处理数据、绘制图表和进行数学建模,还可以把数据输出到 Excel 进行更复杂的处理。其较高版本还有实时录像系统,将摄像头与计算机连接,可实时地记录实验现象、将数据曲线与实验现象同时呈现在计算机上,且记录的数据和拍摄的录像都可以保存在计算机中,可以随时播放,再现实验过程。

4. 传感器的选择依据

生成气体的反应——可以用压强传感器测定单位时间内压强的变化;生成有色物质的反应——可以用色度传感器测定单位时间内色度的变化;逐渐生成有色物质(或沉淀)——可以用光强传感器测定单位时间内光强的变化;伴随明显的热效应——可以用温度传感器测定单位时间内温度的变化;溶液中离子浓度或种类的改变——可以用电导率或离子传感器测定单位时间内电导率(或离子)的变化。

5. 手持技术使用方法介绍

1)数据采集器使用方法

本单元以"探世界"牌数据采集器为例,介绍数据采集器的使用方法。

(1)开机。

按下数据采集器面板上的"开机(ON)"按键,采集器首先进行自检,然后显示主菜单[图 3-106(a)]。

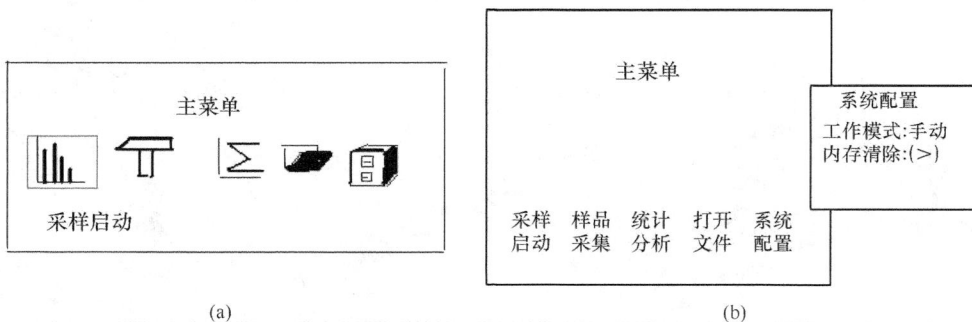

图 3-106 数据采集器工作菜单

(2)安装传感器。

将传感器连接在数据采集器的端口上(有 4 个端口)。

(3)设置数据采集器的工作模式[图 3-106(b)]。

从开机状态的画面开始。

按数据采集器上的"→"键到"系统配置",按"执行"键(回车键)进入"系统配置",根据需要按"→"或"←"可选择"自动"、"手动"模式。

按"ESC"键返回到开始的主界面。

从开机状态的画面开始,移动光标到"采集器设置",然后按 "执行"键(回车键)。

设置采样率:根据需要设置,通过按"←"键或"→"键可选择频率,如 10min^{-1},0.1s^{-1},1s^{-1},10s^{-1},25s^{-1},50s^{-1},100s^{-1},500s^{-1},$\cdots$。

设置采样数:根据需要通过按"←"键或"→"键可选择采样数,如 20,50,100,500,1000,2000,$\cdots$。

设置显示方式:根据需要通过按"←"键或"→"键可选择显示方式,如条图、表格、曲线、数字。

按"ESC"键回到"主菜单"。

2)采集数据

按"执行"键(回车键)开始采集数据,同时打开软件(事先安装在电脑中),电脑屏幕会出现数据采集界面(事先数据采集器与电脑连接好),随着实验的进行,从电脑屏幕可实时观察到实验从起点到终点的变化(也可在实验结束后从文件夹中观察到)。

实验 38　手持技术在酸碱中和反应中的应用

在中学的酸碱中和反应滴定实验教学中,主要采用酸碱指示剂来确定滴定终点,学生常因指示剂的选取不当或过早估计终点等造成较大的实验误差。能否寻找新的方法,更直观、准确地判断酸碱中和滴定的终点呢? 本次实验采用手持技术来进行探讨。

【实验材料】

计算机、数据采集器、pH 传感器、温度传感器、50mL 酸式滴定管、50mL 碱式滴定管、磁力搅拌器、100mL 烧杯、0.1mol/L HCl 溶液、0.1mol/LNaOH 溶液、0.1mol/L 乙酸溶液、0.1mol/LNa$_2$CO$_3$溶液、0.1mol/L 氨水、甲基橙、酚酞。

【实验案例】

1)酸碱中和反应滴定实验装置图

实验装置图如图 3-107 所示。

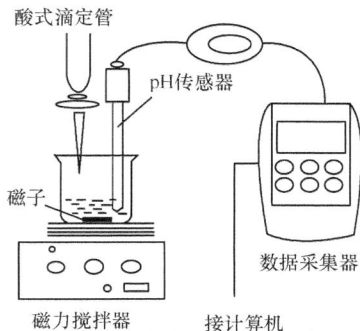

图 3-107　基于手持技术的酸碱中和滴定装置

```
安全提示
    pH 传感器探头部分是很容易被损坏的,实验中在确保 pH 传感器玻璃
珠被溶液浸没的情况下,位置不能太低,以避免搅拌磁子与传感器玻璃球
相撞。
```

2)实验步骤

(1)酸式滴定管准确量取 25mL 0.1mol/L 的 HCl 溶液于 100mL 烧杯中(可加入 1~2 滴酚酞试液)。

(2)碱式滴定管用 0.1mol/L 氢氧化钠溶液润洗,装液,调零。

(3)安装好实验装置,开启磁力搅拌器,调节适当的搅拌速度。

(4)将 pH 传感器连接到数据采集器的端口 1,温度传感器连接到数据采集器的端口 2。

(5)数据采集器设置。采集速率:1s^{-1};采集数据总数:5000;设置显示方式:曲线。

(6)打开酸式滴定管,调整适宜的滴定速度,滴定过程要保持匀速。进行测定,待加入盐酸与氢氧化钠溶液体积比约为 1:1 时,数据采集器或计算机记录的曲线显示化学计量点附近的突跃完成后,停止滴入盐酸,关闭酸式滴定管活塞;停止数据记录,关闭磁力搅拌器,拆除并清洗仪器。

再量取相同体积的乙酸溶液、Na$_2$CO$_3$ 溶液、氨水,重复实验。得到变化曲线,分析结果。

3)实验数据记录及处理

完成表 3-50。

表 3-50　酸碱中和滴定实验数据

滴定类型	反应方程式	指示剂颜色变化的		滴定终点的	
		时间/s	pH	时间/s	pH
强碱滴定强酸	$NaOH + HCl \longrightarrow$				
强碱滴定弱酸	$NaOH + CH_3COOH \longrightarrow$				
弱碱滴定强酸	$NH_3 \cdot H_2O + HCl \longrightarrow$				
弱碱滴定弱酸	$NH_3 \cdot H_2O + CH_3COOH \longrightarrow$				
盐酸滴定碳酸钠	$HCl + Na_2CO_3 \longrightarrow$				

【指导与建议】

(1)实验原理:由于酸碱中和滴定的全过程均是在溶液中进行的,溶液中 pH 的变化随着滴定过程的进行而发生变化,因此溶液的 pH 可以表征溶液中离子(如 H^+)的浓度。在滴定过程中,滴定剂与溶液中的被测离子反应生成水,使溶液的 pH 发生变化。因此,可通过滴定曲线上的突跃点来确定滴定终点。

(2)滴定速度的控制:反应开始时打开碱式滴定管,滴定速度要适当地快一些,接近终点时要注意放慢速度,调整适宜的滴定速度,滴定过程要保持匀速。待加入碱与酸体积比约为 1:1,数据采集器或计算机记录的曲线显示化学计量点附近的突跃完成后,停止滴入,关闭碱式滴定管活塞,停止数据记录。

(3)酸和碱的浓度相差不宜太大,否则实验将较难控制,结果误差较大。

【教学分析】

通过实验的方法绘制酸碱中和滴定曲线,是《普通高中化学课程标准(实验)》提出的新的要求,在"化学反应原理"和"实验化学"模块中都得到体现。

绘制酸碱中和滴定曲线的传统方法是读出消耗滴定液的体积,同时利用 pH 计测量溶液的 pH,利用坐标纸描点(或利用计算机)作图得到,操作过程复杂。

而使用 pH 传感器监测酸碱中和滴定过程中 pH 的变化情况,并借助计算机以图像形式显示出来,即可直接得到酸碱中和滴定曲线。

以往的滴定实验都只是定性实验,我们只能通过滴加酚酞指示剂,通过溶液颜色的变化来说明 pH 发生突变,只能知道化学计量点附近溶液颜色从无色到淡红色再到红色,从而说明化学计量点的存在。但学生无法知道中和滴定过程中具体的 pH 变化、滴定前后溶液中各种粒子浓度变化,无法对化学计量点附近的突跃进行理性认识。

利用手持技术,通过 pH 传感器跟踪滴定过程的 pH 变化,不仅操作方便简单,而且在学生保持对实验的感性认识的同时,还可以让学生观察到溶液在整个滴定过程中具体 pH 数值的变化情况,有利于学生对化学计量点附近的突跃进行理性认识。

酸碱中和反应是一个放热反应,以往的实验中学生很少注意到反应温度的变化,采用温度传感器跟踪滴定过程的温度变化,有利于学生对酸碱中和反应放热的理解。

在教学过程中,本实验还可以让学生小组合作记录盐酸的体积和反应过程的 pH 和温度,绘制 pH-体积的酸碱中和滴定曲线和温度-体积变化曲线,帮助学生理解滴定终点和反应热的概念。

【探索·交流】

(1)根据你测定的酸碱中和滴定曲线,确定反应达到终点的 pH,请你解释 pH 迅速变化的原因。

(2)在整个中和反应实验中,你所使用的指示剂变色时的 pH 与滴定曲线所显示的达到终点的 pH 一致吗? 请根据你在分析化学中所学过的酸碱中和滴定的知识解释误差原因。

(3)各种滴定曲线为什么会不同? 为什么有的会有两个滴定突跃? 你能否设计一个能出现三个滴定突跃的中和滴定实验?

(4)中和反应是一个放热反应吗? 根据你所得的数据来推断。

实验 39　探究物质溶解时的热现象

在日常生活中我们蒸馒头时,将碱面溶解于水时,手指会有热乎乎的感觉。在实验室溶解浓硫酸时,会放出大量的热,而有些物质的溶解则会吸热,如一些铵盐的溶解等。物质溶解于水往往使溶液的温度发生变化。那么物质的溶解热与哪些因素有关呢?

本实验运用手持技术,定量测定 NH_4NO_3、$NaCl$ 和 $NaOH$ 三种物质溶解于水时的温度变化,探求物质溶于水时温度变化的规律。

【实验材料】

计算机、数据采集器、pH 传感器、温度传感器、磁力搅拌器、搅拌磁子、托盘天平、250mL 烧杯、$NaOH$、NH_4NO_3、$NaCl$、蒸馏水。

【实验案例】

1)实验装置图

2)实验步骤

(1)按照清单准备仪器和药品。

(2)按图 3-108 组装实验装置。

(3)把数据采集器接到计算机的系列端口上,把温度传感器接到端口 1,然后接上电源,确认 Db-Lab 软件能够正确识别数据采集器。

(4)数据采集器设置。采集速率:$1s^{-1}$;采集数据总数:500;设置显示方式:根据需要通过按"←"键或"→"键选择曲线。数据图像纵轴选择温度,横轴选择时间。

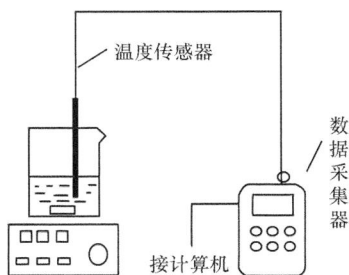

图 3-108　利用传感器探究物质溶解时的热现象

(5)向烧杯中加入 100mL 蒸馏水。

(6)把烧杯放置在磁力搅拌器上,开启磁力搅拌器,调节适当的搅拌速度。

(7)在数据采集器的键盘上按下"执行"键,启动数据采集。也可以使用 Db-Lab 软件,在左侧的工具栏内选择"Run"键。

(8)开始搅拌,向烧杯中加入 5g $NaOH$,跟踪温度传感器数据的变化。

3)实验探究

按照以上实验步骤进行以下探究：

(1)不同质量(5g、10g、15g)的 NaOH 溶解在水中时溶液温度的变化情况。

(2)不同质量(5g、10g、15g)的 NH_4NO_3 溶解在水中时溶液温度的变化情况。

(3)不同质量(5g、10g、15g)的 NaCl 溶解在水中时溶液温度的变化情况。

4)实验数据分析与处理

将实验探究(1)～(3)中收集到的数据传输到计算机进行处理，分别画出实验探究(1)～(3)的温度-时间曲线和温度-质量曲线。根据实验曲线，分别比较不同质量NH_4NO_3、NaCl 和 NaOH 溶解在水中时溶液温度的变化情况，相同质量的 NH_4NO_3、NaCl 和 NaOH 溶解在水中时溶液温度的变化情况。得出你的实验探究结论。

【指导与建议】

(1)实验原理：物质的溶解通常伴随着能量的变化，这种能量的变化，通常表现为热量。化学上把物质溶解时有热量放出的现象称为放热，把吸收热量的现象称为吸热。可通过测量系统的温度变化，观察到物质的溶解伴随着的能量变化。

(2)实验注意事项：①搅拌速度要适当，既要保证热量和溶质在较短时间内被传递和扩散到整个溶液体系中，建立起溶解平衡，又不能太快而使溶液溅在器壁上造成误差；②烧杯中的蒸馏水不能太多也不能太少，太多造成温度变化微小，不易测量，太少给实验操作造成不便，测量结果也不准确；③温度传感器的测量量程：-25～$125℃$，温度高于$150℃$可能造成仪器的损坏。

【教学分析】

"比较氯化钠、硝酸铵、氢氧化钠三种物质在水中溶解时的放热(或吸热)现象"是《义务教育化学课程标准(2011年版)》一级主题"身边的化学物质"——"水与常见的溶液"中的实验内容。

传统实验一般是采用普通温度计进行温度的测量，无法迅速、便捷地收集数据而且数据处理烦琐。利用手持技术仪器进行实验，不仅可以实时跟踪实验过程中温度的变化情况，利于学生对物质在水中溶解时的放热(或吸热)现象的观察，而且还极大地提高了实验效率和实验的准确度。

对于初中学生，要求能通过实验分析仪器记录的数据或曲线，比较相同质量的 NaCl、NH_4NO_3、NaOH 溶解在水中时溶液温度的变化情况，理解三种物质在水中溶解时的放热(或吸热)现象即可。

对于高中学生，采用对比法实验，绘制实验曲线，根据曲线趋势解释实验现象也是必备的一项技能，所以本实验设计了 3 个探究性实验，教学过程中教师应指导学生利用采集到的数据，分别绘制不同质量的 NaOH、NH_4NO_3、NaCl 溶解在水中时溶液温度的变化曲线；相同质量的 NH_4NO_3、NaCl 和 NaOH 溶解在水中时溶液温度的变化曲线。通过对比了解物质在水中溶解时的放热(或吸热)现象，以及溶质的质量对溶解热的影响。

【探索·交流】

(1)NH_4NO_3、$NaCl$ 和 $NaOH$ 溶解在水中时溶液温度发生了怎样的变化？NH_4NO_3 的溶解属于哪种类型的热现象？

(2)不同的质量对物质的溶解热产生怎样的影响？

(3)生活中还有哪些物质溶解时出现放热或吸热现象？试设计一个实验方案探究碱面(碳酸钠)和小苏打(碳酸氢钠)溶于水的温度变化情况。

第4部分

中学化学实验教学案例

　　中学阶段是学生的认知过程从感性认识到理性认识,思维从直觉思维到抽象思维的一个重要发展阶段。化学实验作为一种实践性很强的活动,其全过程不仅是一种感性的活动过程,还是一种理性思维活动的过程,是发展学生认知过程,培养学生思维的一条非常有效的途径。本书前三部分阐述了中学化学实验教学基础理论素养、中学化学实验教学基础技能素养、中学化学实验及教学的设计与实施,这些内容如何在中学的教学中落实?本部分以不同的形式展示了几则教学案例,并附加了评析与点拨,希望能起到抛砖引玉的功效。

4.1　质量守恒定律

4.1.1　设计意图

"质量守恒定律"是初中化学（人民教育出版社）第五单元的课题 1,属于课程标准中"物质的化学变化",课程标准对此部分的要求是:"认识质量守恒定律;能说明化学反应中的质量关系;用微粒的观点对质量守恒定律作出解释。"

在学习本内容之前,学生已积累了一些元素化合物的知识,能用微粒的观点从质变的角度分析一些化学变化的实质,但对化学反应中物质的质量关系缺乏认识。"质量守恒定律"是初中化学学习中学生遇到的第一个基本定律,是以后学习化学的理论依据。本节课以化学史实为主线,在实验探究中感受科学家的研究历程,体验科学家揭示自然规律的艰辛和快乐。使学生初步了解定量的化学研究方法,逐步从量的方向来研究化学反应的客观规律,并初步意识到"守恒"是自然界的一个普遍法则。

4.1.2　教学设计

案例 4-1

（教学片断）

投影:波义耳和拉瓦锡加热金属实验的"矛盾",如图 4-1 所示。

问题:化学反应中反应物与生成物质量关系是怎样的?

实验探究:

(1)教师演示。红磷的燃烧(图 4-2)。

(2)学生实验。(实验用品:电子秤、锥形瓶、胶塞、带玻璃导管的胶塞、气球、小试管、烧杯、大烧杯、石棉网、铁片、蜡烛、硫酸铜溶液、碳酸钠粉末、盐酸、氢氧化钠)

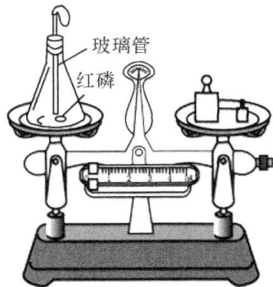

图 4-1　波义耳、拉瓦锡加热金属实验

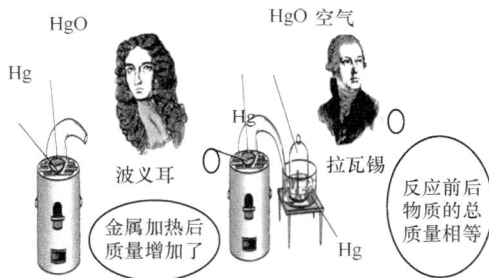

图 4-2　红磷的燃烧

学生讨论设计出实验方案,教师指导,尽量引导学生设计出不同的方案,每小组采用一个方案进行实验。

交流:各小组展示实验结果。

学生方案:①铁片、硫酸铜、大烧杯、电子秤;②铁片、硫酸铜、锥形瓶、电子秤;③硫酸铜、氢氧化钠、大烧杯、电子秤;④硫酸铜、氢氧化钠、锥形瓶、电子秤;⑤蜡烛、电子秤;⑥蜡烛、大烧杯、电子秤;⑦碳酸钠粉末、盐酸、小试管、烧杯、电子秤;⑧碳酸钠粉末、盐酸、小试管、锥形瓶、气球、电子秤;⑨铁片、盐酸、小试管、烧杯、电子秤;⑩铁片、盐酸、小试管、锥形瓶、电子秤……

讨论:实验结果的相同点和不同点。

归纳:质量守恒定律。

解释:波义耳和拉瓦锡加热金属实验的"矛盾"。

4.1.3　评价

本部分的设计突出了课程标准提倡的教学理念。首先教师以科学家研究质量守恒的故事引发学生的思维冲突,使学生产生好奇心,为什么同一个实验,两位科学家却得出不同的结论? 由此激发学生探究欲望。在解决问题时,并没有按照课本的顺序给出一个个实验让学生去验证,而是首先通过演示红磷的燃烧实验,一是给学生规范的实验操作,二是给学生思维的启示。随后给出实验用品,为学生搭建一个广阔的平台,学生在设计中思维得到了发展,个性得到了张扬。当学生用自己预设的实验方案成功地实现了他们的设想时,同学们在分享喜悦的同时会认识到实验方案的设计对获取正确结论的重要性。学生在实验的过程中始终充满自主、合作、开放、互动的气氛,在质疑、争论、思想火花的碰撞中,学生各方面的能力将得到更好的发展和提高。这样设计学生不仅可以深刻理解质量守恒定律,体验成功、享受学习、享受科学,同时还可以培养学生科学探究能力以及严谨求实的科学态度、创新的精神。

4.2　二氧化碳制取的研究

4.2.1　设计意图

"二氧化碳制取的研究"是初中化学(人民教育出版社)第六单元的课题 2,是继第二单元课题 3"制取氧气"之后,又一个有关实验室制取气体的内容,也是初中阶段气体制取的归纳总结。此内容是课程标准中"科学探究"主题的"完成基础的学生实验"的内容之一,属于探究物质制备的范畴。课程标准对此内容的要求是"初步学习运用简单的装置和方法制取某些气体"。

氧气实验室制法的学习,使学生已具备了一些初步的实验操作技能,初步了解制取气体需要考虑原料是否易得、反应需要的条件、装置和操作是否简单以及环保等因素,为学生建立了制取气体的初步思路和方法。物质的组成和质量守恒定律等知识的学习,使学生认识到制取二氧化碳的反应物中必须含有碳元素。前面物质性质的学习,学生掌握了一些产生二氧化碳的具体反应,但是对上述反应是否适合实验室制取二氧化碳还不能作出准确的判断。

本节课旨在引导学生分析、归纳,探究气体制法的设计思路,培养学生在学习中发现、思考一些问题,经分析、探究、总结形成理论,再将理论应用于解决实际问题。

4.2.2　教学设计

案例 4-2[①]

教学过程	设计意图
环节一　温故知新,对比概括 投影:雪碧的广告图片。 演示:打开雪碧瓶盖,会有大量气泡冒出,可能是什么气体? 学生根据生活经验知道是二氧化碳。进而引出课题:实验室怎样制取纯净的二氧化碳?	引发学生思考,激发学习兴趣。

---

① 取材于陕西师范大学附属中学吴明老师的教学设计。

续表

教学过程	设计意图
活动:通过生活实例和之前所学知识,列举生成二氧化碳的反应。 学生将所学有关产生二氧化碳的化学反应写出并按条件归类。 提问:这些反应利于得到纯净的二氧化碳吗? 学生讨论。 提问:什么样的药品适于在实验室制取二氧化碳? 学生实验:①碳酸钠固体与稀盐酸;②大理石与稀盐酸;③大理石与稀硫酸的反应;④大理石粉末与稀盐酸。 学生通过观察,讨论确定制取二氧化碳应选用大理石与稀盐酸反应。 概括:实验室制取气体的基本原则是原料易得,速率适中,操作简便,产物纯净。	初步形成实验室制取气体的反应原料的选择思路。 认识实验对比观察是科学探究的基本方法之一,潜意识地引导学生认识规律的一般方法。
环节二　类比分析,梳理思路 设问:根据反应原理如何选择仪器组装装置? 讨论:以制取氧气为例,展示其两类装置,引导学生展开以下讨论。 ①发生装置所需仪器根据什么来选择?②气体的收集方法由什么决定?③如何检验收集到的是氧气?④如何验证氧气是否已收集满? 学生在讨论中确定出两类发生装置和三种集气方法,梳理实验室制取气体的一般思路和方法。 投影和板书展示思路和方法。	初步学会实验室制取气体装置的选择。 通过对比得出制取气体装置设计思路。
环节三　迁移应用,分组实验 分组实验:对学生实验进行"分组区别教学法"。课前将学生以四人小组划分,按照各组成员学习能力由低到高,定为 A,B,C 组,仪器也分为 A,B,C 组。 A 组:大试管、带导管的单孔塞、铁架台、集气瓶、玻璃片; B 组:锥形瓶、带有长颈漏斗和导管的双孔塞、集气瓶、玻璃片; C 组:广口瓶、带有分液漏斗和导管的双孔塞、集气瓶、玻璃片。 讨论:①如何利用提供的仪器组装一套制取装置?②装置有什么特点?组装时需要注意什么?③药品如何加入?④操作步骤是什么? 学生实验,教师进行巡视,及时给予指点和辅导。	强化规范实验的操作。
环节四　小组展示,交流归纳 实验完毕,三套装置中各选一名代表,上台展示组装过程,讲解装置特点及操作注意事项,同组成员可进行补充。 归纳:实验室制取气体的装置的确定。	相互的交流和比较归纳,可以加深学生的印象,内化能力,突出了本节课的重点内容。
环节五　巩固练习,反馈小结 为及时反馈教学效果,解决教材中提出的问题,布置两道课堂练习。 【练习 1】 图 4-3　二氧化碳制取装置 指出图 4-3 所示的实验室制取二氧化碳装置的错误之处,并改正。 【练习 2】 利用图 4-4 中的仪器尽可能多地设计制取二氧化碳的装置(要求反应随时发生、随时停止)。	体验实验创新的过程。

续表

教学过程	设计意图

图 4-4　二氧化碳制取备选仪器

注射器　破试管　锥形瓶　平底烧瓶　烧杯　试管　集气瓶

双孔　　　　　漏斗　　铜丝

长颈漏斗　　　导管　　水槽　酒精灯　分液漏斗

案例 4-3[①]

复习引入 → 通过【探究性习题】回顾氧气的实验室制法，概括制取气体的一般思路，为学习二氧化碳的制取作好铺垫

出示知识与能力目标 → 使学生明确学习任务和学习目标，即知道"做什么"、"做到什么程度"，避免思维的盲目性，提高学习效率

学习目标一：
活动一：通过【探究性习题】明确燃烧法和加热法不适合实验室制取二氧化碳

活动二：通过【实验探究】找出适合于实验室制取二氧化碳气体的原理——碳酸钙与稀盐酸反应

活动三：【精讲】方程式 $CaCO_3 + 2HCl = CaCl_2 + H_2O + CO_2\uparrow$ 的书写

活动四：【资料展示】蛋壳、贝壳、石灰石的主要成分都是碳酸钙，拓展学生对制取原料的认识

目标分级达成

学习目标二：
活动一：通过【信息链接】认识二氧化碳的性质，为后续探究实验中二氧化碳的收集、验满、检验铺垫

活动二：【判断与选择】从教师展示的装置中选择适于制备和收集二氧化碳的装置，并引导学生概括选择制取装置和收集装置应该考虑的因素，归纳出实验室制取气体装置选择的基本依据

活动三：【模仿设计】利用所提供的仪器和废旧用品，分小组设计出制取二氧化碳的装置。学生展示并陈述设计原理，老师从设计的装置和参与实验的积极性等方面作出客观评价

学习目标三：
活动一：【动手实验】学生用自己的设计装置按照教师的【实验提示】制备、收集、验满、检验二氧化碳，教师巡视指导

活动二：【交流与评价】学生汇报交流，教师点评

课堂练习 → 通过针对性练习巩固和活化知识，反馈达标情况，通过"后教"，进行"补漏"与"强化"

课堂小结 → 【归纳与小结】学生对照学习目标交流本节课的收获与困惑，教师评价本节课学生的学习情况

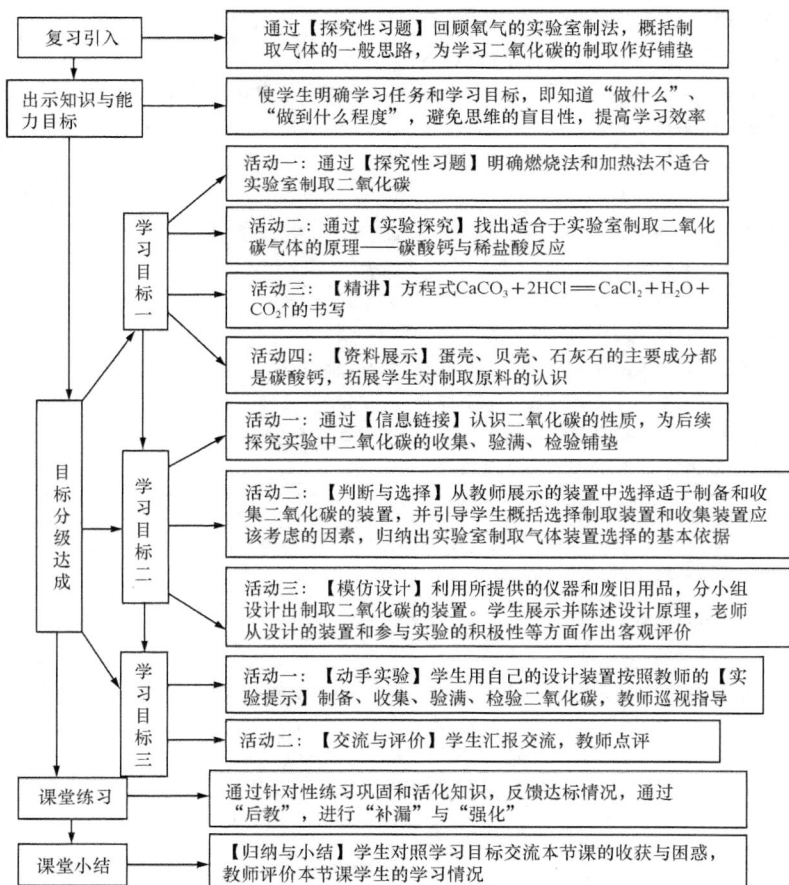

① 取材于宁夏吴忠市第五中学佟慧老师的教学设计。

4.2.3　评价

案例 4-2 教师以建构主义"学习是在已有经验基础上的生长，是由同化和顺应构成的平衡过程"为理论基础，发挥实验功能，在探究中突破难点。其亮点包括：

(1)课题的引入。教师以学生熟悉的雪碧饮料引课，使学生感受到化学就在我们身边，以此激发学生的学习兴趣。

(2)药品的选择。通过总结前面各章能产生二氧化碳的反应，一方面巩固了所学知识；另一方面引导学生学会了归纳。在对产生二氧化碳的反应是否能用于实验室制取气体的讨论中，学生感悟着药品选择的方法，当学生认识到燃烧、高温不适合实验室制取气体，认为碳酸钠与盐酸反应比较适合时，四组相似却有不同现象的实验，立刻激起学生的好奇，引发学生的思考，学生在熟悉、疑问、争论中思维得到不断地发展，寻找到了解决问题的方法。

(3)环节二的设计以氧气制取装置为基点，在原有知识的基础上引导学生寻找制取气体装置的特点和规律，探讨是否适合所有气体。环节三的 A、B、C 三个实验的设计再一次引发学生的思维冲突。A、B、C 三组实验的设计，充分考虑了学生的个体差异性，让学生由简到难，每个层次的学生都有思考的空间，都能感受不同装置对实验的影响，也从中培养学生多角度的思维方法。环节三的四个讨论题，进一步强化了化学实验的基本操作，体现了在探究中强化操作。

(4)环节四的展示交流，使学生进一步感受了研究方法，也明确了实验室制取气体的一般规律和方法。学生在交流中互相启发，相互激励，发展和完善了自我。

(5)环节五的题目设置不仅使学生巩固所学知识，同时也为学生搭建了一个创新的平台。

案例 4-3 教师采用的是目标教学法，其主要特点：第一，整个教学过程紧紧围绕教学目标的达成而设计教学活动。"认标—探究达标—测标"，前后呼应，体现了目标是教学的出发点和归宿。第二，本节课在总目标下分设三个学习目标，每一个学习目标的达成都是以实验探究为主线，关注学生的认知特点，分层次设计探究活动的内容和方式，使得不同层次的学生都能主动参与到质疑、实验、分析、讨论等活动中，通过自主学习、实验探究、合作学习等多样化的学习方式构建知识，发展能力。第三，教学中在关注知识与能力目标达成的同时，更多地关注过程与方法、情感态度与价值观目标的达成。和谐的课堂氛围，及时的鼓励、表扬、反馈、矫正，都有利于增强学生的自信心和主动性，有利于提高学习效率。第四，实验提示和实验操作中教师的巡视，强化了基本操作和实验基本技能的培养。

4.3　一定物质的量浓度溶液的配制

4.3.1　设计意图

"一定物质的量浓度溶液的配制"是高中化学(人民教育出版社)必修 1 第一章第二节第 3 课时的内容，是高中阶段最重要的实验之一。《普通高中化学课程标准(实验)》对此节课的要求是"学习必要的化学实验技能,体验和了解化学科学研究的一般过程和方法,认识实验在化学学习和研究中的重要作用"。

本节课是在初中学习了一定溶质质量分数溶液的配制和本章物质的量浓度概念后引入的一个新的定量实验,规范操作及误差分析有助于学生养成严谨的学习习惯,为以后的实验学习打下良好的基础,而且物质的量浓度在高中化学中应用非常广泛,所以本节课在整个高中化学学习中占着举足轻重的地位。本节课除了要求学生初步学会溶液配制实验技能即配制步骤和仪器的使用方法外,还要能准确地分析一些简单的由实验导致的误差,以利于学生思维能力及分析问题能力的训练和培养。同时由于实验相对安全,又是学生进入高中后的第一个对"量"有一定要求的实验,它对于培养学生细心、认真的实验习惯,体会定量研究的方法对研究和学习化学的重要作用有重要意义。把实验设计成让学生先做,教师后演示,让学生有思考问题的主动性,突出实验探究的功能,加深学生对实验的印象,同时也体现以生为本的教学理念。

4.3.2 教学设计

案例4-4①

环节一 以情入境引新课

投影:放一段农民在田间打农药的视频,让学生归纳配农药的主要环节,并讨论浓度过大或过小对庄稼有什么影响? 使学生明白配农药是有一定比例的。

展示:本节课的学习目标。

告诉学生今天我们也要配制一种溶液即一定物质的量浓度的溶液,让学生心中有数,明确方向。

环节二 阅读教材作比较

阅读:配制100mL 1.00mol/L 的 NaCl 溶液操作过程,总结出实验步骤,并与配农药的过程相比较有什么相似的地方。

归纳:配制溶液所需要的仪器和操作过程有计算、称量、溶解、移液、洗涤、定容、摇匀。

讨论:比较配制一定物质的量浓度的 NaCl 溶液与配农药过程的差异。

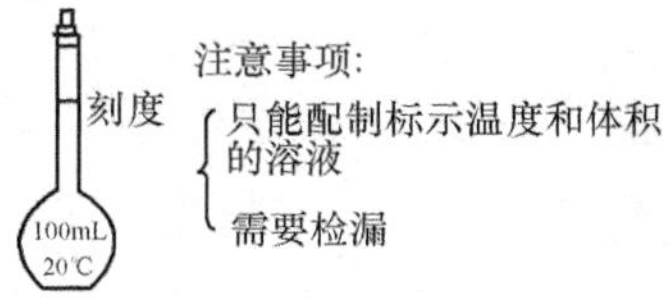

注意事项:
只能配制标示温度和体积的溶液
需要检漏

图4-5 容量瓶

环节三 火眼金睛找错误

认识新的仪器——容量瓶,让学生拿出容量瓶,仔细观察上面的标示内容,并让大家讨论容量瓶使用时的注意事项(图4-5)。

通过讨论学生发现,容量瓶只能配制标示温度和体积的溶液,而且使用前需要检漏。

---

① 取材于河北冀州中学夏静老师的教学设计。

演示:配溶液的过程(要求给老师挑错,图4-6)。

随着这几个错误的改正,同学们对本实验有了更深的印象,明白每一步操作中应该注意的问题。

提问:这些错误操作对本实验结果会带来什么影响(本节课的教学难点由此突破)?

环节四　合作做实验

实验:配制 100mL 1.00mol/L 的 NaCl 溶液。

图 4-6　溶液配制操作

把学生分为四人一组合做实验,他们分别为设计师、操作员、观察员兼助手、记录员。在同学们做实验的过程中,教师在教室巡视,及时纠正同学们的一些不足,对不合格的要求他们重新配制。

环节五　巩固知识随堂练

随堂巩固练习:①练习包括容量瓶的使用,还有该实验的步骤及误差分析的考查(复习本节所学知识,当堂消化);②社会调查:日常生活中还有哪些表示溶液浓度的方法(如医院里表示血糖浓度用 nmol/L 或 mg/dL)?

案例 4-5①

1. 课前活动——学生的自主学习、自主探究

(1)在 100g 水中慢慢注入 100g 密度为 $1.84g/cm^3$ 98% 的浓硫酸,并不断搅拌。已知水和稀释后硫酸溶液的密度分别为 $1g/cm^3$ 和 $1.39g/cm^3$,通过计算分析稀释前后液体的体积关系。

(2)实验:在大试管(或玻璃瓶)中加入足量的食盐,然后注满水(开始加水时应慢些,尽量不要将食盐冲起),立即用带长玻璃(或透明塑料)导管的橡皮塞塞紧,在导管中的液面处做记号,振荡试管(或玻璃瓶),静置,恢复原温度,观察现象(食盐的溶解情况和导管内液面情况)。

(3)预习课本:了解容量瓶的使用和配制一定物质的量浓度的溶液的基本步骤。

2. 教学过程——以学生自主探究和合作探究为主,教师适时引导

1)容量瓶的认识和使用

问题:$V_{固}$(或 $V_{浓溶液}$)+$V_{水}$=?

交流:汇报课前计算和实验结果。

引出配制一定物质的量浓度的溶液为什么要用容量瓶。

展示:各种规格的容量瓶。

问题:容量瓶的构造。

学生填写实验报告。

---

① 取材于安徽省黄山市屯溪第一中学胡征善老师的教学设计。

学生演示实验：在 100mL 的容量瓶中先注入 30mL 有色溶液，加水至刻度线处，观察现象，摇匀溶液。

引导学生寻找操作中的问题，描述实验现象，教师及时纠正、规范。

由演示实验得出，配制溶液前一定要检查容量瓶瓶口是否漏液。

问题：如何检查容量瓶是否漏水？为什么要这样检查？

交流：学生根据实验得出结论。

问题：为什么各种容量瓶上都标有温度？物质溶解时能否在容量瓶中进行？为什么？

问题：实验室中若需要 220mol/L 硫酸铜溶液，配制此溶液时需要胆矾的质量是多少？为什么？

2）学生分组实验

(1)准确配制 100mL 2mol/L 的 NaCl 溶液。

(2)将 2mol/L NaCl 溶液稀释成 250mL 0.2mol/L 的 NaCl 溶液。

学生分组选择做。

问题：怎样溶解（或稀释）？

怎样才能把溶质完全转移到容量瓶中去？

洗涤液注入容量瓶后，为什么还要晃动容量瓶，使溶液混合均匀？

怎样定容？

学生讨论后进行实验，教师巡回指导。

归纳：(1)实验操作要点。

(2)实验注意事项。

4.3.3 评价

两个案例都突出了定量实验的规范操作，两个的教学设计各有特色。

案例 4-4 的教学设计突出以下亮点：第一，创设各种问题情境，如农民在田间打农药的视频、比较配置 NaCl 溶液与配农药的过程差异、火眼金睛找错误、这些错误操作对本实验结果会带来什么影响等，强化问题的自然生成与动态生成，培养学生的问题意识。第二，五个环节环环相扣，首先教师带领学生从社会生活的体验（农药的配制）走进化学课堂，降低了难度，学生在其中发现问题，引发兴趣。环节二的阅读，使学生明确实验的目的及操作要求。环节三教师的实验，打破了教师演示学生模仿的惯例，有意设置的错误不仅可以检验学生前面阅读的效果，同时也提高了学生的观察能力，培养了他们分析问题、解决问题的能力。环节四的分组实验，每一个学生都有任务，使每一个学生都是参与者，学生在此过程中，提高了操作能力和相互合作的能力，也让很多学生明白了"绝知此事要躬行"的道理。五个环节的教学很好地分散了难点，突出了重点。第三，实现了学习与生活的有机衔接，使课堂教学焕发出强大的生命力。第四，通过学生的合作、探究，对各个问题的破解，学生对配制一定物质的量浓度溶液的知识和技能有深刻的理解和准确地掌握，锻炼了语言（文字）表达能力和反思能力，培养创新精神和认知能力。

案例 4-5 的设计以溶液配制操作为主线,其主要亮点为:第一,预习问题设置的非常巧妙,教师以一个计算、一个实验激起学生的疑问? 为本课的学习埋下伏笔。第二,所有的问题都是自然生成,如在预习中理论和实验的冲突;容量瓶展示中温度设置的原因;演示操作中引出"如何检查容量瓶是否漏水";用胆矾配制溶液引发结晶水合物与非结晶水合物不同的思考等,在学习中自然培养了问题意识。第三,通过学生的自主学习、合作学习、探究学习和教师的积极引导,不仅使学生对配制一定物质的量浓度溶液的知识和技能有深刻的理解和准确地把握,更重要的是培养了学生的认知能力,引导学生如何发现问题、提出问题,如何选择有效的策略去解决问题。第四,在每一个实验中,教师有意强化基本操作,培养学生的严谨科学态度。

4.4　富集在海水中的元素——氯

4.4.1　设计意图

"富集在海水中的元素——氯"是高中化学(人民教育出版社)必修 1 第四章第二节的内容。课程标准对本节的要求是"通过实验了解氯及其重要化合物的主要性质,认识其在生产中的应用和对生态环境的影响"。

本节安排在"金属及其化合物"之后,是常见无机物及其性质等知识的延续。氯气的学习不仅能为前面所学物质分类、氧化还原反应、离子反应等理论提供感性材料;也为后续元素周期表、原子结构的深入学习奠定基础。本内容以实验创设情境,旨在激发学生学习兴趣,促使学生主动探究。通过实验,不仅使学生对氯(典型的非金属元素)有一个比较全面的认识,同时对学习其他非金属元素及其化合物的性质,掌握学习的思路和方法起到引导作用。提高学生提出问题、分析问题、解决问题的能力和实验操作能力。

4.4.2　教学设计

案例 4-6[①]

环节一　神奇魔术,引出氯气(图 4-7)

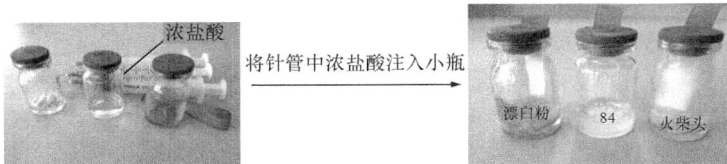

将针管中浓盐酸注入小瓶

图 4-7　氯气魔术实验

分析魔术瓶内药品,发现都产生氯气。

环节二　初识氯气,物理性质

展示:氯气,总结氯气的物理性质。

问题:什么物质将纸条漂白了呢?

---

① 取材于河北邢台外国语学校董付荣老师的教学设计。

环节三　实验探究——纸条漂白的原因

猜想 1：氯气使纸条漂白。

猜想 2：反应后的生成物纸条漂白。

实验一：验证猜想 1 氯气具有漂白性（图 4-8）。

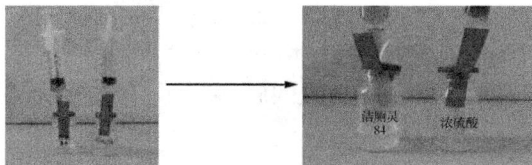

图 4-8　氯水的漂白性

结论：通过两个红纸条对比可知，干燥氯气没有漂白性。

实验二：验证猜想 2 氯气和水反应产物有漂白性。

制取氯水。各小组利用两瓶氯气做对比实验，其中一瓶加少量水后振荡制得氯水。

问题：新制氯水中含有哪些微粒？如何证明这些微粒的存在？

学生分组讨论，提出猜想，交流讨论猜想的合理性，选择出如表 4-1 的方案。

表 4-1　检验氯水中各种粒子的实验设计

	成分猜测	实验操作/现象
1	Cl_2	通过观察氯水颜色
2	H^+	通过与碳酸氢钠、pH 试纸、紫色石蕊溶液反应验证
3	Cl^-	加入硝酸银溶液、稀硝酸验证

各小组分别实验验证。

归纳：氯气与水反应产物中除盐酸外还有一种漂白性物质次氯酸（HClO）。

次氯酸性质：强氧化性、弱酸性、不稳定性。

问题：氯水如何保存？

环节四　步步深入，氯气与碱

问题：氯气是种有毒气体，实际生活中如果发生氯气泄漏应该如何处理呢？

展示氯气泄漏事故处理图片→利用碱液吸收→学生分析反应原理→84 消毒液、漂白粉的制取原理。

问题：使用漂白粉或 84 消毒液漂白染色衣物时总是要在水中浸泡一会儿后才能褪色，他们漂白的原理是什么呢？

分析原理，找到保存漂白粉的方法。

环节五　讲练结合，课外拓展

（1）向含有酚酞的氢氧化钠溶液中滴加氯水，看到红色褪去，是氯水中的哪种微粒在起主要作用？

（2）设计一套环保的实验装置探究氯气的其他化学性质。

4.4.3 评价

本节课有以下亮点:一是引课情景设置巧妙,魔术实验成为本节课研究的主线,教师利用层层递进的问题搭台阶,使学生始终处于疑问—探索—实验—发现之中;二是重视方法的引领,水与氯水的对比、氯气是否能漂白实验的对比、如何证明氯水中含有哪些粒子,教师始终在引导学生掌握研究物质性质的一般方法与思路,特别是第五环节实验设计,是对本节课学习方法的巩固和运用;三是教学素材全部选用的是学生生活中常见的,体现了"化学来源于生活,服务于生活"的理念;四是实验仪器选用的小药瓶,体现了环境保护意识和节约意识。本节课也存在一些不足,教学中缺少了化学基本理论对元素化合物知识学习的支撑作用。

4.5 常见的有机物——乙醇

4.5.1 设计意图

"常见的有机物——乙醇"是高中化学(人民教育出版社)必修 2 第三章的第三节。课程标准对本节的要求是"知道乙醇的组成和性质,认识其在日常生活中的应用。实验探究乙醇的化学性质,了解有机化合物中碳的成键特征"。

乙醇是联系烃和烃的衍生物性质的桥梁,在有机物的相互转化中处于核心地位,教材从结构的角度深化对乙醇的认识,突出从烃到烃的衍生物的结构变化,强调官能团与性质的关系。乙醇是我们生活中经常接触到的物质,本节课旨在从生活中涉及的乙醇入手,通过设置多种情景,触发学生情感,引发学生思考,引导学生讨论、实验、认识、提高。逐步建立烃基与官能团位置关系等立体结构模型,从其组成、结构和性质出发,使学生知道官能团对有机物性质的重要影响,初步建立"(组成)结构—性质—用途"的有机物学习模式。

4.5.2 教学设计

案例 4-7①

环节一 乙醇的物理性质

活动一:用中性笔或圆珠笔在手背上写一个字,然后用棉棒蘸取试剂"神奇的液体"清洗手背上的字迹。

思考与交流:(1)在清洗过程中,你感受到了什么?

(2)仔细观察这种物质,能观察到哪些性质? 推断这种物质的名称

阅读课本 P66。

归纳:乙醇的物理性质。

_____

① 取材于天津杨村第一中学米娜老师的教学设计。

环节二　探究乙醇的分子结构

问题:乙醇的分子式为 C_2H_6O,去掉 O 是什么物质的分子式? 能写出它的结构式吗? O 可以加在哪?

活动二:乙醇与金属钠的反应

在盛有少量无水乙醇的试管中加入一小块金属钠,迅速塞上配有医用注射针头的单孔塞。

疑问:产生的气体是氢气? 还是氧气? 设计实验验证。

结论:产生的是氢气。

联想质疑:(1) $H_2O \longrightarrow NaOH$

$$H—\widetilde{O—H}$$

(2) $C_2H_5OH \longrightarrow C_2H_5OH$

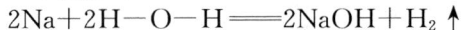

$$C_2H_5—\widetilde{O—H}$$

$$2Na + 2H—O—H === 2NaOH + H_2\uparrow$$

$$2CH_3CH_2OH + 2Na \longrightarrow 2CH_3CH_2ONa + H_2\uparrow$$

归纳:羟基为官能团。

问题:乙醇还能发生哪些化学反应呢?

环节三　乙醇的氧化反应

问题:在实验室中,通常作热源的仪器是什么?

根据学生已有的有机物氧化和还原知识分析出乙醇燃烧反应,明确乙醇被氧化。

介绍乙醇汽油。

乙醇不仅通过燃烧被氧化还可以发生催化氧化。

活动三:乙醇的催化氧化反应

实验:(1)点燃酒精灯,拿一根洁净的铜丝在酒精灯的外焰上灼烧。

(2)把灼热的铜丝放入盛有乙醇的试管中。

(3)重复以上步骤并闻液体的气味。

问题:(1)铜丝先变黑又变亮的原因?

(2)乙醇被氧化成乙醛,乙醇是还原剂,还是氧化剂?

(3)铜丝的作用?

归纳:乙醇氧化原理。

介绍各种酒饮品,引导学生分析乙醇在人体内发生的一系列变化等,从而达到知识扩展与生活联系的目的。

以酒驾造成的交通事故的资料来创设情境,引出酒驾的检查原理,现象是重铬酸钾(橙色)变为硫酸铬(绿色),乙醇被氧化为乙醛进一步氧化为乙酸,由此得出乙醇可被重铬酸钾强氧化剂氧化。

问题:实验室中常见的强氧化剂还有哪些?

实验:乙醇被高锰酸钾氧化。

归纳乙醇在社会生活中的应用。

4.5.3　评价

本节有两个亮点。亮点一：对于乙醇的物理性质，教师改变了惯常观察、闻、归纳的方法，而是用趣味实验创设情境，学生的积极性被调动起来，立即进入探究状态。学生在取出试剂的时候通过特殊刺激性气味，根据已有的生活经验，知道这种液体可能是酒精，由此，乙醇的颜色、状态、气味、挥发性等物理性质得到认识，但它为什么能除字迹，教师及时引导学生自主阅读书中乙醇的物理性质，学生马上分析出这是乙醇的溶解性的原因。这样完成乙醇的物理性质的学习。亮点二：对于乙醇的化学性质教师采用"类比结构—实验探究—确定结构—得出性质—生活事实—引出疑问—实验探究—获得结论—运用生活"的模式，学生始终被疑问所驱动，在一个个疑问的解惑中思维、能力得到了发展，潜移默化地建立了"（组成）结构—性质—用途"的有机物学习模式。

4.6　原电池

4.6.1　设计意图

"原电池"是高中化学（人民教育出版社）选修 4 第四章的第一节。课程标准对原电池这部分内容的要求是"体验化学能与转化为电能的探究过程，了解原电池的工作原理，能写出电极反应和电池反应方程式。查阅资料，了解常见化学电源的种类及其工作原理，认识化学能与电能转化的实际意义及其重要应用"。

这一节内容是以必修 2 第二章第二节"化学能与电能"为基础，是对必修 2 基础的加深和提高，在必修 2 中，学生对原电池已经学习了相关的知识，但很浅显，只是要求能够举例说明原电池中化学能和电能的转化关系及其应用，而在选修 4 中则应使学生从微观层面对原电池和原电池的原理有更加深刻的认识和理解，本节教学重点应该放在引导学生分析现象产生的原因，要求学生理解原电池原理并且能够根据这些原理设计简单的原电池，能够写出其相应的电极反应方程式。另外，与必修 2 相比，选修 4 中原电池的设计上使用了盐桥，此处盐桥的设置不仅是一个普通的实验技术改进，而且是对旧的思维模式的一个质的突破，要强调在有盐桥的原电池这种特定装置中氧化剂、还原剂近乎完全隔离却能实现电子的定向转移，其优点是能持续、稳定产生电流，这也为原电池原理的实用性开发奠定了理论基础。

本节课旨在使学生参与知识的形成过程，自主构建知识体系；在知识形成的过程中学习方法，体验积极的情感，形成正确的价值观。

4.6.2 教学设计

案例 4-8①

设计意图	教学过程
视频展示:2012 年年初国际电子消费品展上推出一款新型电源 Powertrekk(图 4-9)。 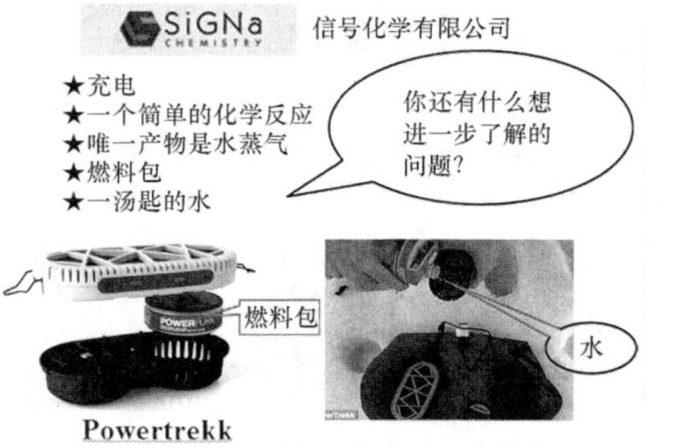	从生活出发,展示科技前沿产品,让学生体会新型产品的便捷

SiGNa CHEMISTRY 信号化学有限公司

★充电
★一个简单的化学反应
★唯一产物是水蒸气
★燃料包
★一汤匙的水

你还有什么想进一步了解的问题?

燃料包

水

Powertrekk

图 4-9　Powertrekk 宣传视频截图

教师:关于 Powertrekk 你还有哪些进一步想了解的问题?

学生疑问:①化学反应是什么? ②燃料包的成分? ③水的作用? ④构造? ⑤有没有市场?

问题一:化学反应是什么?

视频中信息:新型电源 Powertrekk 能够供电所依据的是什么化学反应呢?

实验验证:H_2 和 O_2 以碳棒作电极,硫酸作电解质溶液,构成电池,形成电流(图 4-10)。

观察实验,分析实验结论。

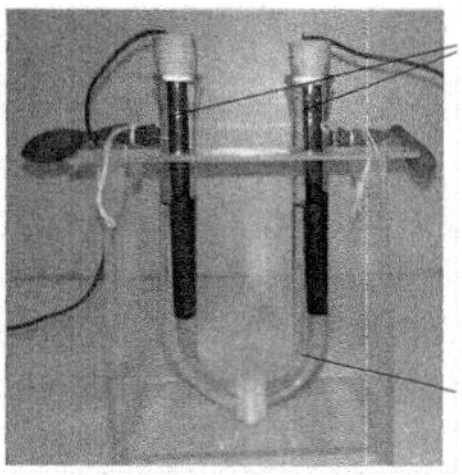

小结:氢氧燃料电池的工作原理。书写电极反应式。

图 4-10　氢氧燃料电池

过渡:Powertrekk 中 H_2 和 O_2 来自于哪里?

问题二:燃料包的成分和水的作用是什么?

小组讨论:学生们的观点①燃料包的成分里是活泼金属;②水的作用是与活泼金属反应制备氢气;……

教师:我们需要验证你的预测是否正确,如何验证呢?请大家阅读《科技创新》杂志中相关内容。

培养学生在验证假设过程中利用查阅资料的方法进行取证的意识

---

① 取材于石家庄市第一中学焦利燕老师的教学设计。

续表

设计意图	教学过程
问题三:Powertrekk 能否立足市场? 分析讨论市场上常见几种化学电源铅蓄电池、干电池、锂离子电池的反应原理。 书写铅蓄电池、干电池放电时的电极反应式。 讨论各种电池的优缺点并与 Powertrekk 对比,分析优劣,讨论Powertrekk 的市场预期。 小结:电池的分类 一次电池 二次电池 燃料电池 过渡:各式各样的电池丰富了我们的生活,但是无论电池的种类多么繁多,他们都是化学电源(图 4-11)。 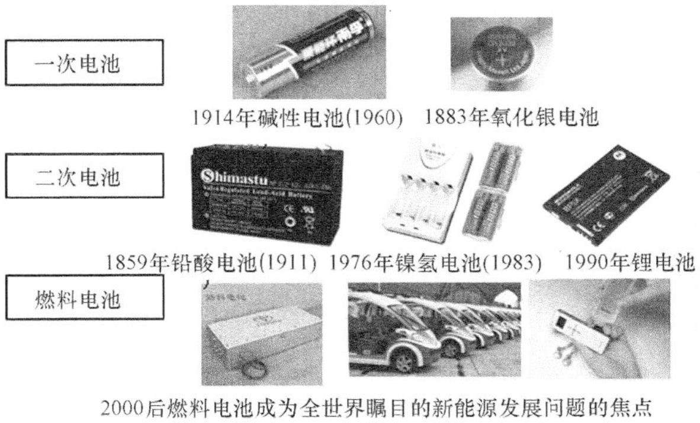	通过书写电极反应式,进一步落实原电池原理;通过优劣对比分析,使学生学会辩证地看待事物,认识到事物的两面性;同时增强学生的环保意识

一次电池

1914年碱性电池(1960)　1883年氧化银电池

二次电池

1859年铅酸电池(1911) 1976年镍氢电池(1983)　1990年锂电池

燃料电池

2000后燃料电池成为全世界瞩目的新能源发展问题的焦点

图 4-11　发展中的化学电源

注:括号内的年份是我国开始研发的时间

引发问题:从化学学科的视角,化学电源的本质是什么?

归纳整理:化学电源就是依据一个自发的氧化还原反应设计的一个特定的装置,通过这个装置把化学能转化为电能。

从化学学科本位的视角,加深学生对化学电源本质的理解

4.6.3　评价

从生活中发现问题,再用化学知识解决问题,最后回归到生活应用是本节课的亮点之一。不论是新型电源 Powertrekk 的工作原理、构造的探讨,还是 Powertrekk 市场前景的分析都要应用电化学知识——原电池原理。由于有了生活场景作支撑,知识的出现不显突兀,知识的学习不显枯燥,知识的应用更加自然。学习不再是以知识为主体的"为了学而学",而是和生活紧密联系的"为了用而学",大大提高了学生对"生活因化学而精彩,化学在生活中闪光"的理解。本节课的亮点之二是使用教材的灵活性。为提高学生的求知欲和主动参与的积极性,培养分析问题、解决问题的能力,以 Powertrekk 为情境,先提出新型电源 Powertrekk 的工作原理,通过学生分组讨论和老师引导补充,并实验演示,最终分析归纳出 Powertrekk 的工作原理是燃料电池,又通过对新型电源 Powertrekk 的市场前景分析,引导学生与市场中常见化学电源的优劣对比,从中分析各种电源的反应原理和构造,体会到科技的进步,电源技术的革新。

参 考 文 献

艾璐.2007.《"污渍爆炸盐"中的化学》课堂实录.化学教学,(9):44-47.

白涛,等.2011.化学:为什么是这样?基于手持技术的数字化实验探索.北京:化学工业出版社.

北京师范大学无机化学教研室,等.2001.无机化学实验.3版.北京:高等教育出版社.

蔡亚萍.2005.中学化学实验教学设计与教学论.杭州:浙江教育出版社.

戴安邦.1985.基础化学教学的启发式八则.化学通报,9:49-54.

华东师范大学《化学教学》编辑部.1999.化学活动课及微型化学实验设计与实践(中学微型化学实验分
   册).北京:民主建设出版社.

姜淦萍.2001.创造性化学实验.上海:上海科学普及出版社.

李佳,等.2005.高中化学课程标准中的探究实验与设计实验研究(上、下).长春:东北师范大学出版社.

李云雁,胡传荣.2008.试验设计与数据处理.2版.北京:化学工业出版社.

梁慧姝,郑长龙.1996.化学实验论.南宁:广西教育出版社

刘伟,等.1998.间接电氧化法合成2,4-二氯苯甲醛.河北化工,(2):12-13.

刘知新.1996.化学课堂教学模式再探.化学教育,(10):5-7.

刘知新.2009.化学教学论.4版.北京:高等教育出版社.

毛雁升,高敬芝.2009.中学化学实验研究.石河子:石河子大学出版社.

苗深花,韩庆奎.2012.化学实验教学论.北京:科学出版社.

裴新宁.2003.化学课程与教学论.杭州:浙江教育出版社.

钱扬义.2003.手持技术在理科实验中的应用研究.北京:高等教育出版社.

钱扬义.2006.手持技术在研究性学习中的应用及其心理学基础.北京:科学出版社.

王后雄.2008.高中化学新课程实验教学目标的初步研究.教学仪器与实验,(12):3-7.

王克勤,马建峰.2004.关于高师院校"学科教学论"发展的若干思考.教育研究,(2):43-47.

王磊.2007.有机化学基础教师用书.济南:山东科学技术出版社.

王磊.2009.中学化学实验及教学研究.北京:北京师范大学出版社.

韦艳月.2011.乙醛的制备及性质实验的改进.化学教学,4:44-45.

文庆城.2003.化学实验教学研究.北京:科学出版社.

熊言林.2008.化学实验研究与设计.合肥:安徽人民出版社.

郑长龙.2003.化学实验教学评价观的发展.中学化学教学参考,(8,9):6-9.

郑长龙.2009.化学实验课程与教学论.北京:高等教育出版社.

中华人民共和国教育部.2003.普通高中化学课程标准(实验).北京:人民教育出版社.

中华人民共和国教育部.2011.义务教育化学课程标准(2011年版).北京:北京师范大学出版社.

周宁怀.2000.微型无机化学实验.北京:科学出版社.

附　　录

附录1　常用化学品标志

爆炸品	易燃气体	不燃气体	有毒气体
易燃液体	易燃固体	自燃物品	遇湿易燃物品
氧化剂	有机过氧化物	有毒品	剧毒品
一级放射性物品	二级放射性物品	三级放射性物品	腐蚀品

附录2　特殊保存的几种试剂

类别	常见药品	有关特性	保存方法
见光易变质	氯水、硝酸、$AgNO_3$、双氧水	见光易分解、有强氧化性	棕色瓶中,冷暗处,不用橡皮塞
易燃	①红磷、硫、镁	遇火易燃	远离火种、单独存放
	②汽油、苯、乙醇、低级酯	易燃有机溶剂	远离火种,不用橡皮塞
易爆	①$KMnO_4$、$KClO_3$、NH_4NO_3、KNO_3	受热易分解、强氧化性	远离易燃物,防受热撞击
	②硝酸纤维、银氨溶液	不稳定、易引起爆炸	随用随制
强腐蚀性	①液溴	易挥发的强氧化剂	棕色瓶中,玻璃塞,水封
	②氢氟酸	腐蚀玻璃	塑料瓶中
剧毒	P_4、Hg、$HgCl_2$、可溶钡盐、KCN	对人和生物有剧毒	单独存放、专人管理

附录3　几种意外事故的处理

意外事故	处理方法
酸(或碱)洒在桌上	先加 Na_2CO_3 溶液(或稀乙酸),后用水冲、布擦
酸(或碱)沾到皮肤上	先水冲,后涂小苏打溶液(或硼酸)
酸(或碱)溅进眼睛里	立即用水冲洗(切不可用手揉眼睛),边洗边眨眼睛
酒精洒在桌上燃烧	立即用湿抹布盖灭
液溴、苯酚沾在皮肤上	立即用酒精洗涤
误食重金属盐	服用大量牛奶、蛋清或豆浆
金属 Na、K 等着火	不能用泡沫灭火器和干粉灭火器扑灭,要用沙土盖灭
水银温度计打破了	立即用硫黄粉覆盖水银珠

附录4　常用酸碱溶液的浓度及配制

溶液	密度/(g/cm³)	质量分数/%	物质的量浓度/(mol/L)	配制
浓盐酸	1.19	38	12	
稀盐酸	1.10	20	6	浓盐酸：水＝1：1(体积比)
稀盐酸	1.0	7	2	6mol/L HCl：水＝1：2(体积比)
浓硫酸	1.84	98	18	
稀硫酸	1.18	25	3	浓硫酸：水＝1：5(体积比)
稀硫酸	1.06	9	1	3mol/L H_2SO_4：H_2O＝1：2(体积比)
浓硝酸	1.41	68	16	
稀硝酸	1.2	32	6	浓硝酸：水＝8：9
稀硝酸	1.1	12	2	6mol/L HNO_3：H_2O＝3：5(体积比)
冰醋酸	1.05	99.8	17.5	
稀乙酸	1.04	35	6	冰醋酸：水＝27：50(体积比)
稀乙酸	1.02	12	2	6mol/L HAc：H_2O＝1：2(体积比)
浓氨水	0.91	28	15	
稀氨水	0.96	11	6	浓氨水：水＝2：3(体积比)
稀氨水	1.0	3.5	2	6mol/L $NH_3 \cdot H_2O$：H_2O＝1：2(体积比)
浓氢氧化钠	1.44	41	14.4	
稀氢氧化钠	1.1	8	2	NaOH　80g/L
石灰水		0.15	0.02	饱和石灰水澄清液

附录5　常用酸碱指示剂及配制

指示剂	变色范围 pH	酸色	碱色	配 制 方 法
甲基橙	3.1~4.4	红	橙黄	0.05%水溶液
甲基红	4.4~6.2	红	黄	0.1%的60%乙醇溶液
酚酞	8.0~10.0	无色	红	0.5%的90%乙醇溶液
百里酚酞	9.4~10.6	无色	蓝	0.1%的90%乙醇溶液

附录6　几种常见的气体干燥剂

干燥剂分类	干燥剂	可干燥的气体	不可干燥的气体
中性	无水 $CaCl_2$	H_2、O_2、Cl_2、SO_2、CO、CO_2、CH_4、HCl 等	NH_3等
酸性	P_2O_5	H_2、O_2、Cl_2、SO_2、CO、CO_2、CH_4、HCl 等	NH_3等
酸性	浓 H_2SO_4	H_2、O_2、Cl_2、SO_2、CO_2、CO、CH_4、N_2等	NH_3、H_2S、C_2H_4、HBr、HI 等
碱性	CaO 固体	H_2、O_2、CH_4、NH_3等	Cl_2、HCl、H_2S、SO_2、CO_2、NO_2等
碱性	NaOH 固体	H_2、O_2、CH_4、NH_3等	Cl_2、HCl、H_2S、SO_2、CO_2、NO_2等
碱性	碱石灰	H_2、O_2、CH_4、NH_3等	Cl_2、HCl、H_2S、SO_2、CO_2、NO_2等

附录7　气体在水中的溶解度

气体	$t/℃$	溶解度/$(mL/100mL\ H_2O)$	气体	$t/℃$	溶解度/$(mL/100mL\ H_2O)$	气体	$t/℃$	溶解度/$(mL/100mL\ H_2O)$
H_2	0	2.14	N_2	0	2.33	O_2	0	4.89
H_2	20	0.85	N_2	40	1.42	O_2	25	3.16
CO	0	3.5	NO	0	7.34	H_2S	0	437
CO	20	2.32	NO	60	2.37	H_2S	40	186
CO_2	0	171.3	NH_3	0	89.9	Cl_2	10	310
CO_2	20	90.1	NH_3	100	7.4	Cl_2	30	177
SO_2	0	22.8						

附录8 部分常见物质的俗名或别名

俗名或别名	主要成分或化学式	俗名或别名	主要成分或化学式
食盐、洗盐、精盐	$NaCl$	卤水	$MgCl_2 \cdot 6H_2O$
小苏打、重碱	$NaHCO_3$	泻盐、苦盐	$MgSO_4 \cdot 7H_2O$
苏打、纯碱、碱面	Na_2CO_3	电石	CaC_2
大苏打、海波	$Na_2S_2O_3 \cdot 5H_2O$	生石灰	CaO
火碱、烧碱、苛性钠、苛性碱	$NaOH$	熟石灰、消石灰	$Ca(OH)_2$
智利硝石、钠硝石	$NaNO_3$	石灰石、大理石、方解石	$CaCO_3$
光卤石	$KCl \cdot MgCl_2 \cdot 6H_2O$	萤石、氟石	CaF_2
苛性钾	KOH	石膏、生石膏	$CaSO_4 \cdot 2H_2O$
火硝、土硝、钾硝石	KNO_3	冰晶石	Na_3AlF_6
明矾	$KAl(SO_4)_2 \cdot 12H_2O$	高岭土	$Al_2O_3 \cdot 2SiO_2 \cdot 3H_2O$
刚玉、红宝石	Al_2O_3	铜绿、孔雀石、铜锈	$CuCO_3 \cdot Cu(OH)_2$
石英、硅石、水晶、玛瑙	SiO_2	胆矾、蓝矾、铜矾	$CuSO_4 \cdot 5H_2O$
硅胶	$mSiO_2 \cdot nH_2O$	钛白、金红石	TiO_2
水玻璃、泡花碱	Na_2SiO_3	钡白、重晶石	$BaSO_4$
金刚砂	SiC	软锰矿、黑石子	MnO_2
锌白、红锌矿、锌氧粉	ZnO	石墨、木炭、金刚石	C
闪锌矿	ZnS	碳酸气、干冰	CO_2
立德粉、锌钡白	$ZnS \cdot BaSO_4$	电石气	C_2H_2
白矾、锌矾、皓矾	$ZnSO_4 \cdot 7H_2O$	蚁醇、木醇、木精	CH_3OH
铁丹、铁红、赤铁矿	Fe_2O_3	酒精、火酒	CH_3CH_2OH
磁铁矿	Fe_3O_4	福尔马林	$HCHO$
黄铁矿、硫铁矿	FeS_2	醋、醋精	CH_3COOH
绿矾、皂矾、苦矾	$FeSO_4 \cdot 7H_2O$	石炭酸	C_6H_5OH
赤血盐	$K_3Fe(CN)_6$	黄血盐	$K_4Fe(CN)_6 \cdot 3H_2O$

附录9　常见仪器简单绘图法

（1）常见仪器分步画法。

仪器名称	画法			仪器名称	画法		
	第一步	第二步	第三步		第一步	第二步	第三步
试管				集气瓶			
烧杯				酒精灯			
烧瓶				漏斗			
长颈漏斗				铁架台铁圈铁夹			
导管				带有导管的橡皮塞			
水槽				蒸发皿			
导管接头				锥形瓶			

（2）成套仪器的画法。

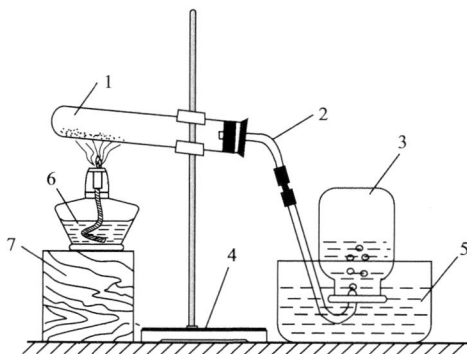

1.试管；2.导管；3.集气瓶；4.铁架台；5.水槽；6.酒精灯；7.木垫